अपने बच्चों को कैसे खिलायें?

(और इसका लुत्फ़ लें)

युवा माताओं के लिए मज़ेदार रेसिपीज़/व्यंजन विधियाँ

डा. ताबिन्दा जे. बर्नी

अनुवाद

मंजु खन्ना

बहुवचन

नियोगी बुक्स

An imprint of Niyogi Books

प्रकाशक

नियोगी बुक्स

ब्लॉक-डी, बिल्डिंग नं. 77
ओखला औद्योगिक क्षेत्र, फेज़-1
नई दिल्ली-110020, भारत
दूरभाष: 91-11-26816301, 26818960
ईमेल: niyogibooks@gmail.com
www.niyogibooksindia.com

डिज़ाइनः शशि भूषण प्रसाद

ISBN: 978-93-86906-81-6
प्रकाशन वर्षः 2019

मुद्रकः नियोगी ऑफसेट प्राईवेट लिमिटेड, नई दिल्ली, भारत

मेरी माँ, श्रीमती मेहजबीन जलील और मेरी बेटियाँ अलवीरा और फ़िज़ा, जो मेरे जीवन का उजाला हैं, उनको सप्रेम समर्पित।

विषय–सूची

भूमिका

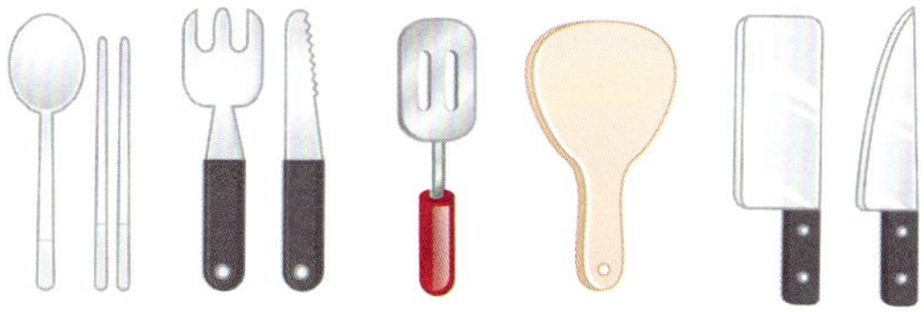

जीवन में हर चीज के लिए आप पर निर्भर अपने बच्चे को जन्म से लेकर एक सशक्त, स्वस्थ बच्चे के रूप में बढ़ते हुए देखना किसी पुरस्कार से कम नहीं है। अपने बच्चे को खाना खिलाना एक बहुत बड़ी चुनौती है, जिसके लिए अत्यधिक सहनशीलता और दृढ़ता की आवश्यकता होती है। फिर भी बच्चे के मुँह में चम्मच से एक अतिरिक्त ग्रास डालना, बच्चे का उसे न थूकना या इधर–उधर न बिखेरना भी माता–पिता को विशेष आनंद की अनुभूति देता है।

अपने घर की सुविधाओं से दूर विदेश में रहकर कठिनाइयों से जूझते हुए पहली बार मां के रूप में अपने बच्चे के लिए अच्छा पोषण मेरी प्राथमिकता थी। स्तनपान के चरण से शुरू होने से लेकर शिशु के पहले ठोस आहार और हमारे साथ खाने के प्रयास की अवस्था तक का समय हमारे लिए कष्ट और आँसुओं से भरी एक संघर्षपूर्ण विजय यात्रा थी। यद्यपि हमारे घर में हर समय खाने की बात नहीं होती थी, किंतु मैं अपने बच्चे के भोजन के विषय में हमेशा सावधान रहती थी। कभी–कभार सफ़र के अलावा अधिकांशतः घर पर बना स्वस्थ भोजन ही दिया।

मैं यह महसूस करती हूँ कि एकल परिवार में रहने वाली भारतीय कामकाजी माताओं की भी यही स्थिति है, जहां दादा–दादी की आश्वस्त उपस्थिति, समर्थन और ज्ञान विभिन्न कारणों से आसानी से नहीं मिलता है। समय के अभाव और व्यस्तता के कारण पौष्टिक भोजन की जानकारी के अभाव में आरम्भिक वर्षों में कई नई माताएं बाजार के बने हुए भोजन का सहारा लेती हैं।

मैं अधिकतर मौसम के ताज़े फल और सब्जियों का उपयोग करती हूँ, जो भारत और पश्चिमी देशों में आसानी से उपलब्ध हैं। इसलिए मेरे व्यंजनों की सामग्री स्थानीय बाजार से आती है, वे बाजार में बने शिशु आहार से बहुत अलग होते हैं। मैं अपने आप सम्मिश्रण करने में सक्षम थी और अपने बच्चे के स्वाद के

अनुसार उन्हें बदलती रहती थी, परिणामस्वरूप मैंने अपनी मां की तरह ही अपने बच्चे को खाना खिलाया, जो बहुत ही सुविधाजनक और संतोषप्रद था।

यह पुस्तक मेरे अनुभवों और सीखने की प्रक्रिया के आधार पर शिशु के विकासक्रम के अनुसार विभिन्न वर्गों में विभाजित है। आयु के विशिष्ट दिशा–निर्देशों के साथ **पोषण** पर एक अनुभाग है। पहले ठोस आहार **(शैशवावस्था)** शुरू करने के बारे में और उसके बाद **(बाल्यावस्था)** चलना शुरू करने वाले बच्चों के बारे में बताया गया है। तत्पश्चात् थोड़े बड़े बच्चों के भोजन का विवरण है, जिसमें शाकाहारी, मांस, अंडे, मछली और चावल के व्यंजन हैं। यह ध्यान में रखते हुए कि अधिकांश एशियाई लोग शाकाहारी हैं, व्यापक रूप से उपलब्ध सामग्री और मौसम के फल और सब्जियों का उपयोग करते हुए आसानी से तैयार किए जाने वाले शाकाहारी भोजन पर अधिक जोर दिया गया है। परम्परागत भोजन की आदतों को अनदेखा न करते हुए इन व्यंजनों में स्थानीय खाद्य पदार्थों का उपयोग करने के लिए कई नये–नये मिश्रण किये गये जो एशियाई मूल के हों या न हों, जैसे कुम्हड़ा, हरे प्याज और स्ट्रॉबेरी। जो बच्चे सब्जियाँ खाने में आनाकानी करते हैं उनके लिए स्वादिष्ट **सूप** पर एक भाग है। युवाओं को आकर्षित करने में सक्षम बाजार में उपलब्ध मीठे, कृत्रिम पेय की अपेक्षा ताज़ा, मौसमी फलों से बनने वाले **पेय** पर भी एक भाग है। विभिन्न सांस्कृतिक और धार्मिक उत्सवों के अवसर पर बनने और बच्चों को आनंदित करने वाले पारम्परिक पकवानों पर भी पुस्तक का एक महत्त्वपूर्ण भाग है **(आओ मनाएं, त्योहार की अपार खुशियाँ)**।

बड़े बच्चों की आवश्यकताओं की पूर्ति के लिए, **पिकनिक फूड्स** और **स्वस्थ टिफ़िन** पर एक अनुभाग हैं।

टिटबिट्स नामक स्वस्थ स्नैक्स का अनुभाग विशेष रूप से स्कूल जाने वाले बच्चों के लिए उपयोगी होगा। प्रत्येक व्यंजन की विधि मेरे व्यक्तिगत अनुभव, सांस्कृतिक और पारम्परिक पहलू को ध्यान में रख कर लिखी गयी है। प्रत्येक व्यंजन के पोषक तत्त्व एवं बनाने की सरल विधि इस पुस्तक की विशेषता है। एक उपयोगी अनुभाग बच्चों को खिलाने के **सुरक्षा दिशा–निर्देशों** पर है।

भारतीय संस्कृति में प्रचलित लोकप्रिय **मिथक एवं भ्रांतियां** पर एक अनुभाग भी है। अंतिम भाग में मसालों **(मसाले, मसाले बेबी!)** का व्यंजन में इस्तेमाल और उनके स्वास्थ्य लाभों को बताया गया है।

यह पुस्तक युवा माता–पिता को पारम्परिक भारतीय पाककला की ओर उन्मुख होने और अपनी मां के रसोईघर की विधियों को फ़िर से अपनाने के लिए प्रेरित करती है। यह पुस्तक बढ़ते बच्चों की

आवश्यकताओं और दिन–प्रतिदिन बदलती रुचियों के अनुसार भोजन पकाने वाली माताओं के लिए एक सही मार्गदर्शन है। भारत ही नहीं, अपितु दुनिया की सभी माताओं को यह पुस्तक दिलचस्प लगेगी क्योंकि वे अपने बच्चों के भोजन में अधिक विविधता ला सकेंगी।

अपने बच्चे को घर का बना खाना क्यों दें?

आप यह तर्क दे सकते हैं कि इसमें बहुत समय लगता है। दिन भर घर के काम में व्यस्त रहने और बच्चे के पीछे भागदौड़ करने के बाद रसोईघर में जाने की हिम्मत ही नहीं बचती। बाज़ार में मिलने वाले बना–बनाया शिशु आहार एक अधिक आकर्षक और व्यावहारिक विकल्प हो सकता है। लेकिन यदि घर में बना भोजन सुविधाजनक, सरल, किफ़ायती और पौष्टिक विकल्प बने तो? उससे भी अधिक महत्त्वपूर्ण बात यह है कि आप और हम इसी भोजन को खाकर बड़े हुए और अभी तक खा भी रहे हैं।

घर में बने भोजन के लाभ इस प्रकार हैं:

1. विकास के प्रारंभिक वर्ष महत्त्वपूर्ण होते हैं। मन और शरीर का विकास निरंतर होता रहता है। घर का बना भोजन स्वस्थ, पौष्टिक आहार, विटामिन और पोषक तत्वों के पर्याप्त सेवन को सुनिश्चित करेगा।
2. कई बाजार के बने शिशु आहार में रसायन और परिरक्षक तत्त्व शामिल होते हैं और बच्चे उनके अभ्यस्त हो जाते हैं। घर के पके भोजन के द्वारा आप अपने बच्चे के आहार को इनसे दूर रख सकते हैं।
3. आप जानते हैं कि आपका बच्चा क्या खा रहा है। धार्मिक या सांस्कृतिक कारणों के कारण आप अपने बच्चे के आहार में कुछ खाद्य पदार्थ सम्मिलित नहीं कर सकते हैं। उदाहरण के लिए, आप विविधता वाला केवल पूर्णतया शाकाहारी भोजन या हलाल मांस या पोर्क या बीफ़ से मुक्त आहार चाहते हैं। यदि आपका परिवार शाकाहारी है और आप स्वयं खाना बनाते हैं तो आपको इस पहलू पर समझौता करने की आवश्यकता नहीं है।
4. जहाँ तक संभव हो आप कार्बनिक, ताजा और अच्छी गुणवत्ता वाली सामग्री खरीद कर, अधिक मात्रा में बनाकर फ्रीज़ कर सकती हैं, जिससे उसकी लागत में भी कमी आ सकती है।
5. धीरे–धीरे आपका बच्चा विभिन्न प्राकृतिक स्वाद, रंगों और मसालों को पसंद करने लगेगा। उसके लिए बदलते हुए भोजन को अपनाना आसान होगा। इससे आपकी खाने में आनाकानी करने वाले और जिद्दी बच्चे से जूझने की संभावना कम हो जाती है।
6. स्वास्थ्य संबंधी कई समस्याएं जैसे कि हृदय रोग, मधुमेह, आंत्र रोग और यहां तक कि अनेक प्रकार के कैंसर खाने की खराब आदतों से संबंधित है। वास्तव में घर के बने पौष्टिक भोजन से आप अपने बच्चे को इन सबसे बचा सकती हैं।

अंततः यह कहा जा सकता है कि अधिकतर भारतीय भोजन सम्मिश्रण या आहार का वैज्ञानिक आधार होता है। उदाहरण के लिए, चावल के साथ दाल का भोजन शरीर के विकास के लिए आवश्यक प्रोटीन का निर्माण करने वाले अमीनो एसिड से युक्त होता है। दाल और चावल या दाल और गेहूं के एमिनो एसिड एक–दूसरे के पूरक होते हैं, इसलिए इन दोनों का सम्मिश्रण उत्तम माना जाता है। अपने में ये दोनों ही अपूर्ण प्रोटीन हैं, इसलिए दाल और चावल या दाल और चपाती का सेवन करना चाहिए। यह परम्परा के साथ–साथ सामान्य ज्ञान भी है जिसे अपनाने की कोशिश की जानी चाहिए। एक और प्रचलन भी है कि शिशु को एक समय में एक ही खाद्य पदार्थ दिया जाये और कठिनाई से पचने वाले आहार से बचाया जाये। एशियाई देशों में स्तनपान पर भी काफ़ी बल दिया गया है। इसके कई चिकित्सा लाभों के अतिरिक्त यह भी व्यापक रूप से स्वीकार किया जाता है कि बच्चा स्तनपान के माध्यम से बहुत सारे स्वादों को अनुभव करता है और इसलिए भोजन को सरलता से स्वीकार कर लेता है।

प्रत्येक माता–पिता की तरह आप भी अपने बच्चे को जीवन में यथासंभव सर्वश्रेष्ठ शुरुआत देना चाहते हैं। यह एक सार्वभौमिक तथ्य है कि बचपन में अच्छा खाने वाले बच्चे स्वस्थ और शक्तिशाली वयस्कों के रूप में विकसित होते हैं। आधुनिक समाज में मोटापा युवाओं के बीच एक प्रमुख स्वास्थ्य समस्या है, जिसका कारण एक सीमा तक जंक फूड को माना जाता है। हर माता–पिता अपने बच्चे को मोटापे और उससे संबंधित स्वास्थ्य समस्याओं से दूर रखना चाहते हैं। खाने की अच्छी आदतों और परिवार के साथ मिलकर घर के बने स्वस्थ भोजन को खाने से यह संभव हो सकता है।

पोषण

पोषण की बुनियादी समझ सभी माताओं के लिए महत्त्वपूर्ण है। अपने बच्चे को क्या आहार दें जिसकी सामग्री आसानी से उपलब्ध हो और बनने में भी सरल हो। भोजन ऊर्जा प्रदान करता है जो बच्चों के समुचित एवं सर्वांगीण विकास के लिए महत्त्वपूर्ण है। कार्बोहाइड्रेट, वसा और प्रोटीन ऊर्जा के प्रमुख स्रोत हैं। ऊर्जा को किलोकैलोरी/कैलोरी से मापा जाता हैं। उदाहरण के लिए, 1 ग्राम प्रोटीन 4 कैलोरी देता है, जबकि 1 ग्राम वसा 9 कैलोरी ऊर्जा देती है। अपने पहले वर्ष में बच्चों को अनुमानतः प्रति किलोग्राम 110 कैलोरी ऊर्जा की आवश्यकता होती है। बड़े बच्चों अर्थात् चलना सीखने वाले बच्चों को प्रतिदिन 1300 कैलोरी ऊर्जा की आवश्यकता होती है। बढ़ते शरीर की पोषण संबंधी आवश्यकताओं को ध्यान में रखना महत्त्वपूर्ण है। बढ़ते बच्चे शारीरिक रूप से बहुत सक्रिय और चंचल होते हैं।

अपनी व्यस्त और क्रियाशील दिनचर्या में सक्षम होने के लिए तथा शारीरिक और मानसिक विकास के लिए उन्हें उत्तम गुणवत्ता वाले समृद्ध पौष्टिक और सुपाच्य भोजन की आवश्यकता होती है। भोजन वह ईंधन है जो न केवल उन्हें चलने और अन्य बच्चों के साथ खेलने की शक्ति देता है, बल्कि उनके मानसिक और मनोवैज्ञानिक विकास के महत्त्वपूर्ण लक्ष्यों के अन्य पहलुओं को भी बनाए रखने में सहायक होता है।

प्रोटीन, कार्बोहाइड्रेट, वसा, खनिज, विटामिन और जल बच्चों के लिए आवश्यक पोषक तत्व हैं।

प्रोटीन

प्रोटीन बच्चे को ऊर्जा और शक्ति प्रदान करके उसके विकास में सहायक होता है। प्रोटीन के स्रोत मांस, मछली, पोल्ट्री दूध और अंडे पशुओं से प्राप्त होते हैं, जबकि फलियां, बीन्स, मटर, सूखे मेवे और अनाज पौधों से प्राप्त होते हैं। दोनों के सापेक्ष लाभ हैं, हालांकि पशुओं से प्राप्त प्रोटीन पूर्ण हैं, जबकि पौधों से

प्राप्त प्रोटीन (सोया के अतिरिक्त) में एक या अधिक महत्त्वपूर्ण अमीनो एसिड की कमी होती है। शाकाहारी भोजन में दो या दो से अधिक पौधों के प्रोटीन के सम्मिश्रण से प्रोटीन की कमी को दूर किया जा सकता है। अधिकांश भारतीय व्यंजन दो या दो से अधिक प्रोटीनों के सम्मिश्रण से परोसे जाते हैं। जैसे– दाल–चावल या परम्परागत दाल और चपाती, दो प्रोटीनों का सम्मिश्रण है जिसे पूर्ण प्रोटीन का एक अच्छा उदाहरण माना जा सकता है। सम्मिश्रण की अवधारणा डेयरी उत्पादों, जैसे दूध के साथ चावल और पनीर के साथ मटर को संयोजित करने में सहायक होती है।

कार्बोहाइड्रेट

बढ़ते बच्चों के लिए कार्बोहाइड्रेट बहुत महत्त्वपूर्ण हैं और आपके बच्चे की पसंद के अनुसार यह प्रत्येक मुख्य भोजन का एक हिस्सा अवश्य होना चाहिए। कार्बोहाइड्रेट एक बच्चे के लिए ऊर्जा का मुख्य स्रोत है जो मुख्य रूप से स्टार्च और शक्कर में पाया जाता है। स्टार्च मुख्य रूप से चावल, चपाती, ब्रेड और आलू के रूप में नियमित भारतीय आहार का हिस्सा है। शर्करा ऊर्जा प्रदान करती है किंतु इसमें पोषक तत्त्व कम होते हैं। अधिक मीठे कृत्रिम पेय और नाश्ते में अतिरिक्त चीनी से बने अनाज से बचने की कोशिश करनी चाहिए। इसके स्थान पर फल, शहद या गुड़ का उपयोग कर घर में ही मीठा आहार बनाने का प्रयास करें और जहां तक संभव हो, परिष्कृत चीनी की कम मात्रा का उपयोग करें। बच्चों को मिठाई पसंद है और उन्हें उनसे दूर रखने की कोशिश करना अव्यावहारिक है। मिठाइयों से होने वाले दंतक्षय को ध्यान में रखते हुए शुरू से ही दाँतों की अच्छी देखभाल और खाने के बाद मुंह को साफ करने के लिए प्रोत्साहित करना एक अच्छा विचार है।

वसा

ऊर्जा का मुख्य स्रोत वसा अच्छे स्वास्थ्य के लिए महत्त्वपूर्ण है। वसा को संतृप्त (saturated) और असंतृप्त (unsaturated) रूप में वर्गीकृत किया जाता है। पॉली असंतृप्त फैटी एसिड (polyunsaturated fatty acid) आहार में उपलब्ध होना चाहिए क्योंकि वे संतृप्त वसा के विपरीत शरीर द्वारा संश्लेषित नहीं किए जा सकते हैं। ये आवश्यक फ़ैटी एसिड शारीरिक कार्यों के लिए महत्त्वपूर्ण हैं और उनकी कमी से विभिन्न रोग हो सकते हैं। सूरजमुखी, मक्का और जैतून का तेल जैसे वनस्पति तेल EFAs में समृद्ध हैं। पशु वसा के स्थान पर वनस्पति तेल का प्रयोग करना चाहिए। बच्चों के मस्तिष्क के विकास के लिए वसा बहुत आवश्यक है। बढ़ते बच्चों को पूर्ण वसा वाला दूध पीने के लिए प्रोत्साहित किया जाना चाहिए। यदि वे दूध पसंद नहीं करते हैं, तो उन्हें दूध से बने पनीर, मक्खन और अन्य पौष्टिक खाद्य पदार्थ देने चाहिए। तले हुए आहार की अपेक्षा अवोकाडो, सूखे मेवे, चिकन और तेलयुक्त मछली जैसे वसा वाले खाद्य पदार्थ बेहतर हैं।

खनिज पदार्थ

खनिज तत्त्व प्राकृतिक रूप से मिट्टी और पानी में पाए जाते हैं। ये हमें पौधे तथा पशु उत्पादों के साथ–साथ पानी के माध्यम से भी प्राप्त होते हैं। पौधे मिट्टी से खनिजों को अवशोषित करते हैं, और जानवरों को ये पौधों या अन्य जानवरों को खाने से मिलते हैं। आपके पेयजल में खनिज भी मौजूद होते हैं, लेकिन यह इस बात पर निर्भर करता है कि आप कहां रहते हैं और आप किस प्रकार का पानी पीते हैं (अर्थात् सामान्य नल का पानी या mineral water)। कैल्शियम, लोहा, आयोडीन आदि खनिज अच्छे स्वास्थ्य को बनाए रखने के लिए महत्त्वपूर्ण हैं। इसके अतिरिक्त अन्य खनिज जस्ता, कॉपर, मैंगनीज, पोटैशियम और फास्फोरस हैं।

कैल्शियम मजबूत हड्डियों और दांतों को बनाने में मदद करता है। इसके अच्छे स्रोत दूध, दूध के उत्पादों जैसे पनीर और दही, पत्तेदार हरी सब्जियाँ, अंडे और मछली हैं। फल में जामुन, नारंगी, खजूर और अनार इसके स्रोत हैं। सूखे मेवे जैसे बादाम, बीज, तिल इत्यादि भी अच्छे स्रोत हैं।

लौह रक्त गठन और परिसंचरण में सहायक होता है। मांस विशेष रूप से जिगर, अंडे, सूखे मेवे तथा बीज, पालक, दाल, सेम जैसी हरी पत्तेदार सब्जियाँ इसके अच्छे स्रोत हैं। यह जामुन, चेरी, अंजीर, अंगूर और कीवी में पाया जाता है। बच्चों में आयरन की कमी के परिणामस्वरूप सीखने की क्षमता में कमी और कई व्यवहार सम्बंधी समस्याएं हो सकती हैं। यह प्रतिरक्षा प्रणाली को भी प्रभावित कर सकता है और कमजोरी, थकान और संक्रमण के कारण होने वाले रोगों की सम्भावना बढ़ जाती है।

फ्लोराइड पानी के नल और टूथपेस्ट में होता है, इसलिए अतिरिक्त फ़्लोराइड लेने की कोई आवश्यकता नहीं है, क्योंकि इसकी अधिकता हानिकारक भी हो सकती है।

आयोडीन थायरॉइड ग्रंथि की गतिविधि को नियमित करने में सहायक होता है जो समुचित विकास के लिए महत्त्वपूर्ण है। थायरॉइड ग्रंथि शरीर के लिए बहुत महत्त्वपूर्ण हार्मोन स्रावित करती है।

उन देशों में जहां की मिट्टी में आयोडीन की कमी है, वहाँ हाइपोथायरायडिज्म, गोइटर और आयोडीन की कमी संबंधी मंद विकास की दर बहुत अधिक होती है। आयोडीन नमक इस स्थिति में एक रक्षक का काम करता है।

पोटैशियम कोशिकाओं और शरीर के तरल पदार्थ के बीच सामान्य जल संतुलन बनाए रखने के लिए आवश्यक है। इसकी कमी के कारण मांसपेशियों की ऐंठन, कमजोरी तथा दिल की धड़कन अनियमित हो सकती है। केला, पपीता, सीताफल और शकरकंदी इसके अच्छे स्रोत हैं।

विटामिन

बच्चे की उचित वृद्धि और विकास में प्रत्येक विटामिन की एक महत्त्वपूर्ण भूमिका होती है। यद्यपि एक संतुलित आहार पूर्ण रूप से नहीं, तो भी प्रचुर मात्रा में इनकी पूर्ति करता है। इनमें से कुछ को शरीर

द्वारा संश्लेषित नहीं किया जा सकता है और इसलिए आहार में प्रदान किया जाना चाहिए। विटामिन की कमी या अधिकता शरीर को सक्रिय रखने की क्षमता, लाल रक्त कोशिकाओं के गठन और आँखों की अच्छी दृष्टि बनाए रखने जैसी क्रियाओं को बाधित कर सकती है।

प्रत्येक विटामिन के बारे में कुछ तथ्य!

विटामिन ए आँखों की अच्छी रोशनी के लिए आवश्यक है। यह आम जैसे पीले फल, सब्जियाँ जैसे गाजर, शकरकंदी तथा पालक और मक्खन में पाया जाता है। सुनिश्चित करें कि ये आपके बच्चे को पर्याप्त मात्रा में प्राप्त हों।

विटामिन बी थियामिन, रिबोफ्लेविन, नियासिन, पाइरिडोक्सिन, फ़ॉलिक एसिड और विटामिन बी 12 आदि यौगिकों से मिल कर बनता है। यह एक स्वस्थ स्नायु तंत्र और त्वचा को बनाए रखने के लिए उपयोगी है। अनाज, दाल, पत्तेदार सब्जियां, मांस और अंडे इसके प्रमुख स्रोत हैं।

विटामिन सी मसूड़ों और मुँह को स्वस्थ रखने और लौह के अवशोषण में सहायता करता है। इसे एस्कॉर्बिक एसिड भी कहा जाता है, जिसकी कमी से मसूड़ों से रक्तस्राव या स्कर्वी होता है। खट्टे फल, टमाटर, अमरूद और आँवला इसके अच्छे स्रोत हैं।

विटामिन बी और सी पानी में घुलनशील होते हैं, उन्हें लंबे समय तक शरीर में संग्रहित नहीं किया जा सकता है। अतः इसे आहार में दैनिक रूप से दिया जाना चाहिए।

विटामिन डी कैल्शियम और फ़ास्फ़ोरस के अवशोषण में मदद करता है जो स्वस्थ हड्डियों और दांतों के लिए आवश्यक हैं। अंडे की जर्दी, दूध, तेल, मछली और कुछ नाश्ता अनाज अच्छे स्रोत हैं। नाश्ता अनाज (cereals) खिलाने से पहले लेबल पर दिये उसके घटकों की जाँच कर लें।

प्रत्यक्ष सूर्य के प्रकाश के संपर्क में आने पर शरीर में विटामिन डी स्वतः उत्पन्न होता है जिसे सनशाइन विटामिन कहा जाता है। बचपन में इसकी कमी के कारण सूखा (हड्डियों में विकृति जैसे धनुषाकार टाँगें) और पैल्विक विकृति जैसे रोग हो सकते हैं।

विटामिन ई विभिन्न तेलों में पाया जाता है जो त्वचा को स्वस्थ रखने और सेल झिल्ली की रक्षा में मदद करता है। पौधों से प्राप्त होने वाले सोया, मक्का और जैतून का तेल इसके मुख्य स्रोत हैं। विभिन्न प्रकार के सूखे मेवे और बीज, अंकुरित गेहूँ और अधिकांश अनाज में भी यह पाया जाता है।

विटामिन के मुख्य रूप से शरीर द्वारा संश्लेषित किया जाता है। गोभी, फूलगोभी, ब्रॉकोली और पालक में कम मात्रा में पाया जाता है। विटामिन के के कई महत्त्वपूर्ण कार्य हैं। उदाहरण के लिए, यह चोट इत्यादि लगने पर रक्तस्राव को रोकता है और घावों को ठीक रखने में सहायक होता है। विटामिन के का मुख्य स्रोत मानव शरीर है, क्योंकि यह आंत्र में बैक्टीरिया द्वारा स्वतः निर्मित होता है।

अलग–अलग रंग की सब्जियों और ताज़े फलों से परिपूर्ण स्वस्थ और संतुलित आहार आपके बच्चे के

शरीर में इन सभी पोषक तत्त्वों को सुनिश्चित करता है। आदर्श संतुलित भोजन हमारी रसोई में सरलता से मिल जाता है। अच्छी तरह से पकायी हुई दाल, कुछ सब्जी, कुछ कच्चा सलाद, रायता और चावल की एक छोटी कटोरी से युक्त प्लेट न केवल देखने में आकर्षक, अपितु संतुलित, पौष्टिक और स्वस्थ भोजन भी है।

स्वास्थ्य के लिए अत्यंत हानिकारक, संदिग्ध गुणवत्ता के मांस वाला बर्गर, नमकीन गहरे तले आलू और सलाद के कुछ पत्तों से सजा आकर्षक तरीके से परोसे गये एक फास्ट फूड प्लैटर की कल्पना करें! एक समझदार और स्वास्थ्य के प्रति जागरूक माता–पिता के रूप में क्या आप अपने बच्चे को यह खाना खिलाना पसंद करेंगे? समय की कमी और व्यस्त जीवन को महत्त्व न दें तो चुनाव स्पष्ट है।

हमारे नियमित भारतीय व्यंजन आपके बच्चे के लिए सभी आवश्यक पोषक तत्त्व प्रदान कर सकते हैं क्योंकि हमारी रसोई में अधिकांश व्यंजन सम्मिश्रण विधि से परोसे जाते हैं। हमारे पास प्राचीन शिक्षा और ज्ञान का विशाल भंडार है। आजकल की माताएं प्राचीन और आधुनिक पाककला तकनीकों के संयोजन से अपने बच्चों को दोनों प्रकार के भोजन से लाभान्वित कर सकती हैं। निम्न अध्यायों में ऐसा ही बताया गया है–कम समय में बनने वाले, सरल, स्वास्थ्यवर्धक, पौष्टिक और परिचित खाद्य पदार्थ मस्ती से भरे व्यंजन!

बाल्यावस्था (toddler) के लिए पोषण संबंधी दिशा–निर्देश

आवश्यकता माप 1,000 से 1,400 कैलोरी

प्रोटीनः प्रति दिन लगभग 16 ग्राम (अधिकतम 25 ग्राम) दूध, दाल, अंडे या मांस के रूप में लिया जाना चाहिए, जिससे लगभग 70 कैलोरी प्राप्त हो सकें।

वसाः न्यूनतम 20 ग्राम और अधिकतम 35 ग्राम तक आवश्यक है। एक दिन में हम जितनी वसा का सेवन करते हैं, उसमें हर दिन की कैलोरी का कम से कम कुल एक तिहाई योगदान होना चाहिए। यह मक्खन, तेल, पूर्ण वसा वाला दूध, सूखे मेवे और तेलयुक्त मछली के रूप में हो सकता है।

कार्बोहाइड्रेटः कम से कम 100 ग्राम (अधिकतम 150 ग्राम) टॉडलर्स के लिए, 50–60 प्रतिशत कैलोरी कार्बोहाइड्रेट से मिलनी चाहिए। ये स्टार्च – चावल, चपाती, आलू और पास्ता के रूप में कैलोरी का बड़ा हिस्सा प्रदान करते हैं।

कैल्शियमः एक दिन में न्यूनतम 800 मिलीग्राम बच्चे के लिए आदर्श है। दूध, दूध उत्पाद और पालक कैल्शियम का अच्छा स्रोत हैं।

प्रत्येक दिन अवश्य सर्व करें

- 2–3 कप दूध (आदर्श रूप से पूर्ण वसायुक्त दूध उत्पाद, जैसे पनीर, दही और दूध से बने मीठे व्यंजन)
- 4–5 भाग फल और सब्जियाँ (संभव हो तो अलग–अलग रंग के)
- 4 सर्विंग्स – रोटी/चपाती/चावल/पास्ता और कम से कम 1 सर्विंग लौहतत्त्व युक्त अनाज
- 2 सर्विंग्स – उत्तम गुणवत्ता वाले प्रोटीन, जैसे अंडा या मांस, सेम और सोया या दाल

स्वस्थ बाल्यावस्था के लिए स्वस्थ आहार

सुबह का नाश्ता

- पौष्टिक अनाज/ओट दलिया/उबला हुआ अंडा/टोस्ट
- 1 कप दूध

प्रातः अल्पाहार

- मिनी सैंडविच, किशमिश, पनीर का टुकड़ा या कुछ सब्जियाँ

दोपहर का भोजन

- चावल के साथ आलू और मटर
- एक छोटी कटोरी दही
- एक छोटा गिलास पतला किया हुआ संतरे का रस

सायंकालीन अल्पाहार

- एक केला/सेब के स्लाइस/एक घर में बनी कुकी

रात का खाना

- दाल और चपाती, पकी हुए सब्जियाँ और टमाटर का सलाद
  या
- चिकन/मीट करी, चपाती के साथ पकी हुई सब्जियाँ
- सूजी हलवा

सोते समय

- 1 कप दूध

सामान्य नियम–शर्तें:

1. एक दिन में 500 मिलीलीटर से अधिक दूध और 150 मिलीलीटर से अधिक रस न दें।
2. खाने से पहले मिठाई या स्नैक्स से बच्चे को पेट न भरने दें।

3. बच्चे को दिन में, विशेषतः गर्मी के समय मे पर्याप्त पानी पीना आवश्यक है, इसका ध्यान रखें।
4. बच्चे को खाना अधिक मात्रा में न परोसें। इसके अतिरिक्त अपने बच्चे को प्लेट में परोसे गये सारे भोजन को ख़त्म करने के लिए बाध्य न करें। बच्चों की खाने की क्षमता कम होती है और समय के साथ बदलती रहती है। पेट भर जाने पर वे स्वयं बता सकते हैं!

बड़े बच्चों के लिए पोषण संबंधी दिशा–निर्देश (4–8 वर्ष)

वृद्धि और गतिविधि के स्तर के आधार पर 1,200 से 1,800 कैलोरी

प्रोटीनः 10 से 30 प्रतिशत दैनिक कैलोरी (30 से 90 ग्राम)

कार्बोहाइड्रेटः 45 से 65 प्रतिशत दैनिक कैलोरी (130 से 200 ग्राम)

वसाः 25 से 35 प्रतिशत दैनिक कैलोरी (30 से 40 ग्राम)

प्रत्येक दिन अवश्य सर्व करें

- 2–3 कप दूध (पनीर, दही और दूध से बने मीठे व्यंजन जैसे दूध उत्पादों सहित) 5 साल की आयु के बाद अर्ध वसायुक्त दूध उचित है।
- 5–6 भाग फल और सब्जियाँ (कम से कम 1 फल या सब्जी हर भोजन और नाश्ते के साथ)
- 4 सर्विंग्स – रोटी / चपाती / चावल / पास्ता / चोकर सहित आटा जैसे खाद्य पदार्थ
- 2 सर्विंग्स – उत्तम गुणवत्ता वाले प्रोटीन, जैसे अंडा या मांस, सेम और सोया या दाल

स्वस्थ बच्चों के लिए स्वस्थ आहार

सुबह का नाश्ता

- पौष्टिक अनाज / ओट पॉरिज / उबला अंडा / पौष्टिक भरवां पराठे
- फलों से बनी स्मूदी

प्रातः अल्पाहार

- हेग कर्ड फिंगर्स / फलों का सलाद / फलों के स्वाद वाला योगर्ट / पॉपकॉर्न

दोपहर का भोजन

- पकी हुई सब्जियाँ, जैसे फूलगोभी साथ में 1–2 चपाती
- एक छोटी कटोरी रायता या योगर्ट
- फलों के रस छोटे गिलास में / लस्सी या लैमोनेड

सायंकालीन अल्पाहार

- एक कप दूध के साथ घर में बनी कुकी या अनाज (सीरियल)

रात का खाना

- दाल एवं चपाती/चावल/पकी हुई सब्जियाँ एवं टमाटर का सलाद
- चिकल या मीट करी/पकी सब्जियाँ, जैसे चपाती के साथ भिण्डी खीर/ताजे फल जेली एवं कस्टर्ड के साथ

सोते समय

- 1 कप दूध

आनाकानी करने वाले बच्चों को खिलाने के कुछ उपाय

(अधिक हताश हुए बिना!)

1. जितना हो सके भोजन को रंग–बिरंगा, आकर्षक और रुचिकर बनाएं। खाद्य पदार्थों से लुभावनी आकृति, जानवर या फूल बनाने का प्रयास करें।
2. भोजन को अच्छी तरह से पका और सरलता से खाने योग्य होना चाहिए। यदि आवश्यक हो तो बड़े टुकड़े काट लें।
3. अपने बच्चे की खाने की रुचि को बढ़ाने के लिए उसे नए–नए खाद्य पदार्थों से परिचित कराती रहें और उन्हें कम से कम एक बार चखने के लिए प्रोत्साहित करें।
4. किसी भी नई सब्जी या भोजन को शुरू करने के लिए थोड़ी मात्रा में परोसें। यदि बच्चा इसे बिल्कुल पसंद नहीं करता तो निराश न हों, शांति से इसे दूर ले जाएं। कुछ सप्ताह बाद पुनः प्रयास करें। कभी–कभी कुछ खाने की चीज़ें कई बार प्रयास करने के बाद बच्चों को पसंद आती हैं। नई चीज खाने पर बच्चे की प्रशंसा करें और कुछ ईनाम भी दें, लेकिन उन्हें विवश न करें।
5. भोजन के समय को मस्ती भरा बनाएं, उदाहरण के लिए, उनकी पसंद का नर्सरी गाना बजाएं, या खाने और उनके पसंद के टीवी चरित्रों के बारे में कहानियाँ बनाएं।
6. समय–समय पर उनकी समान आयुवर्ग के विशेष रूप से अच्छी तरह खाने वालों बच्चों को बुलाकर पिकनिक का आयोजन करें। घर के बने पौष्टिक एवं स्वास्थ्यवर्धक अल्पाहार के साथ उनकी छोटी सी चाय–पार्टी की जा सकती है।

7. परिवार में बच्चों के साथ मिलकर भोजन करें क्योंकि बच्चे बड़ों की नकल करते हैं और आप स्वस्थ खाना खाकर उनके लिए एक अच्छा उदाहरण बन सकते हैं। टीवी देखते हुए रात्रिभोज से बचें, विशेषकर गोद में जंक फूड के बड़े बॉक्स के साथ!
8. यदि आपका बच्चा सब्जियों को पसंद नहीं करता है तो सूप और सब्जी से बने स्वादिष्ट नाश्ते को खिलाने का प्रयास करें। उनकी पसंद के स्नैक या पास्ता सॉस बनाते समय चुपके से कुछ सब्जियाँ डाल दें।
9. भोजन देने से पहले यह सुनिश्चित करें कि उन्हें भूख लगी है। अल्पाहार के बाद या जब उन्हें नींद आ रही हो तो भोजन ना परोसें।
10. खाने को रुचिकर और विविधतापूर्ण बनाने के लिए कभी–कभी कुछ बदलाव करें। अपनी सामान्य कुर्सी या बच्चों की ऊंची कुर्सी के स्थान पर एक तकिया, या बगीचे में या फ़र्श पर बैठाएं। मेरी बेटी और मैं अक्सर फ़र्श पर एक चटाई पर बैठते हैं, आमने–सामने प्लेट्स रखते हैं, खुशी से बातें करते हैं और खाना खाते हैं। उसे पता ही नहीं लगता कि कब उसकी प्लेट साफ़ हो जाती है।
11. भोजन संबंधी कहानियों की पुस्तकें पढ़ें या चित्र दिखाएं। सब्जियों के आकार के खिलौने या पहेलियाँ भी मदद कर सकते हैं। मेरी बड़ी बेटी को अंडा खाना पसंद नहीं था। मैंने अंडे पकाने के सभी तरीकों को आज़माया, लेकिन वह व्यर्थ गया। जब हमने उसे अजीबोगरीब चेहरे वाले प्लास्टिक अंडे के खिलौने वाला बॉक्स दिया तो वह अंडा खाना पसंद करने लगी। वास्तव में यह किसी चमत्कार से कम नहीं था!
12. जो खाना आप उन्हें अधिक खिलाना चाहते हैं उसके विषय में अच्छी बातें बताएं। उदाहरण के लिए, मटर को खिलाते समय कह सकते हैं कि मटर बच्चों को प्यार करते हैं और इसीलिए वे आपको बड़ा और मजबूत बना रहे हैं।
13. बच्चे को मिठाई और टॉफ़ी–चॉकलेट का लालच देकर ना फुसलाएं, क्योंकि इससे स्वस्थ आहार के प्रति उनका दृष्टिकोण नकारात्मक हो सकता है और आने वाले समय में यह उनकी एक आदत बन सकती है।
14. भोजन की तैयारी में उनका सहयोग लें। उनके द्वारा स्वयं उगाया हुआ एक टमाटर या धोया हुआ सलाद का एक टुकड़ा या सुपरमार्केट से उनका चुना हुआ एक खीरा, वे खाना अवश्य पसंद करेंगे।
15. सबसे महत्त्वपूर्ण बात, शांत रहें! कभी–कभी बच्चे के गुस्से, हठ, अजीबोगरीब ज़िद और तले भुने खाने की फ़रमाइश के लिए तैयार रहें। भोजन के समय उलझने की अपेक्षा बच्चे के साथ अपने समय का आनंद लें।

शैशवावस्था

वीनिंग का अर्थ है शिशु के लिए दूध के अलावा अन्य खाद्य पदार्थों को शुरू करना। यह आपके बच्चे के लिए बदलाव का एक महत्त्वपूर्ण समय है क्योंकि अब तक उन्हें केवल स्तन या फार्मूले दूध की आवश्यकता होती थी। यह एक क्रमिक प्रक्रिया है जो नरम से लेकर ठोस आहार वाले भोजन तक आगे बढ़ती है और अंत में एक वर्ष की आयु होने पर परिवार के सामान्य भोजन में बदल जाती है।

ठोस पदार्थों को शुरू करना

अधिकतर बच्चे 4 से 6 महीने के बीच ठोस आहार लेना शुरू कर देते हैं। आमतौर पर चार महीने से पहले इसकी सलाह नहीं दी जाती और न ही छह महीने से अधिक विलंब होना चाहिए। इसके लिए यह कारण हैं–:

शिशु का शरीर को चार महीने से पहले ठोस आहार को पचाने के लिए पर्याप्त रूप से विकसित नहीं होता। पाचन के अंग पूरी तरह विकसित नहीं हो पाते।

1. छह महीने के बाद अकेला दूध तेजी से बढ़ते शरीर में विशेष रूप से लौह तत्त्व संबंधी पोषण की आवश्यकता को पूरा करने के लिए अपर्याप्त होता है।
2. छह महीने की आयु में खाने और निगलने की क्षमता का पर्याप्त विकास हो जाता है। बोलने की प्रक्रिया खाने की क्रिया के दौरान जबड़े के चलने से संबंधित होती है।
3. अब तक बच्चे भोजन में रुचि दिखाना और खाना अपने मुंह में लेना शुरू कर देते हैं। वे रात में भी जागते हैं और थोड़ी–थोड़ी देर बाद खाना मांगते हैं,यह इंगित करता है कि वे ठोस आहार लेना शुरू करने के लिए तैयार हैं।

नरम खाद्य पदार्थों के साथ शुरू कर, और एक समय में एक नया भोजन देना एक अच्छा विचार है ताकि आपका बच्चा नए नए स्वादों का आनंद ले सके। कई एशियाई संस्कृतियों में शिशु के ठोस आहार की शुरुआत को एक विशाल समारोह के रूप में मनाया जाता है। ठोस आहार का चुनाव अधिकांशतः पारम्परिक आहार प्रथाओं, स्थानीय उपलब्धता और भोजन बनाने के तरीकों से निर्धारित होता है।

आमतौर पर इस्तेमाल किए जाने वाले खाद्य पदार्थ इस प्रकार हैं–:

4–6 महीनों में: आमतौर पर सुपरमार्केट और दुकानों में उपलब्ध बेबी चावल (सेरेलक आदि) जो एक आदर्श पहला भोजन है, आप निम्न प्रयास भी कर सकते हैं–:

1. पके हुए सब्जियों, जैसे आलू, शकरकंदी, सीताफल, मटर इत्यादि का नरम सूप।
2. मसला हुआ केला एक अति उत्तम भोजन है जो अधिकांश बच्चे सरलता से पचा सकते हैं। इसे खाना पकाने की आवश्यकता नहीं होती। अवोकाडो इसी तरह मसल कर दिया जा सकता है। ध्यान रखें कि सेब, नाशपाती और आलूबुखारा को पका कर नरम किया जाना चाहिए।
3. दलिये के रूप में मक्का, बाजरा या दाल का शोरबा दिया जा सकता है।

इस समय नमक या चीनी मिलाने की आवश्यकता नहीं है। अच्छा होगा, प्यूरी के चम्मच के साथ शुरुआत करें और अगले कुछ हफ़्तों में धीरे–धीरे उसकी मात्रा बढ़ाते जाएं। आहार की विविधता और संख्या में वृद्धि करें और अधिक से अधिक पौष्टिक लाभ के लिए दाल या अनाज में सब्जियाँ मिला कर खिलाएं।

6–9 महीनों में–: शोरबा थोड़ा गाढ़ा और टुकड़ेदार हो सकता है, इसे अधिक नरम करने की आवश्यकता नहीं है। यदि आप चाहें तो अब इसमें दाल, अन्य सब्जियां, बीन्स और चिकन भी मिला सकती हैं। अब खाना प्यूरी के रूप में होने की बजाय मसला जाना चाहिए।

9–12 महीनों में–: अब आपको अपने बच्चे को परिवार के साथ मिलकर भोजन में शामिल करने की कोशिश करनी चाहिए। अब उसे थोड़ी–थोड़ी मात्रा में चपाती, पूर्ण–वसा वाले डेयरी उत्पाद, पके हुए चावल, सब्जियां और यहां तक कि मांस भी दिया जा सकता है। लेकिन यह सुनिश्चित कर लें कि मांस अच्छी तरह से पका हुआ हो और छोटे टुकड़ों में कटा हो या कीमा बनाया

हुआ हो। अब आप finger-foods जैसे छिले हुए फल, टोस्ट के टुकड़े, पनीर के टुकड़े, और पकी हुई सब्जियां जैसे गाजर और बीन्स भी शुरू कर सकती हैं।

12 महीनों में–: दूध अब मुख्य पेय के रूप में दिया जा सकता है (सम्पूर्ण मलाईयुक्त दूध का प्रयोग करें क्योंकि अब आपके बच्चे को वसा की जरूरत हैं)। यदि आप शाकाहारी हैं, तो आपके बच्चे को कम से कम दो बार मटर, दाल या बीन्स का आहार दिया जाना चाहिए। यह विकास के लिए महत्त्वपूर्ण लौह तत्त्व और प्रोटीन प्रदान करता है। एक अच्छे संतुलित आहार के लिए भोजन में चावल, चपाती या पास्ता के साथ–साथ सब्जियां भी शामिल करें। इसके अतिरिक्त सोयाबीन का प्रयोग बच्चे के लिए महत्त्वपूर्ण है क्योंकि यह उत्तम गुणवत्ता वाला प्रोटीन प्रदान करता है और कई रूपों में खिलाया जा सकता है। मछली, मांस और मुर्गी ऊर्जा और शरीर सौष्ठव प्रदान करने के लिए अच्छे हैं।

स्तनपान के साथ–साथ ठोस आहार की शुरुआत के समय इनसे बचना चाहिए–:

1. कच्चे या अधपके अंडे
2. नमक और चीनी
3. कोला और शीतल पेय
4. छह महीने तक गेहूं के उत्पाद और लसलसे खाद्य पदार्थ। इनमें चपाती, रोटी, पास्ता और नाश्ता अनाज शामिल हैं।
5. पूरे या कटे हुए मेवे और बीज क्योंकि वे शिशु के गले में अटक सकते हैं। मेवे और स्प्रेड्स छह महीने तक टाले जा सकते हैं।
6. मछली और शैलफ़िश
7. मिर्च
8. अंगूर, नींबू या अन्य खट्टे फल

शोरबा कैसे तैयार करें

आप गाजर, शकरकंदी, आलू, शलजम, सीताफल, चुकंदर, फूलगोभी, विलायती कद्दू और बटरनट स्क्वैश जैसे सब्जियों का उपयोग कर सकती हैं।

सब्जी को अच्छी तरह से धो लें, छील या खरोंच कर और टुकड़ों में काट लें। नरम होने तक एक ढंके हुए पैन में अच्छी तरह पकाएं, पानी इतना डालें कि सब्जियाँ उसमें डूब जाएं। यदि आप इसे शीघ्रता से करना चाहती हैं तो प्रेशर कुकर का इस्तेमाल कर सकती हैं। यदि आप अधिक मात्रा में बना कर फ़्रीज़

कर बाद में उपयोग में लाना चाहती हैं तो प्रेशर कुकर विशेष रूप से उपयोगी है। एक छोटा (1.5 या 2 लीटर की क्षमता वाला) प्रेशर कुकर खरीदना अच्छा है। इसे विशेष रूप से बच्चे का खाना बनाने के लिए ही उपयोग करें। प्रेशर कुकर समय और ऊर्जा बचाता है तथा खाना पकाने में कम समय लगने के कारण उसके पोषक तत्त्व भी नष्ट नहीं होते। मेरी मां ने मेरे बच्चे का ठोस आहार आरम्भ करने से पहले ही एक छोटा कुकर भारत से भेज दिया था, जो मेरी रसोई में अमूल्य है।

फलों में, पके केले तैयार करना सबसे आसान है, ये सिर्फ़ मसला हुआ होना चाहिए। सेब, आम, नाशपाती और आलूबुखारा जैसे अन्य फलों को पका कर उनका शोरबा बनाना चाहिए।

नरम शोरबा बनाने के लिए आप हाथ से पकड़े जाने वाले या इलेक्ट्रिक ब्लेंडर का इस्तेमाल कर सकती हैं। कम मात्रा में पके हुए फल या सब्जी का शोरबा बनाने के लिए आप केवल एक स्वच्छ कांटे का उपयोग कर सकती हैं।

शोरबे के ठंडा हाने की प्रतीक्षा करें और बर्फ की ट्रे में डाल कर फ्रीज करें। शोरबे के थोड़ा ठंडा हो जाने पर प्रत्येक शोरबे की ट्रे को अलग–अलग फ्रीजर बैग में लपेटें और नाम तथा दिनांक का लेबल लगाएं (बाद में बिना लेबल वाले शोरबे को पहचानना मुश्किल हो सकता है)। उपयोग में लाने से पूर्व बर्फ़ की ट्रे को अच्छी तरह से धोकर उबलते पानी से कीटाणुरहित किया जाना चाहिए, क्योंकि आप नहीं चाहेंगे कि आपका छोटा बच्चा किसी हानिकारक बैक्टीरिया या वायरस का शिकार हो। आप जब चाहें आवश्यकतानुसार शोरबे के कुछ क्यूब्स को बाहर निकालें, पिघलाएं और गरम करें। अपने हाथ के पिछले हिस्से में शोरबे की कुछ बूँदें डालकर जाँच लें कि शिशु को खिलाने के लिए भोजन अधिक गरम तो नहीं है।

पेय

जन्म से लेकर छह महीने की आयु तक माँ का दूध शिशु के लिए आदर्श है। उसके बाद थोड़ा उबला और ठंडा किया हुआ पानी या फ़ार्मूला आहार दिया जा सकता है। यहां तक कि आप ताज़ा शुद्ध फलों के रस को थोड़ा पतला कर शिशु को पिला सकती हैं। एक साल के बाद पूर्ण वसा वाले दूध का मुख्य पेय के रूप में प्रयोग किया जा सकता है। जैसे–जैसे बच्चे बड़े होते हैं और विविध प्रकार का आहार लेने लगते हैं, दूध की मात्रा कम कर देनी चाहिए। निस्संदेह एक बच्चे के लिए सादा पानी सर्वश्रेष्ठ पेय है। एक वर्ष का होने तक आप

उबालकर ठंडा किये हुए पानी का उपयोग कर सकती हैं, उसके बाद नल का पानी (फ़िल्टर्ड) सुरक्षित रूप से दिया जा सकता है। यात्रा के दौरान बोतलबंद पानी ठीक है लेकिन कोई अन्य कृत्रिम पेय का उपयोग न करें। पूरे दिन शिशु के लिए पांच से सात छोटे पेय पर्याप्त होते हैं, हालांकि बहुत गरमी में अधिक की आवश्यकता हो सकती है।

आमतौर पर आपको इन पेयों से बचना चाहिए—:

1. **कोला और अन्य शीतल पेयः** इसमें कृत्रिम रंग, मीठा और कैफ़ीन होते हैं जो बहुत हानिकारक हैं।
2. **फ़्लेवर्ड जूस/स्वादिष्ट रस पेयः** चीनी की अधिक मात्रा दंतक्षय और व्यवहार संबंधी समस्याओं का कारण हो सकती है।

ये न केवल असुरक्षित होते हैं, इनकी मिठास भी हानिकारक होती है, क्योंकि ये लौह तत्त्व को अवशोषित करने की क्षमता को प्रभावित करते हैं, जिससे बच्चे को एनीमिया की संभावना बढ़ जाती है।

कुछ स्वस्थ पेय, जैसे – ताज़े फलों के रस को पतला कर बिना चीनी के दे सकते हैं। ऑरेंज जूस, ताज़ा निकला या फ़िर दुकान से खरीदा हुआ सादे पानी से पतला किया जा सकता है। यह बच्चे की पाचन क्रिया को नियमित रखने में मदद करता है। विविधता के लिए आप अनार दे सकती हैं। मेरी बेटी को इसका लाल रंग और खट्टा–मीठा स्वाद बहुत पसंद है। सेब, नाशपाती और आलूबुखारे इत्यादि के रस भी दिये जा सकते हैं। मीठा पेय लेने के बाद ब्रश करना दांतों के स्वास्थ्य के लिए अच्छा है। यदि आपके पास घर पर जूसर है, तो आप अपने बच्चे के लिए पके रसदार फलों का रस (कृत्रिम मिठास और रंगों के बिना) एक स्वस्थ पेय के रूप में घर पर ही बना सकती हैं।

शिशु के लिए स्वच्छता अत्यंत महत्त्वपूर्ण है। बच्चे के सभी बर्तन और चम्मच अच्छी तरह से धोयें और कीटाणुरहित करें। भोजन तैयार करने और बच्चे को खिलाने से पहले आपको स्वयं अपने हाथ भी धोने चाहिए। भोजन बनाने का स्थान सावधानी से साफ़ करना चाहिए और प्रत्येक भोजन के बाद बच्चे की कुर्सी इत्यादि पर रोगाणुरोधक पोंछे का उपयोग करना चाहिए। भले ही आप बच्चे को खिलाने के लिए चम्मच का उपयोग कर रहे हों, प्रत्येक भोजन के बाद बच्चे के हाथ भली प्रकार साफ़ होने चाहिए, क्योंकि बच्चे के हाथ उत्सुकतावश निश्चित रूप से भोजन के संपर्क में आ ही जाते हैं।

दाल शोरबा

दालें प्रोटीन, लौह और प्राकृतिक फ़ाइबर का एक समृद्ध स्रोत हैं। विशेषतया एक शाकाहारी बच्चे के लिए ये अमूल्य हैं। अधिक विविधता और पोषण के लिए आप इस शोरबे में अलग–अलग सब्जियाँ मिला सकती हैं।

सामग्री:

- $\frac{1}{2}$ कप धुली और 30 मिनट तक भीगी हुई पीली दाल (मूँग या अरहर)
- एक मुट्ठी डंडियाँ कटे हुए पालक के पत्ते
- $1\frac{1}{2}$ कप पानी

प्राप्ति: लगभग 2 कप

विधि:

दाल और पालक को एक बड़े पैन में ढंक कर उबालने के पश्चात लगभग 25 से 30 मिनट तक धीमी आँच पर पकायें। आप प्रेशर कुकर का भी प्रयोग कर सकती हैं। अधिकतम दबाव तक पहुंचने के बाद आँच को धीमा कर 5–7 मिनट के लिए पकायें। शोरबे को ठंडा कर आप बर्फ़ की ट्रे में फ़्रीज कर सकती हैं और जब चाहें आवश्यक मात्रा में धीमी आँच पर पिघला सकती हैं।

एक बड़ा चम्मच चावल शोरबे के साथ अच्छी तरह से मिला कर शिशु के लिए पौष्टिक आहार बनाएं।

शकरकंदी शोरबा

शकरकंदी विटामिन, प्रोटीन, कैल्शियम और ऊर्जा का समृद्ध स्रोत है एवं बहुत पौष्टिक है। इसकी प्राकृतिक मिठास बच्चों को बहुत पसंद आती है और उनके भोजन को उत्कृष्ट बनाती है।

सामग्री:

- 1 शकरकंदी
- $\frac{1}{2}$ कप पानी

प्राप्ति: लगभग $1\frac{1}{2}$ कप

विधि:

शकरकंदी को धोयें, छीलें और छोटे–छोटे टुकड़ों में काट लें। थोड़ा पानी डालकर नरम होने तक माइक्रोवेव में गरम करें। आप इसे पैन में भी पका सकती हैं। थोड़ा खाने का तेल मिला कर काँटे से मसल लें। आवश्यकतानुसार परोसें और शेष को फ़्रीज करें।

मलाईदार मसले हुए अवोकाडो

बच्चों को मुलायम अवोकाडो पसंद आता है। यह एक बहुत ही पौष्टिक आहार है जो मस्तिष्क के विकास के लिए आवश्यक तेलों से समृद्ध है। अवोकाडो का प्रयोग करते हुए सावधानी बरतें क्योंकि तैयार होते ही इसका रंग गहरा होने लगता है। दही स्वस्थ हड्डियों और दांतों के विकास के लिए आवश्यक कैल्शियम प्रदान करता है।

सामग्री:

- 1 आधा किया हुआ और बीज निकला हुआ पका अवोकाडो
- 1 छोटा चम्मच दही

प्राप्ति: लगभग 1 कप

विधि:

अवोकाडो का गूदा निकाल कर उसे दही के साथ मिलाएं और परोसें। आप अवोकाडो की जगह चीकू का प्रयोग भी कर सकतीं हैं।

दालचीनी वाला सेब स्ट्यू

मेरी बेटी जब छोटी थी तो उसे इस स्ट्यू की खुशबू बहत पसंद थी। वास्तव में मैंने जब भी इसे बनाया इसकी गंध से पूरा घर महक उठता था। सेब शिशुओं के लिए बहुत अच्छे हैं क्योंकि इसमें पाचन में सहायक एसिड होने के साथ–साथ शरीर के लिए उपयोगी एंटीऑक्सीडेंट्स और फ़्लेवोनोइड्स भी होते हैं।

सामग्री:

- 4 पके मीठे लाल सेब
- 75 ग्राम नमकरहित मक्खन
- 4 बड़े चम्मच भीगे हुए चावल
- एक चुटकी दालचीनी
- ¾ कप पानी

प्राप्ति: लगभग 2 कप

विधि:

सेब को छील कर टुकड़ों में काट लें। पैन में ढंक कर अन्य सामग्री के साथ लगभग 20 मिनट तक पकाएं। ध्यान रहे कि सेब नरम हो जाए तथा चावल भी भली–भाँति पक जायें। ठंडा हो जाने पर ब्लेंडर में स्ट्यू बना लें।

गाजर शोरबा

स्वाभाविक रूप से मीठी गाजर बच्चों के लिए बहुत ही पोषक है। विशेष रूप से आंखों के लिए अच्छी और सुपाच्य होती है। शोरबे में दूध मिलाने से यह मलाईदार और अधिक पौष्टिक हो जाता है। यदि आप अपना दूध निकालने के लिए स्तन पंप का प्रयोग करके दूध को बाद में उपयोग करने के लिए सुरक्षित करती हैं या आपका बच्चा फ़ार्मूला या पाउडर का दूध पीता है, तो उसमें गाजर का शोरबा मिलाएं। यदि आप केवल स्तनपान कराती हैं, तो शोरबा दूध के बिना ही काम में लाएं।

सामग्रीः

- 2–3 गाजर
- 2 बड़े चम्मच चावल
- 5 बड़े चम्मच दूध (सामान्य, निकला हुआ माँ का दूध या फ़ार्मूला)
- $1\frac{1}{2}$ कप पानी

प्राप्तिः लगभग $1\frac{1}{2}$ कप

विधिः

गाजर को छील कर छोटे टुकड़ों में काट लें। प्रेशर कुकर में गाजर और चावल को 3–4 मिनट तक या पैन में लगभग 20 मिनट के लिए नरम होने तक पकाएं।

ब्लैंडर में डालकर कुछ पानी व दूध के साथ गाढ़ा शोरबा बनने तक ब्लैंड करें।

6 से 9 महीने में

चना और टमाटर

यह विभिन्न स्वादों और मसालों की खुशबुओं से भरा एक पारम्परिक भारतीय आहार संयोजन है। चना बढ़ते बच्चों के लिए लौह और प्रोटीन का महत्त्वपूर्ण स्रोत है। डिब्बाबंद चना बहुत उपयोगी है, लेकिन यदि यह उपलब्ध न हो तो साधारण चना कुछ ही घंटों के लिए भिगो कर उबाल लीजिए।

सामग्रीः

- 1 बड़ा चम्मच डिब्बाबंद या उबला चना (पानी निकला हुआ)
- 1 बड़ा चम्मच टमाटर प्यूरी (गृह–निर्मित बेहतर)
- $\frac{1}{2}$ कटा हुआ प्याज
- एक चुटकी धनिया पाउडर
- 2 छोटे चम्मच तेल
- $\frac{1}{2}$ कप पानी

प्राप्तिः 2 कप

विधिः

एक पैन में तेल गरम करें और प्याज डाल दें, नरम होने तक पकाएं। अब चना, धनिया पाउडर और टमाटर प्यूरी मिला कर कुछ देर चलाएं और पानी डालें। उबाल आने पर धीमी आँच पर 15 मिनट के लिए चने पूरी तरह गलने तक पकाएं।

आँच से उतार कर अच्छी तरह मसलें या ब्लैंडर में चलाएं।

मसली हुई दाल–सब्जी

अब शिशु को थोड़ा टुकड़ेदार और गाढ़ा आहार देकर चबाने के लिए प्रोत्साहित करें। चबाने की प्रक्रिया अथवा चबाने की कोशिश करना भी चेहरे की संरचना एवं जबड़े के समुचित विकास के लिए अत्यंत महत्त्वपूर्ण है। इसलिए यह सुनिश्चित करें कि इस समय आहार थोड़ा मोटा हो जिससे बच्चा कुछ चबाने की कोशिश करे।

सामग्री:

- ½ कप 30 मिनट तक भीगी हुई टूटी दाल (मूँग या अरहर)
- 1 छिली और कटी हुई गाजर
- 1 छिला और कटा हुआ मध्यम आकार का आलू
- ½ कटा हुआ छोटा प्याज
- एक चुटकी जीरा पाउडर
- 50 ग्राम नमकरहित मक्खन
- ½ कप पानी

प्राप्तिः 2 कप

विधि:

एक पैन में मक्खन पिघलाएं और जीरे के साथ सब्जियाँ भूनें। इसमें दाल और पानी मिलाएं। दाल को लगभग पच्चीस मिनट के लिए गलने तक पकाएं या आप इसे 4–5 मिनट के लिए प्रेशर कुकर में पका सकती हैं। ठंडा करें और मसलें।

केला दलिया

यह केले एवं ओट्स की ऊर्जा और महत्त्वपूर्ण पोषक तत्त्वों से परिपूर्ण एक पौष्टिक नाश्ता है। केले सरलता से पच जाते हैं जो ऊर्जा, पोषक तत्त्वों तथा खनिजों से भरे होते हैं। वे बच्चों के लिए एक उत्कृष्ट भोजन हैं। ओट्स में विटामिन बी, लोहा और पोटैशियम जैसे आवश्यक पोषक तत्त्व पाये जाते हैं।

सामग्री:

- 1 पका केला
- 25 ग्राम ओट्स दलिया
- 100 मि.लि. साधारण दूध

प्राप्तिः 1 कप

विधि:

ओट्स और दूध को धीमी आँच पर 4–5 मिनट के लिए पकाएं। आग से उतारें और अलग रख दें। एक काँटे से केले को मसलें और दलिये के साथ मिलाएं।

चिकन और सब्जी सूप

चिकन छोटे बच्चों के शरीर को सौष्ठव बनाने और शक्ति प्रदान करने के लिए उपयोगी है। यह प्रोटीन का अच्छा स्रोत है। सब्जियाँ मिलाने से यह सुपाच्य हो जाता है और इसमें शिशु के लिए आवश्यक पोषक तत्त्व एवं रेशे भी जुड़ जाते हैं।

सामग्रीः

- 2 चिकन ब्रेस्ट
- ½ छिली और कटी हुई शकरकंदी
- ½ कटी हुआ प्याज
- 2 बड़े चम्मच ताज़े या फ्रोज़न मटर
- 2 छोटे चम्मच तेल
- 2 कप पानी

प्राप्तिः 2 कप

विधिः

प्रेशर कुकर में पानी के अतिरिक्त सारी सामग्री डाल कर थोड़ा भून लें। पानी मिलायें और भाप बनने तक तेज आँच पर पकाएं, फिर धीमी आँच पर 5–6 मिनट के लिए और पकाएं। ठंडा करें और ब्लैंडर में चलाएं।

ब्रॉकोली और आलू

यह संयोजन बहुत ही बढ़िया, सुपाच्य और पोषक है। बच्चे ब्रॉकोली की हल्की मिठास पसंद करते हैं। हमें यह याद रखना चाहिए कि बच्चों को बड़े होकर केवल सलाद ही नहीं, बल्कि सूप और चावल के व्यंजन भी चाहिए। ब्रॉकोली पारम्परिक भारतीय खाने का हिस्सा नहीं है किंतु मैं इसका प्रयोग करती हूँ, क्योंकि ये अब सरलता से मिल जाती है और बच्चों के स्वास्थ्य के लिए अच्छी है।

सामग्रीः

- 1 धुली और छोटे–छोटे फूलों में कटी हुई छोटी ब्रॉकोली
- 3 छिले और कटे हुए मध्यम आकार के आलू
- ½ कुचला हुआ छोटी कली लहसुन
- 50 ग्राम बिना नमक का मक्खन
- 1 कप पानी

प्राप्तिः 2½ कप

विधिः

एक पैन में ब्रॉकोली, लहसुन और आलू को मक्खन में भूनें, फिर पानी मिलाएं। 15–20 मिनट के लिए आलू गलने तक पकाएं। परोसने से पहले ठंडा करें और मसल लें।

आलूबुखारा और मैंगो पुडिंग

पके आम प्राकृतिक रूप से मीठे, गूदे से भरे हुए और सुगन्धित होने के कारण बच्चों को बहुत पसंद आते हैं। इस चमकीले रंग वाले फल में विटामिन ए, बी और सी तथा अन्य महत्त्वपूर्ण खनिज पर्याप्त मात्रा में पाये जाते हैं। आलूबुखारा यद्यपि थोड़े समय के लिए ही उपलब्ध होता है, लेकिन अत्यंत स्वादिष्ट और खनिज एवं पोषक तत्त्वों से परिपूर्ण होता है। आप अपने बच्चे की पसंद के अनुसार अन्य फलों का प्रयोग भी कर सकती हैं, मैं भी ऐसा करती हूँ। बच्चों को यह फल और चावल से बना आहार बहुत अच्छा लगता है।

सामग्रीः

- 2–3 छिले और कटे हुए पके आलूबुखारे
- 1 छिला और कटा हुआ पका आम
- 3 बड़े चम्मच सेरेलक या भीगे हुए चावल
- 100 मि. लि. सम्पूर्ण वसायुक्त दही
- ½ कप पानी

प्राप्तिः 2 कप

विधिः

दही को छोड़कर उपरोक्त सभी को धीमी आँच पर 7–8 मिनट के लिए पकाएं। ठंडा करें और मसलें। इसकी आधी मात्रा दही में मिला कर परोसें। शेष को बाद में प्रयोग करने के लिए फ़्रीज़ करें।

9 से 12 महीने में

खिचड़ी

यह एक पारम्परिक भारतीय भोजन है जिसे अधिक पौष्टिक बनाने के लिए मैं सब्जियों के साथ बनाती हूँ। अनाज के साथ फलियाँ मिलाने से कुल पौष्टिक मूल्य बढ़ जाता है और प्रोटीन की गुणवत्ता बढ़ जाती है। मैंने हमेशा प्याज की अपेक्षा लहसुन का इस्तेमाल किया है– आप दोनों में से किसी का भी इस्तेमाल कर सकते हैं।

सामग्रीः

- 1 बड़ा चम्मच 30 मिनट भीगे हुए चावल
- ½ चावल के साथ भीगी हुई पीली दाल (मूँग दाल)
- 1 छिला और कटा हुआ छोटा आलू
- ½ छिली और कटी हुई छोटी गाजर
- ½ कुचला हुआ छोटी कली लहसुन
- 2 छोटे चम्मच तेल
- ¾ कप पानी

सर्विंगः 1 के लिए

विधिः

एक गहरे पैन में तेल गरम करें और पानी को छोड़कर सारी सामग्री को दो मिनट के लिए थोड़ा भून लें। पानी मिलाएं और ढंक दें। 25–30 मिनट तक या दाल गलने तक पकाएं। या फिर प्रेशर कुकर का इस्तेमाल करें और 7–8 मिनट के लिए पकाएं। खिचड़ी एकदम नरम और घुटी हुई होनी चाहिए।

फूलगोभी, मटर और आलू

विटामिन, लौह और ऊर्जा से भरा एक आहार। फूलगोभी रेशे, विटामिन सी तथा बी परिपूर्ण और पोषक होती है। मटर भी विटामिन, लौह और अन्य पोषक तत्त्वों का भंडार हैं। आलू ऊर्जा के साथ–साथ पोटैशियम और विटामिन सी भी प्रदान करते हैं।

सामग्री:

- 1 चौथाई छोटी फूलगोभी
- 1 छोटा आलू
- 1 बड़ा चम्मच ताज़े या फ्रोज़न मटर
- 1 चुटकी हल्दी
- 1 चुटकी जीरा पाउडर
- 2 छोटे चम्मच तेल
- $\frac{3}{4}$ कप पानी

सर्विंग: 1 के लिए

विधि:

सब्जियाँ काट कर एक ओर रख लें। एक पैन में तेल गरम करें और कटी हुई सब्जियाँ और मसाले डाल कर एक मिनट के लिए भूनें। पानी मिलाएं और धीमी आँच पर सब्जियों के थोड़ा नरम और अच्छी तरह गलने तक पकाएं। परोसने से पहले काँटे से सब्जियों को छोटे–छोटे टुकड़ों में तोड़ लें।

दाल

अब आपके बच्चे को परिवार के साथ मिल कर खाना चाहिए। आपको उसे चपाती या चावल के साथ दाल का आहार देना चाहिए। परिवार के लिए दाल बनाते समय मिर्च और मसाले मिलाने से पूर्व आप उसका एक छोटा हिस्सा बच्चे के लिए अलग कर लें या आप इसे बनाकर भविष्य में उपयोग में लाने के लिए फ्रीज़ कर सकती हैं।

सामग्री:

- 100 ग्राम 30 मिनट तक भीगी हुई लाल दाल (मसूर)
- $\frac{1}{2}$ कप कटी हुई पालक
- 1 चुटकी जीरा पाउडर
- 1 चुटकी धनिया पाउडर
- $\frac{1}{4}$ छोटा चम्मच हल्दी पाउडर
- 1 मुट्ठी मटर
- 2 कप पानी

सर्विंग्स: 4 लोगों के लिए

विधि:

दाल, पालक और मसाले प्रेशर कुकर में डालें। पानी मिलाएं और 6–7 मिनट तक पकाएं और भाप को अपने आप निकलने के लिए छोड़ दें।

थोड़े मक्खन में तड़का लगाकर बाउल में परोसें।

कीमा और आलू

कीमा और आलू प्रोटीन, लौह और खनिजों से पूर्ण एक अच्छा संयोजन है। आप आलू के स्थान पर मटर का उपयोग कर सकती हैं। शिशुओं के लिए मांसाहार पकाते हुए बहुत सावधान रहें। उपयोग करने से पहले इसे पूरी तरह धो लें और सुनिश्चित करें कि यह अच्छी तरह से पका हुआ है।

सामग्री:

- 100 ग्राम बारीक कटा और ठीक से धुला हुआ मटन/बीफ़/चिकन
- 3 छिले और कटे हुए मध्यम आलू
- 1 कटा हुआ छोटा प्याज
- एक चुटकी दालचीनी पाउडर
- एक चुटकी मिर्च पाउडर
- 1 कली कुचला हुआ लहसुन
- 1 बड़ा चम्मच सूरजमुखी तेल
- 1 कप पानी

सर्विंग्स: 4 लोगों के लिए

विधि:

एक पैन में तेल गरम करें और प्याज को नरम होने तक भूनें। कीमा, मसाले, लहसुन और आलू मिलाएं। कीमा के रंग बदलने तक अच्छी तरह चलाएं। पानी डालकर ढंक दें। कीमा के अच्छी तरह गलने तक लगभग 12–15 मिनट के लिए पकाएं। लेकिन सुनिश्चित करें कि इसमें नमी बनी रहे, क्योंकि बच्चे बहुत शुष्क भोजन को चबा नहीं सकते।

चावल या चपाती के छोटे टुकड़ों के साथ परोसें।

मसले आलू और सोया

सोया एक अद्भुत भोजन है– शाकाहारी होते हुए भी इसका प्रोटीन पशुओं से प्राप्त प्रोटीन के समान ही है। यह दानेदार और टुकड़े दोनों रूपों में उपलब्ध है। इसे गरम पानी में भिगोना और पकाने से पहले निचोड़ना चाहिए।

सामग्री:

- 1 बड़ा चम्मच सोया चूरा
- 1 छिला हुआ उबला हुआ आलू
- 1 छोटा चम्मच टमाटर की प्यूरी
- एक चुटकी जीरा पाउडर
- 1 छोटा चम्मच तेल
- ½ छोटा चम्मच मक्खन
- 1 कप पानी

सर्विंग: 1 के लिए

विधि:

सोया को एक कटोरी गरम पानी में लगभग 10 मिनट के लिए भिगोयें। निचोड़ कर एक ओर रखें। एक पैन में तेल गरम करें और जीरा तथा टमाटर प्यूरी डाल दें। सोया और 1 बड़ा चम्मच पानी मिलायें और अच्छी तरह लिपटने तक चलाती रहें। 3–4 मिनट के बाद आँच से हटा लें।

आलू को अच्छी तरह से मसलें और इसमें मक्खन डालें। सोया चूरा के साथ मिला कर परोसें। बड़े बच्चे को आप हल्की तली हुई पैटी के साथ बर्गर के रूप में भी दे सकती हैं।

चावल और मटर

मटर और चावल का संयोजन बहुत लोकप्रिय है, जो एक ही आहार में कार्बोहाइड्रेट और प्रोटीन दोनों प्रदान करता है। मटर बच्चों को पसंद आते हैं क्योंकि वे उन्हें मुंह में लेने की कोशिश करते हैं, और उनके साथ खेलते भी हैं।

सामग्री:
- 2 बड़े चम्मच 30 मिनट के लिए भीगे हुए चावल
- 1 बड़ा चम्मच ताज़े या फ्रोज़न मटर
- एक चुटकी जीरा पाउडर
- एक चुटकी नमक
- 2 छोटे चम्मच तेल
- $\frac{3}{4}$ कप पानी

सर्विंग: 1 के लिए

विधि:
एक पैन में तेल गरम करें और मसालों के साथ भीगे हुए चावल और मटर डालें। थोड़ा सा हिलाएं, पानी डालें और उबाल लें। ढंक दें और पानी सूखने तथा चावल नरम होने तक धीमी आँच पर पकाएं। काँटे से मिलाएं और ठंडा होने पर परोसें।

फ़्लेक्ड मछली

बच्चों के लिए मछली एक गुणकारी आहार है, क्योंकि इसके तेल मस्तिष्क के विकास में सहायक होते हैं। छोटे बच्चों के लिए फ़्लेक्ड मछली अच्छी होती है।

सामग्री:
- किसी भी बोनलेस मछली का 1 छोटा टुकड़ा
- $\frac{1}{2}$ कटा हुआ छोटा प्याज
- $\frac{1}{2}$ कली कुचला हुआ लहसुन
- 1 उबली और कटी हुई गाजर
- $\frac{1}{2}$ कप मसले आलू
- एक चुटकी काली मिर्च और नमक
- 1 छोटा चम्मच तेल
- 1 कप पानी

सर्विंग: 1 के लिए

विधि:
एक पैन में तेल गरम करें और प्याज, काली मिर्च और लहसुन डालें। पानी मिलाएं और एक उबाल आने पर आँच कम करें। इसमें मछली डालें और लगभग 10–15 मिनट के लिए पकाएं। अब तक मछली गल जानी चाहिए। उबली हुई गाजर और मसले आलू के साथ मछली परोसें। बचा हुआ पानी रख लें। पौष्टिक चावल या सूप बनाने के लिए उपयोग करें।

अंडे की भुर्जी

अंडा स्वयं में पूर्ण आहार है – पोषक तत्त्वों, प्रोटीन एवं लौह से भरपूर। अपने बच्चे को प्रायः आहार में देने की कोशिश करें। इसे ठीक से पकाने का ध्यान रखें और हमेशा ताज़े डेयरी (pasteurized) के अंडे ही प्रयोग करें। अंडों से आप विविध प्रकार के व्यंजन बना सकती हैं।

सामग्री:

- 1 फेंटा हुआ अंडा
- 1 छोटा टमाटर
- ½ छोटा चम्मच मक्खन
- 2 इंच पनीर का टुकड़ा
- एक चुटकी सूखी हर्ब्स या सूखे पुदीने के पत्ते
- 1 छोटा चम्मच तेल

सर्विंग्स: 2 लोगों के लिए

विधि:

एक नॉन–स्टिक पैन में मक्खन और तेल गरम करें और बाकी सारी सामग्री मिला दें। एक लकड़ी के चम्मच से पकने तक हिलाती रहें। गरम ही परोसें लेकिन सुनिश्चित करें कि आपके बच्चे के लिए अधिक गरम न हो।

चिकन और गाजर स्ट्यू

मेरी दोनों बेटियां जब छोटी थीं तो मैं इस स्ट्यू को नियमित रूप से बनाया करती थी। यह उनको बहुत पसंद था और ऐसे व्यंजनों में से एक था जो वे कुछ मिनट में ख़त्म कर लेती थीं। यह ध्यान रखें कि चिकन को नरम होने तक अच्छी तरह पकाना है। यह एक अच्छी बात है कि बच्चे इसे चबाने का प्रयास करते हैं, जो उनके जबड़े को मजबूत करता है और अप्रत्यक्ष रूप से बोलने में भी मदद करता है। आप अपनी पसंद की अन्य सब्जियाँ मिला सकती हैं। गाजर स्ट्यू को एक अच्छा सा नारंगी रंग देती है और बहुत पौष्टिक होती है। मक्खन मिलाने से भी स्ट्यू का स्वाद और गुणवत्ता दोनों ही बढ़ते हैं।

सामग्री:

- 1 छोटा टुकड़ा बोनलेस चिकन
- ½ छिली और कटी हुई गाजर
- ½ छिला और कटा हुआ आलू
- 1 छोटा टुकड़ा दालचीनी
- 1 छोटा चम्मच तेल
- 1 टुकड़ा मक्खन
- 1 कप पानी

सर्विंग्स: 2 लोगों के लिए

विधि:

एक पैन में तेल गरम करें और चिकन डाल दें, कुछ मिनट तक पकाएं, पलटें और सब्जियाँ मिलाएं। पानी डालें और लगभग 45 मिनट के लिए चिकन के गल जाने तक पकाएं। या फिर प्रेशर कुकर में अधिक मात्रा में पकाएं और बाद में प्रयोग के लिए फ्रीज़ कर लें। परोसते समय दालचीनी का टुकड़ा निकाल दें, ये बच्चों के गले में अटक सकता है।

बाल्यावस्था भाग

बाल्यावस्था में बदलाव माँ और बच्चे दोनों के लिए रोमांचक और साथ ही थकाने वाला भी होता है। वास्तव में लंबे समय से सूप, मसला हुआ और नरम भोजन खाने वाला छोटा बच्चा बड़ा हो गया है। वह अब बड़ों वाला भोजन ही खा रहा है और खुद ही खाने की पूरी कोशिश कर रहा है। खाने के लिए अब वह माँ पर निर्भर नहीं रहना चाहता। अधिकांश भारतीयों की तरह यदि आप हाथ से खाना खाती हैं, तो आपका बच्चा भी अब तक सफ़ाई से चावल के गोले (मेरी बेटी उन्हें बॉल कहती है) बना कर मुंह में डालना या चपाती के टुकड़े करके उसे दाल या करी में डुबोना सीख गया होगा। इस अवस्था में बच्चे चंचल एवं शारीरिक रूप से बहुत सक्रिय होते हैं और तेजी से नई–नई चीजें सीखते हैं। इसलिए उन्हें एक स्वस्थ संतुलित आहार की आवश्यकता होती है जो उन्हें उचित वृद्धि एवं विकास के लिए आवश्यक ऊर्जा और पोषक तत्त्व प्रदान करता है। यह आवश्यक है कि आहार में भिन्नता हो और देखने में भी अच्छा लगे, क्योंकि अब उनकी पसंद और नापसंद अलग हो सकती है। कुछ बच्चे खाने में नखरे भी दिखाते हैं, तो कुछ बहुत जिद्दी होते हैं और केवल कुछ परिचित चीजें ही खाना चाहते हैं, कुछ नया खाने को तैयार नहीं होते, चाहे आपने कितने भी प्यार से बनाया हो।

इस भाग में मैंने यह सुनिश्चित किया है प्रत्येक आहार स्वस्थ और संतुलित हो। मैंने इन सभी व्यंजनों को बनाने का आनंद लिया है और मुझे विश्वास है कि आपको भी इन्हें बनाने में मज़ा आयेगा और बच्चे को खिलाने में अधिक मुश्किल नहीं होगी।

हम नियमित रूप से (और अब भी करते हैं) परिवार में एक साथ मिलजुल कर बहुत से अद्भुत और नये–नये व्यंजन खाते हैं, जिससे मेरी बेटियों को बचपन से ही स्वस्थ आहार की आदत हो गई। बच्चे

के मुंह में जबरदस्ती खाना ठूंसने और उसके तरह–तरह के नखरे उठाने की अपेक्षा भोजन के समय को तनावमुक्त, खुशनुमा और शांतिपूर्ण बनाना आपके लिए भी अच्छा रहेगा।

यह पूरी तरह से आपकी प्राथमिकता है (और निश्चित रूप से आपके बच्चों की भी) कि अधिकांश भारतीय परिवारों के अनुसार आप अपने बच्चे को पारम्परिक, क्षेत्रीय, धार्मिक आवश्यकताओं के अनुरूप भोजन खिलाती हैं, लेकिन मुझे विश्वास है कि मेरे इन सुझावों से आप लाभ उठा सकती हैं।

अधिकांशतः शाकाहारी और अन्य व्यंजन परम्परागत विधि से तैयार किए जाते हैं और चपाती या चावल के साथ परोसे जाते हैं। मेरा व्यक्तिगत अनुभव है कि गेहूँ के आटे की चपाती से बच्चे का पाचनतंत्र स्वस्थ रहता है। बहुत से महीन पिसे आटे वाले उत्पादों के प्रयोग से बच्चे को कब्ज की समस्या हो सकती है, इसीलिए प्रतिदिन तली हुई ब्रेड खाने की सलाह नहीं दी जाती है।

मेरी बेटी बहुत चंचल और सक्रिय हो गई थी, इसलिए भोजन के बीच के समय में अतिरिक्त स्वस्थ और हल्के–फुल्के स्नैक्स के बारे में सोचना मेरे लिए कठिन था। मैं बिस्कुट और बच्चों के स्नैक्स के पैकेट के अलावा कुछ और अच्छा नहीं खिला पाई। मैं कोशिश कर सकती थी कि उसके लिए कुछ नया स्वस्थ नाश्ता बनाती, जिसे हम दिन भर के लिए पार्क में या दोस्तों के घर जाते समय साथ भी ले जा सकते थे। ये लंबी कार यात्रा और पिकनिक के लिए भी उपयोगी हो सकते हैं।

छोटे बच्चे को खाना खिलाना एक चुनौतीपूर्ण, किंतु संतोषजनक अनुभव होता है। मुझे आशा है कि इन व्यंजनों की मदद से आप अपने बच्चे को आदत और समय के अनुसार खाना खिला पायेंगी, जैसा कि लाखों भारतीय माताएं अपने बच्चों को खिलाती आ रही हैं।

बाल्यावस्था के लिए अल्पाहार

स्नैक्स युवा बच्चों के लिए महत्त्वपूर्ण हैं, क्योंकि उन्हें नाश्ते और दोपहर के भोजन के अन्तराल में हल्की भूख लगने लगती है। यह आवश्यक है कि ये स्नैक्स हल्के, स्वस्थ और बनाने में आसान हों। इस अन्तराल में हमेशा सक्रिय और चंचल बच्चों को पूरा भोजन देने की आवश्यकता नहीं होती, अपितु कुछ छुटपुट अल्पाहार ही पर्याप्त होता है। वास्तव में बच्चे के खाने की क्षमता कम होती है, इसलिए उसे कई बार थोड़ा–थोड़ा भोजन देना अच्छा है, न कि दो–तीन बार अधिक मात्रा में, जिसे बच्चा अधूरा छोड़ दें।

यह कहा जा सकता है कि अल्पाहार को भोजन का स्थान नहीं लेना चाहिए और अल्पाहार एवं भोजन के समय में पर्याप्त अंतर भी होना चाहिए ताकि यह सुनिश्चित हो सके कि बच्चे को भूख लगी है और वह आपके कड़ी मेहनत से बनाए भोजन को खाने के लिए तैयार है। जब आप अपने बच्चे के साथ कार या प्रैम में, पार्क में या चिड़ियाघर वगैरह घूमने जाते हैं तो ये स्नैक्स बहुत सुविधाजनक भी होते हैं।

खाने में अच्छे और बनाने में सरल!

कुछ स्नैक्स ऐसे होते हैं जिन्हें बनाने के लिए किसी तैयारी की आवश्यकता नहीं होती और आपके बच्चे के लिए वे स्वस्थ भी होते हैं:

1. ताज़े फल जैसे केला, छिले सेब के टुकड़े, सात्सुमा के टुकड़े, आधे किए हुए बीजरहित अंगूर, शफ़तालू या आलूबुखारा के टुकड़े और आम या पपीता के टुकड़े।
2. किशमिश और सूखी खुबानी–सुनिश्चित करें कि इन्हें ठीक से धोया गया है, क्योंकि वे कभी–कभी किरकिरे हो सकते हैं। मैं अपने बच्चों के लिए अरासायनिक पदार्थों का उपयोग करना पसंद करती हूँ।

3. घर की बनी डिप के साथ छिले हुए खीरे की फ़ाँकें, आधे कटे हुए चेरी टमाटर।
4. चीज़ के टुकड़े।
5. योगर्ट या घर में बनी दही, सादा या बारीक कटे हुए या मसले हुए फल, जैसे स्ट्रॉबेरी और केला।
6. पीनट बटर या हम्मस के साथ पिटा ब्रेड या चपाती।
7. अलग–अलग आकृतियों में कटी हुई मक्खन लगी ब्रेड।
8. उबले अंडे के कुछ टुकड़े।
9. जैम या क्रीम चीज़ या कसे हुए पनीर के छोटे सैंडविच।

आप अपने बच्चे को स्वास्थ्य के लिए हानिकारक, साथ ही साथ कृत्रिम स्वादों और रंगों से भरे नाश्तों से दूर रख सकती हैं – क्योंकि ये आपके बच्चे के स्वास्थ्य पर बुरा प्रभाव डालते हैं।

ये हानिकारक नाश्ते हैं – आलू के चिप्स के पैकेट, विशेष रूप से अतिरिक्त स्वाद वाले (नमक रहित या सिंके हुए, एक स्वस्थ विकल्प हैं), बिस्कुट (क्रीम वाले या रंगीन, खराब होते हैं, सादा या अरारोट वाले बेहतर होते हैं), रंगीन चूसने वाली लॉलीपॉप, साबुत मेवे (जो गले में फंस सकते हैं), और स्वाद वाले मीठे पेय पदार्थ। बहुत अधिक मसालेवाले नमकीन इत्यादि भी छोटे बच्चों के लिए उचित नहीं हैं।

ये कुछ अल्पाहार रेसिपीज़ हैं जो आप अपने बच्चों के लिए बना सकती हैं। ये बाज़ार में आमतौर पर मिलने वाले स्नैक्स से कुछ अलग, सरल और मज़ेदार हैं। ये बच्चों के साथ–साथ आपको भी स्वादिष्ट लग सकते हैं। इन्हें आपका बच्चा अपने दोस्तों को चाय पार्टी में भी खिला सकता है। बच्चों के लिए अन्य चीजों के साथ भोजन का आकर्षक दिखना भी महत्त्वपूर्ण है! यदि यह दिखने में आकर्षक, रोचक और रंग–बिरंगा है, तो बच्चे इसे सादे सैंडविच की तुलना में अधिक पसंद करेंगे। यदि आप अपने बच्चे की चिप्स और बिस्कुट खाने की ज़िद और चिड़चिड़ाहट से बचना चाहते हैं तो कुछ समय निकाल कर खाने को आकर्षक और सुंदर बनाएं, चाहे एक फूल की आकृति, एक हँसता हुआ चेहरा, या एक दिल के आकार का कटा हुआ सैंडविच। रंग–बिरंगे और उनके मनपसंद टीवी कलाकारों के चित्रों से बनी हुई प्लास्टिक की प्लेट्स, कटोरी और चम्मच, छुरी–काँटे का उपयोग करें। टेबल पर रखी हुई फलों की साधारण टोकरी की अपेक्षा प्लेट में फलों के टुकड़ों से बने हुए एक मजेदार चेहरे को खाना निश्चित रूप से अधिक पसंद करेंगे।

स्वादिष्ट मटर

मटर पोषण का भंडार हैं, वे लौह, विटामिन और फाइबर प्रदान करते हैं। यह बनाने में आसान है और बच्चे इसे छोटे चम्मच के साथ स्वयं खा सकते हैं। मेरा बच्चा इन्हें बहुत पसंद करता था। मैं कह सकती हूं कि यह नाश्ते के रूप में अपने आप में बहुत अच्छा है, लेकिन मछली की पैटीज़ के साथ भी शामिल किया जा सकता है।

सामग्रीः

- 75 ग्राम ताज़े या फ्रोज़न मटर
- एक चुटकी जीरा
- एक चुटकी नमक
- 1 छोटा चम्मच तेल
- 1 बड़ा चम्मच पानी

सर्विंगः 1 के लिए

विधिः

एक पैन में तेल गरम करें और जीरा डालें। जैसे ही जीरा चटक जाए, मटर डाल दें। अंत में पानी मिलाएं और हिलाएं। मटर नरम होने तक 5 मिनट के लिए ढंक कर पकाएं। नमक डालें और हिलाएं। परोसने से पहले थोड़ा ठंडा करें।

एक रंगीन प्लास्टिक की कटोरी में रखें और हल्का गरम परोसें।

ला–ला गाजर

गाजर हमारी आँखों के लिए महत्त्वपूर्ण विटामिन ए का अच्छा स्रोत है। औषधीय गुणों से भरपूर शहद पाचनक्रिया के लिए अच्छा है। ये गाजर खिलाने का स्वादिष्ट और आसान तरीका है। यहाँ तक कि आनाकानी करने वाले बच्चे भी इसे स्नैक के तौर पर या भोजन के साथ खुशी से खाते हैं।

सामग्रीः

- 1 छोटी गाजर
- शहद की कुछ बूँदें
- 4–5 बीज निकले हुए आधे किये हुए अंगूर

सर्विंगः 1 के लिए

विधिः

गाजर को छील लें और लंबी–लंबी काट लें कि बच्चे आसानी से पकड़ सकें। उन्हें स्टीमर में रखें या 4–5 मिनट तक नरम होने तक पकाएं। गाजर बाहर निकालें और एक कटोरी में रखें। गाजर में शहद मिलाएं, थोड़ा ठंडा करके अपने छोटे बच्चे को परोसें।

एक समतल थाली में आड़ा–तिरछा (criss-cross) करके भी सजा सकती हैं, आकर्षक बनाने के लिए खाली जगह में आधे कटे हुए अंगूर रखें।

मक्खनी बीन्स

यह सेम, मक्खन और काले जीरे के गुणों से भरपूर एक स्वादिष्ट आहार है। हरे बीन्स विटामिन ए और बी तथा लौह का समृद्ध स्रोत हैं। बच्चों को छोटी आयु से ही बीन्स खाने के लिए प्रोत्साहित करें, क्योंकि यह आदत बाद में भी उपयोगी होगी। बढ़ते बच्चों को ऊर्जा के अधिक आवश्यकता होती है। काला जीरा पाचन के लिए अच्छा और स्वादिष्ट भी है।

सामग्री:

- 75 ग्राम हरी बीन्स या फ्रेंच बीन्स
- एक चुटकी काला जीरा
- ½ छोटा चम्मच मक्खन
- पकाने के लिए पानी
- 1 छोटा कटा हुआ खीरा

सर्विंग: 1 के लिए

विधि:

सेम को लंबे–लंबे टुकड़ों में काटें। एक पैन में कुछ पानी उबालें और उसमें सेम को नरम होने के लिए कुछ मिनट तक छोड़ दें। आँच को बंद करें और सेम को पानी में से निकालें। पैन को वापस आग पर रखें और मक्खन में जीरा भून लें। कुछ सेकंड के बाद बीन्स मिलाएं। बीन्स के चमकदार दिखने तक अच्छी तरह हिलाएं। एक प्लेट के बीचों–बीच खीरे के टुकड़ों को थोड़ा एक–दूसरे के ऊपर चढ़ा कर रखें। इसके चारों ओर बीन्स को इस प्रकार सजाएं कि फूल जैसा दिखाई दे।

चौकोर चीज़ टोस्ट

ये पोषक और स्वादिष्ट स्नैक हैं। आप अपने बच्चे की पसंद के अनुसार अलग–अलग प्रकार के चीज़ के साथ प्रयोग कर सकती हैं। चीज़ कैल्शियम का एक अच्छा स्रोत है। जो बच्चे दूध को पसंद नहीं करते, उनके लिए बहुत उपयोगी है।

सामग्री:

- 1 स्लाइस ब्रेड
- 2 बड़े चम्मच कसा हुआ चीज़
- 1 छोटा चम्मच मक्खन
- 2 आधे किए हुए चेरी टमाटर

4 छोटे टोस्ट बनाने के लिए

विधि:

ब्रेड को चार वर्गों में काटें, किनारे भी काट दें और ऊपर की सतह पर मक्खन लगाएं। सबसे ऊपर चीज़ फैलाएं और कुछ मिनट के लिए चीज़ के पिघलने और सुनहरा होने तक ग्रिल करें। ब्रेड के प्रत्येक टुकड़े के बीचों–बीच आधे चेरी टमाटर से सजा कर परोसें।

छोटा समोसा

समोसे भारत के सबसे लोकप्रिय स्नैक्स में से एक हैं और उनकी विशाल लोकप्रियता के कारण वे पूरी दुनिया की सुपरमार्केट में आसानी से उपलब्ध हैं। आप बाज़ार के बने–बनाये रोल का इस्तेमाल करके आसानी से उन्हें घर पर बना सकती हैं, या पूरी तरह घर पर बना सकती हैं। मैंने ये समोसे छोटे आकार में बनाए हैं ताकि बच्चे उन्हें अपने नन्हे हाथों से पकड़ सकें। इनमें भरने की सामग्री बड़ों के लिए बनने वाले समोसे की अपेक्षा अधिक स्वस्थ ळै।

सामग्रीः

रोल के लिए

- 60 ग्राम मैदा
- 1 छोटा चम्मच तेल
- 1 चुटकी नमक
- 1½ बड़ा चम्मच पानी

भरने के लिए

- 75 ग्राम उबालकर मसले आलू/गले हुए मटर/भुरभुरा किया हुआ पनीर/पका हुआ कीमा
- 1 चुटकी जीरा पाउडर
- नमक और काली मिर्च स्वादानुसार
- तलने के लिए तेल

6 छोटे समोसे बनाने के लिए

विधिः

एक बर्तन में आटा, नमक और तेल मिलाएं जब तक वे ब्रेडक्रंब की तरह दिखाई नहीं देते। चिकना आटा बनाने के लिए थोड़ा सा पानी मिलाएं। लगभग 4–5 मिनट के लिए गूंधें। एक नम कपड़े के साथ ढंक कर एक तरफ़ रखें।

अपनी पसंद की भरने की सामग्री लें, उसमें नमक, काली मिर्च और एक चुटकी जीरा मिलाएं।

समोसे बनाने के लिए आटे को तीन भागों में विभाजित करें। तीन गोल रोटी बेलें, चाकू द्वारा बीच से आधा काट लें। एक के ऊपर एक रख कर दो सिरों को मोड़ते हुए एक त्रिकोण बनाएं, बीचों–बीच एक बड़ा चम्मच भरवाँ सामग्री रखें, चिपकाने के लिए थोड़ी गीली उंगली से त्रिकोण को पूरी तरह से दबाएं। शेष पांच को इसी प्रकार बनाएं।

एक कड़ाही में पर्याप्त (एक तिहाई भरने तक) तेल गरम करें। कुरकुरा और सुनहरा होने तक इन समोसों को तलें। घर में बनी इमली या टमाटर की चटनी के साथ परोसें।

सूप

कई बच्चे सब्जियां खाना पसंद नहीं करते हैं—वे रोटी या सादे चावल खुशी से खाते हैं, लेकिन सब्जियों को थूक देते हैं या अलग रख देते हैं। ऐसे में सूप एक आसान तरीका है जिसमें बच्चों को कोई लालच नहीं देना पड़ता और न ही उनके नखरे उठाने पड़ते हैं! बच्चे को सब्जियाँ खिलाने का प्रयास करते हुए आप कितनी भी निराश हो चुकी हों, वह खुशी से सब्जी से बना सूप पी लेगा। इसे आजमाएं और देखें! घर पर बने सूप का उपयोग करें, क्योंकि वे हानिकारक रंगों, परिरक्षकों से रहित होंगे और आप उन्हें अपने बच्चे के स्वादानुसार बना कर दे सकती हैं। सूप बनाना बहुत सरल है और इन्हें बनाने में अधिक समय भी नहीं लगता। एक भुने, मक्खन लगे ब्रेड पीस के साथ सूप पौष्टिक और पेट भरने वाला संतोषजनक भोजन हो सकता है। आप सूप को और पोषक बनाने के लिए उसमें सब्जियों के साथ चिकन या मछली भी मिला सकती हैं। यहाँ दी गई अधिकांश सूप विधियाँ दो बच्चों के लिए हैं, आप इन्हें परोस सकती हैं और फ्रीज़ भी कर सकती हैं। अधिक लोगों के लिए आवश्यकतानुसार मात्रा को बढ़ाया जा सकता है।

नींबू वाला दाल सूप

यह एक हल्का दाल का सूप है जिसमें कुछ सब्जियाँ भी मिली हैं। इसमें प्रोटीन, विटामिन और लौह तत्त्व हैं। आप इसमें अन्य सब्जियाँ जैसे कि बटरनट स्क्वैश, शकरकंदी और सीताफल भी इस्तेमाल कर सकती हैं।

सामग्री:

- आधा कप धुली हुई पीली दाल (मूंग दाल)
- 1 छिला और कटा हुआ आलू
- आधा कप छिली और कटी हुई गाजर
- 1 इंच कसा हुआ अदरक का टुकड़ा
- ½ छोटा चम्मच नींबू का रस
- नमक और काली मिर्च स्वादानुसार
- ½ छोटा चम्मच नमकरहित मक्खन
- 2 कप पानी

सर्विंग्स: 2 लोगों के लिए

विधि:

एक पैन में दाल को पानी, आलू, गाजर और अदरक के साथ पकाएं। तेज आँच पर उबाल आने के बाद पकने तक कम लौ पर रखें और 20–25 मिनट तक पकाएं। आग से हटाएं और थोड़ा ठंडा होने दें।

अब इस मिश्रण को एक ब्लेंडर में चला लें। आग पर वापस रखें और दो मिनट के लिए उबाल लें। नमक, काली मिर्च और नींबू का रस मिलाएं। मक्खन डाल कर सिंके हुए ब्रेड स्ट्रिप्स के साथ परोसें।

हरा मटर सूप

यह स्वादिष्ट सूप हरी सब्जियों की गुणों से भरपूर है। यह विटामिन और लौह भी प्रदान करता है। मटर ऊर्जा का स्रोत है और बच्चों के लिए बहुत अच्छा है।

सामग्री:

- 1 कप ताजे या फ्रोज़न मटर
- 1 बारीक कटा हुआ हरा प्याज
- एक मुट्ठी पालक के पत्ते
- 1 बारीक कटा हुआ छोटा प्याज
- 1 इंच कसा हुआ अदरक का टुकड़ा
- 1 चम्मच कटे हुए पुदीने पत्ते
- नमक और काली मिर्च स्वादानुसार
- 1 छोटा चम्मच जैतून का तेल
- 1 छोटा चम्मच क्रीम
- 3 कप पानी

सर्विंग्स: 2 लोगों के लिए

विधि:

एक पैन में तेल गरम करें, प्याज और हरा प्याज डालें और हल्का गुलाबी होने तक भूनें। पालक, मटर तथा अदरक मिलाएं और कुछ मिनट के लिए फिर से भूनें। पानी डालें और धीमी आँच पर मटर नरम होने तक पकाएं। अंत में पुदीने की पत्तियां मिलाएं। आग से हटाएं और थोड़ा ठंडा होने दें। एक ब्लेंडर में इसे पीस लें और फिर से गरम करें। नमक और काली मिर्च डाल दें और परोसने से पहले क्रीम मिलाएं। एक टोस्ट के साथ गरम परोसें।

सुपर पालक सूप

यह पौष्टिक सूप बनाना आसान है। पालक एक उत्तम आहार है और बच्चों को इसे खिलाने के उपाय ढूँढ़ने चाहिए। सुनिश्चित करें कि आपने बच्चे को खिलाने से पहले पालक को अच्छी तरह से धोया है, क्योंकि इसके साथ कभी–कभी मिट्टी आ जाती है।

सामग्री:

- 2 कप कटी हुई पालक
- 1 तेजपत्ता
- ¼ इंच कुचला हुआ अदरक
- 1 कली कुचला हुआ लहसुन
- ¼ छोटा चम्मच धनिया पाउडर
- नमक और काली मिर्च स्वादानुसार
- 2 छोटे चम्मच जैतून का तेल
- थोड़ा मक्खन या क्रीम
- 2 कप पानी

सर्विंग्स: 2 लोगों के लिए

विधि:

एक पैन में तेल गरम करें और लहसुन, अदरक तथा जीरा मिलाएं। कुछ सेकंड के बाद पालक डाल दें। जब पालक थोड़ी पक जाए तो तेजपत्ता और पानी मिलाएं और इसे धीमी आँच पर 10–15 मिनट के लिए पकाएं। थोड़ा ठंडा करें, तेजपत्ता निकालें और फिर ब्लैंड करें। नमक और काली मिर्च मिलाएं। मक्खन या क्रीम के साथ परोसें।

टमाटर और कुम्हड़ा सूप

विटामिन से भरपूर एक स्वादिष्ट और अद्भुत संयोजन। यह सामान्य गाढ़े टमाटर सूप से बहुत अलग है जो पूरे विश्व में बहुत लोकप्रिय है। टमाटर सूप बनाने के लिए एक अच्छा आधार है, जिसमें तुलसी जैसी जड़ी–बूटियां और अन्य सब्जियाँ मिलायी जा सकती हैं। सूप के बढ़िया स्वाद और स्वाभाविक चमकते सुंदर रंग के लिए गाढ़े लाल, मीठे और पके टमाटर लें।

सामग्री:

- 3 मध्यम आकार के मोटे कटे हुए टमाटर
- 1 छिला और कटा हुआ कुम्हड़ा
- एक इंच कसा हुआ अदरक
- 1 छोटा कटा हुआ प्याज
- एक चुटकी दालचीनी पाउडर
- नमक स्वादानुसार
- थोड़ी पिसी काली मिर्च
- थोड़ा मक्खन
- 3 कप पानी
- सजावट के लिए कटा हुआ धनिया

सर्विंग्स: 2 लोगों के लिए

विधि:

एक भारी तली वाले बर्तन में पानी डालें और टमाटर, कुम्हड़ा, अदरक, दालचीनी और प्याज को उबाल लें। लगभग 20 मिनट के लिए धीमी आँच पर पकाएं। ठंडा करें और पीस लें। इसे छान कर वापस बर्तन में डालें। स्वादानुसार नमक और काली मिर्च मिलाएं। मक्खन और कटे हुए धनिये के साथ परोसें।

टैंगी गाजर सूप

गाजर से हम विविध प्रकार के व्यंजन बना सकते हैं। वे विटामिन ए का एक समृद्ध स्रोत हैं, जो आंखों को स्वस्थ रखता है। गाजर उन कुछ सब्जियों में से एक है जो कच्ची की अपेक्षा पकने पर अधिक पोषक हो जाती है। इसलिए आप ये बढ़िया सूप बनाएं। अदरक स्वास्थ्य के लिए बहुत अच्छा है और इसके कई औषधीय लाभ हैं। यह पाचन में भी सहायक होता है। संतरे का रस न केवल टैंगी होता है, बल्कि इसमें कैरोटीन जैसा पोषक तत्त्व भी होता है, जो आंखों के लिए अच्छा है।

सामग्रीः

- 1 छिली और कटी हुई बडी गाजर
- 1 छिला और कटा हुआ आलू
- 1 इंच कटा हुआ अदरक
- 1 कटा हुआ प्याज
- 1 छोटे संतरे का रस
- 2–3 दरदरी कुटी हुई काली मिर्च
- नमक स्वादानुसार
- 1 छोटा चम्मच तेल
- 2 कप पानी

सर्विंग्सः 2 लोगों के लिए

विधिः

एक पैन में प्याज, काली मिर्च और अदरक को रंग बदलने तक भूनें। गाजर और आलू मिलाएं। कम लौ पर 2–3 मिनट के लिए हिलाएं। पानी डालें और एक उबाल दें। सभी सब्जियाँ अच्छी तरह से पकने तक धीमी आँच पर 15 मिनट तक रखें। ठंडा करें और एक ब्लेंडर में चलाएं। पैन में वापस डालें और उबाल लें, संतरे का रस और नमक मिलाएं। कुछ ब्रेड–स्टिक्स के साथ गरम परोसें।

बीन्स सूप

बीन्स किसी भी सूप की सुंदरता एवं स्वाद दोनों को बढ़ाते हैं और पोषक तत्वों से भरे होते हैं। डिब्बाबंद बीन्स बहुत सुविधाजनक होते हैं, क्योंकि उन्हें लंबे समय तक भिगोने की आवश्यकता नहीं होती। फ़िर भी यदि आप सूखी बीन्स का प्रयोग करना चाहती हैं, तो उन्हें कुछ घंटे या रात भर के लिए भिगो कर रखें। मैं प्रायः उन्हें कैन से बाहर निकाल कर एक छलनी में ताजे पानी से धो लेती हूँ।

सामग्रीः

- 1 छोटा कैन केन्निलिनी बीन्स/राजमा/मिलीजुली बीन्स
- 1 मध्यम आकार का छिला और कटा हुआ आलू
- 1 मध्यम कटी हुई गाजर
- 1 कली कुचला हुआ लहसुन
- 1 बारीक कटा हुआ छोटा प्याज
- 1 बड़ा चम्मच नारियल का दूध
- नमक और काली मिर्च स्वादानुसार
- 1 चम्मच जैतून का तेल
- 2 कप पानी
- ताजी धनिया के कुछ पत्ते

सर्विंग्सः 2 लोगों के लिए

विधिः

एक बड़े सॉसपैन में तेल गरम करें, प्याज डालें और हल्का गुलाबी होने तक पकाएं। बीन्स, लहसुन, गाजर और आलू डाल कर कुछ मिनट हल्का भूनें। पानी डालें और उबाल लें, आँच धीमी करें। ढंक कर 12–15 मिनट के लिए पकने दें। नमक और काली मिर्च मिलाएं और परोसने से पहले नारियल का दूध डालें। अच्छी तरह मिलाएं और धनिया के पत्तों से सजाएं। यह एक स्वादिष्ट सूप है और बड़े बच्चों के लिए अच्छा है। संपूर्ण गेहूँ के बने कुरकुरों के साथ परोसें।

सीताफल सूप

यह एक प्यारा नारंगी रंग का सूप है जिसे आप प्रेशर कुकर में जल्दी से बना सकते हैं। सीताफल विटामिन ए से भरपूर एक अद्भुत सब्जी है, जो आंखों के लिए लाभदायक है। इसमें स्वस्थ विकास और उचित पाचन के लिए आवश्यक विटामिन बी, प्रोटीन और फ़ाइबर भी हैं।

सामग्री:

- 1 कैन चना
- 300 ग्राम छिला और कटा हुआ सीताफल
- 1 कटा हुआ मध्यम प्याज
- ½ छोटा चम्मच जीरा पाउडर
- नमक और काली मिर्च स्वादानुसार
- 1 बड़ा चम्मच जैतून का तेल
- 1 छोटा चम्मच मक्खन
- 1 बड़ा चम्मच ताज़ा क्रीम
- 4 कप पानी

सर्विंग्स: 2 लोगों के लिए

विधि:

भारी तली वाले पैन में तेल एवं मक्खन गरम करें और प्याज नरम होने तक भूनें। सीताफल और जीरा डालकर 2–3 मिनट के लिए और पकाएं। इस बीच चने में से पानी निकाल कर अच्छी तरह से धो लें, सीताफल में मिलाएं। पानी डालकर ढंक दें। उबाल आने पर धीमी आँच पर 15–20 मिनट तक पकने दें। नमक और काली मिर्च मिलाकर और 4–5 मिनट के लिए पकाएं। आप चाहें तो प्रेशर कुकर का उपयोग भी कर सकती हैं। थोड़ा ठंडा कर ब्लेंडर में चलाएं, पैन में डाल कर गरम करें। ऊपर क्रीम डाल कर परोसें।

शकरकंदी सूप

यह सूप शकरकंदी और बटरनट स्क्वैश के गुणों का मिश्रण है। आप चाहें तो सीताफल के साथ भी बना सकती हैं। यह स्वादिष्ट सूप विशेष रूप से सर्दियों में बहुत अच्छा लगता है। मैं अक्सर इसे अपने फ्रीज़र में उन दिनों के लिए रखती हूँ, जब मैं बहुत थकी होती हूँ और खाना नहीं बना पाती।

सामग्री:

- 1 छिली और टुकड़े की हुई शकरकंदी
- ½ छिला और कटा हुआ बटरनट स्क्वैश
- 1 कली कुचला हुआ लहसुन
- 1 चुटकी जायफल पाउडर
- 1 चुटकी जीरा पाउडर
- ¼ छोटा चम्मच गरम मसाला
- नमक और काली मिर्च स्वादानुसार
- 2 छोटे चम्मच जैतून का तेल
- 2 कप पानी और 1 बड़ा चम्मच क्रीम

सर्विंग्स: 2 लोगों के लिए

विधि:

पैन में तेल गरम करें और लहसुन को भूरा होने तक भूनें। सभी मसाले डालें और अच्छी तरह मिलाएं। फिर शकरकंदी और स्क्वैश डाल दें। एक मिनट के लिए पकाएं और पानी डाल कर उबाल लें। लगभग 15–20 मिनट तक धीमी आँच पर नरम होने तक पकाएं। नमक, काली मिर्च और गरम मसाला मिलाएं। ठंडा करें और ब्लेंडर या फूड प्रोसेसर में गाढ़ा और चिकना होने तक चलाएं। ऊपर क्रीम डाल कर परोसें। इसके लिए चाकू की नोक को गाढ़ी क्रीम के गोले के बीचों–बीच रखें। सुनिश्चित करें कि आप इसे तेजी से करेंगी, अन्यथा क्रीम की रेखाएं सूप में ही मिल जाएंगी। तत्काल परोसें।

शाकाहारी व्यंजन

भारतीय आबादी का एक बड़ा हिस्सा शाकाहारी है, भारत के शाकाहारी भोजन में भिन्नता और विविधता का होना कोई आश्चर्य की बात नहीं है। यहाँ मौसम की ताज़ा सब्जियाँ आसानी से मिलती हैं और इनकी विविधता और रंग सभी को आकर्षित करती हैं और पौष्टिकता का अच्छा स्रोत भी हैं। अधिकांश भारतीय घरों में मसालों के प्रयोग और छौंक लगा कर सब्जियाँ पकाने के अलग–अलग विशिष्ट तरीके हैं। यहां तक कि एक ही पकवान का स्वाद क्षेत्रीय भिन्नताओं के कारण अलग–अलग होता है। सूखी भुजिया, करी, मसला हुआ आदि सब्जी बनाने के कुछ सामान्य तरीके हैं। हरी पत्तेदार सब्जियाँ (साग) और दालें अन्य श्रेणियाँ हैं। यहां मैंने बाजारों में प्रायः उपलब्ध सब्जियों से बनने वाले कुछ साधारण व्यंजनों की विधियाँ दी हैं, जो बच्चे आसानी से खा सकते हैं (कड़वे करेले या तीखे स्वाद वाली मूली के अतिरिक्त)। ये सभी व्यंजन बिना किसी झंझट के हमारे घर में रोज़ाना पकाए और खाए जाते हैं, और सबसे महत्त्वपूर्ण बात यह कि इन्हें बनाना आसान है। मसालों का प्रयोग कम से कम किया गया है और मैंने इन सभी को बहुत हल्का बिना मिर्च का बनाया है, लेकिन अगर आपका बच्चा बड़ा हो गया है और उसने मसालेदार भोजन खाना शुरू कर दिया है, तो आप कुछ मसालों का इस्तेमाल कर सकती हैं। हमारे परिवार में ताज़ी सब्जियों और जड़ी–बूटियों के प्राकृतिक स्वाद के कारण मसालों के बिना भी बने व्यंजन स्वादिष्ट ही लगते हैं। हमने कई साल पहले लाल मिर्च के पाउडर का इस्तेमाल बंद कर दिया था और हमें उसकी कमी महसूस नहीं होती। मेरे पति अपने भोजन के साथ तीखी हरी मिर्च को पसंद करते हैं, जो कि हमारे रेफ्रिजरेटर में हमेशा रहती है!

चाहे आप मांसाहारी हों, तब भी आपके आहार में सब्जियों का अच्छा अनुपात होना महत्त्वपूर्ण है, क्योंकि सब्जियाँ चोकर एवं पोषक तत्त्वों से परिपूर्ण होती हैं और उनके स्वास्थ्य लाभ भी हैं।

हमने अपने परिवार में प्रसिद्ध "एक दिन में पाँच" का नारा अपना लिया है, इसके अनुसार बच्चों को एक दिन में कम से कम पाँच सब्जियाँ या फल खाने ही हैं। सब्जियों की तैयारी और धोने में बच्चों का सहयोग लेना उनके उत्साह और रुचि को बढ़ाने का एक अच्छा तरीका है। इस गर्मी में हमने बगीचे में खुदाई की और कुछ सब्जियाँ उगाने में सफल रहे, जिन्हें मेरे छोटे किसानों (बच्चों) ने बहुत प्रसन्नता और चाव से खाया।

इससे न केवल यह स्पष्ट होता है कि रसायनों के बिना भी ताज़ी सब्जियों की आपूर्ति हो सकती है, साथ ही साथ हमारे भोजन की उत्पत्ति के ज्ञान को भी प्रोत्साहित करता है। यह एक बाहरी गतिविधि भी है जो उन्हें कम से कम थोड़ी देर के लिए टीवी और कंप्यूटर से दूर ले जाती है! समय, स्थान और अन्य बाधाओं के कारण घर में उगायी सब्जियों पर पूरी तरह से निर्भर होना व्यावहारिक नहीं है। शहरों में रहने वाले लोग भी छोटे–छोटे गमलों को खिड़की आदि पर रख कर टमाटर और धनिया–पुदीना आदि उगा सकते हैं। गाजर और पालक उगाना भी आसान होता है।

सब्जियों और फलों की खरीददारी के लिए अपने बच्चों को साथ ले जाने की कोशिश करें और सब्जियाँ चुनने में उनकी सहायता लें। वापस आते हुए रास्ते में आप लाए गए सामग्री को बनाने की योजना पर चर्चा करें और उसकी पोषण संबंधी जानकारी भी दें। यदि आपका बच्चा पास्ता और नूडल्स खाना पसंद करता है, तो चटनी में हल्की तली या पकी सब्जियाँ मिलाएं। कभी–कभी मैं बच्चों को बिना बताए कुछ अतिरिक्त सब्जियाँ पका कर ब्लेंडर में चला कर पास्ता सॉस में मिला देती हूँ। बच्चों को घर के बने पिज़्ज़ा को उनकी अपनी पसंद के टॉपिंग के साथ सजाने दें।

दालें शाकाहारी बच्चे के लिए आवश्यक हैं, क्योंकि वे प्रोटीन और लौहतत्त्व प्रदान करती हैं। एक शाकाहारी बच्चे को दैनिक भोजन में दाल और फलियां अवश्य खिलाएं। सोया एक और पौष्टिक आहार है जिसे जितनी बार संभव हो, खिलाया जाना चाहिए। साधारण दानेदार और मोटा आहार विविध तरीकों से इस्तेमाल किया जा सकता है और बनाने में भी आसान होता है।

भोजन में विभिन्न रंगों की सब्जियों को बनाने का प्रयास करें, चाहे मात्रा थोड़ी ही क्यों न हो–वे न केवल आकर्षक दिखती हैं, अपितु पौष्टिक भी होती हैं। कम से कम एक कच्ची सब्जी या सलाद को भोजन का हिस्सा अवश्य बनाएं, यह सुनिश्चित कर लें कि यह अच्छी तरह से धोया गया है और बच्चे के लिए इसे खाना आसान हो। लंबी पतली कटी हुई गाजर या खीरा एक उत्तम सलाद हैं। नीचे दिए गए व्यंजनों में से कई पारम्परिक भारतीय व्यंजन हैं, किंतु उन्हें पकाने की विधि स्वास्थ्य के दृष्टिकोण से दी गई है। यह व्यंजन न केवल देखने में आकर्षक हैं, अपितु बच्चों के लिए स्वादिष्ट और पौष्टिक भी हैं।

शकरकंदी पैटीज़

बहुत सरल, पौष्टिक और विविधतापूर्ण – केचप के साथ स्नैक के रूप में स्वादिष्ट या सामान्य चिप्स की अपेक्षा मछली के साथ! बड़े बच्चे कुछ अलग तीखे और मीठे स्वाद के लिए कटी हुई हरी मिर्च मिला सकते हैं। प्रोटीन, विटामिन ए तथा बी और फ़ाइबर से भरपूर शकरकंदी पोषण का भंडार है, और बच्चों को इसकी प्राकृतिक मिठास और स्वाद बहुत पसंद है। इसे और रुचिकर बनाने के लिए मैंने इन पैटीज़ को दिल के आकार का बनाया है। अतिरिक्त पोषण के लिए आप सोया चूरा या पके, मसले हुए मटर भर सकती हैं। मैं यहां यह उल्लेख करना चाहती हूँ कि इंग्लैंड में उपलब्ध सफ़ेद और रेशेदार मीठा आलू शकरकंदी से बहुत अलग है। पश्चिमी मीठा आलू एक लम्बे आलू की तरह दिखता है, इसका छिलका भूरा है और यह अंदर से नारंगी रंग का है।

सामग्री:

- 1 बड़ी शकरकंदी
- 1 सिंका हुआ मोटा या 2 पतले स्लाइस ब्रेड
- 2 बड़े चम्मच ओट्स या दरदरे पिसे हुए कॉर्नफ़्लेक्स
- नमक और काली मिर्च स्वादानुसार
- 1 बड़ा चम्मच तेल तलने के लिए
- भरने की सामग्री (इच्छानुसार)
- पके मसले हुए मटर/पका हुआ सोया चूरा/पका हुआ कीमा

सर्विंग्स: 5–6 लोगों के लिए

विधि:

शकरकंदी को उबाल लें। प्रेशर कुकर में कुछ ही मिनट लगते हैं या आप इसे 3–5 मिनट के लिए माइक्रोवेव कर सकती हैं। छील कर एक बाउल में कांटे से मसल लें। ब्रेड के स्लाइस को ब्लेंडर में चला कर ब्रेडक्रंब बना लें। मसली हुई शकरकंदी और ब्रेडक्रंब को मिलाएं। नमक और काली मिर्च डालकर अच्छी तरह मिक्स करें। हथेलियों में थोड़ी चिकनाई लगाकर इस मिक्स को छोटी–छोटी पैटीज़ का आकार दें। प्रत्येक पैटी को हथेली पर रखें, दूसरे हाथ से पकड़ कर ऊपरी छोर पर खांचा बनाएं और निचले छोर को वी का आकार दें। इस प्रकार दिल के आकार की पैटी बन जाएगी। शेष भी इसी प्रकार बना लें। एक प्लेट में ओट्स रखकर इनमें पैटीज़ को लपेट दें। एक छोटे से प्लास्टिक बैग में डाल कर बेलन से दरदरा किया हुआ कॉर्नफ्लेक्स भी प्रयोग में लाया जा सकता है। यह काम आप अपने बच्चों से भी करवा सकती हैं! एक नॉन–स्टिक फ्राइंग पैन में थोड़ा तेल गरम करें और पैटीज़ को लाल–भूरा होने तक हल्का तलें। परोसने से पहले अतिरिक्त तेल अवशोषित होने के लिए प्लेट में तेल सोखने वाले कागज़ पर रखें। टमाटर और खीरे के ताज़ा सलाद और कुछ पके हुए मटर के साथ परोसें।

मसालेदार बीन्स पैटीज़

मेरी यह रेसिपी भूमध्यसागरीय पकवान फलाफेल जैसी है। आप भीगे हुए चने का उपयोग कर सकती हैं (एक कप चने रात भर पानी में भिगो कर रखें और नरम होने तक उबालें)। हमेशा की तरह जब अन्य बच्चे कीमा बर्गर खा रहे होते हैं तब शाकाहारी बच्चों को लिए मैं इन्हें अक्सर बना लेती हूँ।

सामग्रीः

- 400 ग्राम पानी और धुले हुए डिब्बाबंद चने
- 1 छोटे टुकड़े किया हुआ ब्रेड स्लाइस
- 1 कली कटा हुआ लहसुन
- 1 कटा हुआ छोटा प्याज
- 1 छोटा चम्मच जैतून का तेल
- 1 छोटा चम्मच पिसा जीरा
- 1 कप ब्रेडक्रंब्स
- 1 छोटा चम्मच स्वीट चिली सॉस (यदि चाहें)
- 1 अंडा, फ़ेंटा हुआ (यदि चाहें)
- नमक और काली मिर्च स्वादानुसार
- 4 बड़े चममच सनफ़्लावर तेल, तलने के लिए
- धनिये के कुछ पत्ते

प्लैटर के लिए

- 2 पिटा ब्रेड
- 1 कप हम्मस
- 1 कप पुदीना रायता
- 1 कटा हुआ टमाटर
- ½ कप कुसकुस निर्देशानुसार पके हुए
- 2 काले जैतून/जामुनी अंगूर
- 1 बड़ा चम्मच कसी गाजर

सर्विंग्सः 4 लोगों के लिए

विधिः

एक फूड प्रोसेसर में चना, प्याज, लहसुन, जैतून का तेल, धनिया, ब्रेड, स्वीट चिली सॉस और नमक तथा मसालों के साथ एक मिश्रण बनाएं। मिश्रण के चार भाग कर लें और हथेलियों पर चिकनाई लगाकर पैटीज़ बना लें, थोड़ा सपाट कर लें। यदि आपको लगता है कि यह ठीक से नहीं बंध रही, तो पैटीज़ को कुछ फ़ेंटे हुए अंडे में डुबाएं और फिर ब्रेडक्रंब लपेटें। एक नॉन–स्टिक फ़्राइंग पैन में तेल गरम करें और उन्हें 4–5 मिनट के लिए सुनहरा भूरा होने तक तलें। यह नाश्ते के रूप में खाया जा सकता है या बर्गर बन्स के बीच में लगाया जा सकता है। इसे मुख्य भोजन में चपाती और सब्जियों के साथ भी खा सकते हैं।

परोसने के लिए सुझाव

पैटीज़ को एक रंगीन प्लेट में रखें, जैतून और टमाटर का प्रयोग करते हुए क्रमशः आँखें और मुंह बनाएं। बालों के लिए कसी हुई गाजर का प्रयोग करें। बच्चे मिनी सिंके हुए पिटा, हम्मस, पुदीना रायता और कटे हुए टमाटर के साथ पके हुए कुसकुस मिला कर बने लेबनानी प्लैटर को बहुत मजे से खाना पसंद करेंगे।

केरल कोको

दक्षिण भारत का यह अद्भुत पकवान सरल और स्वादिष्ट है। इसके साथ आपको अपने बच्चों को हरी सब्जियाँ खिलाने के लिए और अधिक मेहनत करने की आवश्यकता नहीं होगी! ग्रीन बीन्स में कैल्शियम, विटामिन, फ़ाइबर और खनिज जैसे लौह, ये सभी तत्त्व होते हैं।

मैं इसे कई बार बना चुकी हूँ और कभी–कभी मैंने नारियल के स्थान पर नारियल के दूध का इस्तेमाल किया है। केवल पानी न मिलाएं और इसके गाढ़ेपन और स्वाद का आनंद लें।

सामग्री:

- 300 ग्राम ताज़ी हरी बीन्स
- 1 बारीक कटा हुआ छोटा प्याज
- 3 चम्मच ताजा या सूखा कसा हुआ नारियल
- ½ छोटा चम्मच हल्दी पाउडर
- ½ छोटा चम्मच पिसा जीरा
- 4–5 ताज़ा या सूखे करी पत्ते
- 1 बड़ा चम्मच तेल
- स्वाद के लिए नमक
- 3 बड़े चम्मच पानी

सजावट के लिए

- 1–2 सलाद पत्तियां
- छिली और लंबी पतली कटी हुई गाजर का एक छोटा टुकड़ा

सर्विंग्स: 4 लोगों के लिए

विधि:

बीन्स को 1 इंच के लम्बे टुकड़ों में काट कर एक ओर रख दें।

एक बाउल में कटा प्याज, नारियल, हल्दी और जीरा पाउडर मिला कर इसे भी एक ओर रखें।

पैन में तेल गरम करें और करी पत्ता डालें और कुछ सेकंड के बाद बीन्स डाल दें। अच्छी तरह हिलाएं और पैन को ढंक कर 5 मिनट के लिए धीमी आँच पर पकाएं। फिर पैन के बीचों–बीच प्याज के मिश्रण को डालें और उस पर नमक छिड़क दें। मिश्रण के चारों ओर पानी डालें, और 10 मिनट के लिए पकाएं। ढक्कन हटाएं और अच्छी तरह से मिलाएं। जब तक पूरा पानी सूख नहीं जाता और बीन्स नरम नहीं हो जाती, तब तक हिलाती रहें।

एक सलाद पत्ते से नाव के आकार का बाउल बनाएं। चपाती/पिटा ब्रेड या उबले हुए चावल के साथ परोसें। कुछ गाजर के पतले लंबे टुकड़े सलाद पत्ते की नाव के साथ कुछ इस प्रकार सजाएं कि चप्पू की तरह दिखें।

ग्रेवी में सोया टुकड़े

सोया प्रोटीन का एक समृद्ध स्रोत है और शाकाहारी आहार के लिए विशेष रूप से महत्त्वपूर्ण है, क्योंकि इसका प्रोटीन बहुत उच्च गुणवत्ता वाला है। सोया चूरा या टुकड़ों के रूप में आसानी से उपलब्ध है और इसका उपयोग भी बहुत सरल है। यह कई तरीकों से पकाया जा सकता है और बच्चों को इसकी स्पंजी बनावट बहुत पसंद आती है। यह एक साधारण व्यंजन है जिसे बच्चे निश्चित रूप से पसंद करेंगे।

सामग्री:

- 2 कप पानी में उबले और निचुड़े हुए सोया टुकड़े
- 1 कटी हुई हरी मिर्च
- 1 कटा हुआ प्याज
- 2 बड़े चम्मच फ़ेंटा हुआ दही
- ½ छोटा चम्मच जीरा
- 1 छोटा चम्मच लहसुन पेस्ट
- 2 बड़े चम्मच टमाटर प्यूरी
- नमक और काली मिर्च स्वादानुसार

सजावट के लिए

- 1 मोटा कटा हुआ टमाटर
- 1 छिला और लंबा कटा हुआ खीरा

सर्विंग्स: 2 लोगों के लिए

विधि:

दही में नमक और काली मिर्च मिलाएं और इस मिश्रण में आधे घंटे के लिए उबले हुए सोया टुकड़े डालें।

एक पैन में तेल गरम करें, जीरा डालें और कुछ सेकंड के बाद लहसुन का पेस्ट डालकर उसका रंग बदलने तक हिलाती रहें। हरी मिर्च और प्याज मिलाकर थोड़ा भूनें, टमाटर प्यूरी डालें और फिर सोया टुकड़े तथा दही का मिश्रण भी मिला दें। लगभग सूखने तक पकाएं।

परांठा, ककड़ी और अंगूर के रायते के साथ परोसें। टमाटर के कुछ टुकड़ों को फूल का आकार देते हुए रखें और खीरे को ऐसे सजाएं कि वह फूल की टहनी जैसा लगे।

भिण्डी बेगम

ओकरा जिसे सुरुचिपूर्ण लहजे में लेडीफ़िंगर भी कहते हैं, एक अत्यंत पौष्टिक और स्वादिष्ट सब्जी है। बहुत से लोगों को यह लेसदार और बेस्वाद लगती है, लेकिन सही मसाले और बिना पानी डाले स्टिर फ्राई कर पकाने से इसमें लेस नहीं उठती। मेरी माँ इसे बनाने में सिरके का उपयोग करती हैं, लेकिन मैं सूखा आम पाउडर (अमचूर) डालती हूँ जिससे भिण्डी का स्वाद और भी बढ़ जाता है। आप चाहें तो इसकी पौष्टिकता को बढ़ाने के लिए टमाटर का प्रयोग भी कर सकती हैं। माँ कुछ साबुत लाल मिर्च का उपयोग भी करती है जो मैं नहीं करती। मैंने यह रेसिपी अपने बुजुर्गों से सीखी है और इसे मैं अपनी बड़ी बहन को समर्पित करती हूँ, जिन्हें बचपन में भिण्डी बहुत पसंद थी।

सामग्रीः

- 250 ग्राम ऊपरी और पीछे का हिस्सा हटा कर 1 इंच के टुकड़ों में कटी हुई ताज़ा भिण्डी
- 1 पतला लंबा कटा हुआ बड़ा प्याज
- 1 कटा हुआ छोटा टमाटर
- ½ छोटा चम्मच जीरा
- ½ छोटा चम्मच धनिया पाउडर
- ¼ छोटा चम्मच हल्दी पाउडर
- एक चुटकी अमचूर
- नमक स्वादानुसार
- 2 बड़ा चम्मच पकाने का तेल

सजावट के लिए

- एक साबुत लाल या पीली शिमला मिर्च

सर्विंग्सः 2 लोगों के लिए

विधिः

कड़ाही में तेल गरम करें। इसमें जीरा कड़काएं और शीघ्र प्याज डाल दें। सुनहरा भूरा होने तक इसे चलाती रहें, सूखे मसाले मिलाएं और हल्दी का कच्चापन निकलने तक पकायें। भिण्डी मिला कर 8–10 मिनट तक मध्यम आँच पर स्टिर फ़्राई करें, कटे टमाटर डाल कर 3–4 मिनट तक हल्के हाथों से चलाएं। यह डिश परांठों और पुदीने के रायते के साथ बहुत ही स्वादिष्ट लगती है।

परोसने के सुझावः

लाल या पीली शिमला मिर्च को ऊपर से काट कर सब बीज निकाल लें। इस खोखली की हुई शिमला मिर्च में सावधानी से भिण्डी को पूरा भर दें और कटे हुए ऊपरी हिस्से से ढंक दें। यह बहुत ही सुंदर दिखती है। इस शिमला मिर्च को धोकर आप स्टिर फ़्राई के लिए पुनः प्रयोग में ला सकती हैं।

पिटा पॉकेट्स में पालक और कॉटेज़ चीज़

उत्तर भारतीय रसोई में पनीर या कॉटेज चीज़ का व्यापक रूप से उपयोग किया जाता है। आप टोफू (सोया पनीर), या फ़ेटा या हॉलूमी पनीर का उपयोग कर सकती हैं। यह कैल्शियम, लौह और प्रोटीन से भरा एक सरल और स्वादिष्ट पकवान है। यदि आप टोफू का उपयोग कर रहीं हैं तो प्रयोग से पहले अतिरिक्त पानी निकाल दें, टुकड़ों में काट लें और सुनहरा होने तक तलें। फ़ेटा पनीर का इस्तेमाल भी किया जा सकता है। यह स्वादिष्ट, स्पंजी और थोड़ा नमकीन होता है। हॉलूमी एक पारम्परिक मध्य पूर्वीय पनीर है, जो मुझे बहुत पसंद है। यह नमकीन होता है तथा ग्रिल करने, तलने और बारबेक्यू करने पर अत्यंत स्वादिष्ट लगता है।

सामग्री:

- 1 कप ताजे पालक के पत्ते
- एक छोटा गुच्छा ताजे मेथी के पत्ते
- 150 ग्राम 1 इंच के टुकड़ों में कटा हुआ ताज़ा पनीर
- ½ छोटा चम्मच जीरा
- 1 कटा हुआ छोटा प्याज
- 1 कली कुचला हुआ लहसुन
- नमक स्वादानुसार
- 2 छोटे चम्मच तेल

पॉकेट्स के लिए

- 4 पिटा ब्रेड फ़ॉयल में रखकर ओवन में गरम की हुई
- ¼ कप कसी हुई गाजर

सर्विंग्स: 2 लोगों के लिए

विधि:

पत्तों को अच्छी तरह से धो लें, और मोटे डंठल निकाल दें। एक बड़े पैन में पत्तों को कुछ मिनट के लिए नरम करें, आग से उतारें और छलनी में डालकर लकड़ी के चम्मच से दबाते हुए पानी निकाल दें (यह पानी बहुत पौष्टिक है – इसे आटा गूंधने या सूप में डालने के लिए उपयोग करें)। ठंडा करने के लिए एक तरफ रखें और फिर ब्लेंडर के माध्यम से पके हुए साग को चलाकर प्यूरी बना लें। एक पैन में तेल गरम करें, इसमें जीरा और कटा हुआ प्याज डाल दें। हल्का गुलाबी होने तक भूनें, फिर लहसुन डालें और चलाती रहें। अब पालक डाल कर कुछ मिनट के लिए पकाएं। नमक मिलाकर चखें। परोसने से पहले पनीर के टुकड़ों को प्यूरी में अच्छी तरह लपेटें। थोड़ी देर के लिए ध ीमी आँच पर पकाएं। यह अच्छी तरह सूख जानी चाहिए ताकि भरते समय इसका पानी नहीं निकले। आँच से उतारें और थोड़ा ठंडा कर लें। परोसने के लिए पिटा ब्रेड को दो हिस्सों में इस प्रकार काटें कि उसका एक खोल बन जाए। इसमें तैयार की गयी सामग्री भर दें। पिटा पॉकेट्स के निचले छोर को पेपर नैपकिन में लपेटते हुए प्लेट में रखें, चारों ओर कसी हुई गाजर से सजाएं।

वेजिटेरियन ट्रेज़र हंट

जब भी मेरे बच्चे एक हिन्दुस्तानी भोजन खाना चाहते थे, तो मैं अक्सर इसे बनाया करती थी। गोभी, मटर और गाजर इस बढ़िया पकवान की मुख्य सामग्री हैं। यह खनिजों और विटामिनों से परिपूर्ण है। स्वस्थ दृष्टि के लिए गाजर बहुत महत्त्वपूर्ण है और बंदगोभी एवं मटर रंगत के अतिरिक्त अन्य पौष्टिक तत्त्व भी प्रदान करते हैं।

सामग्रीः

- 1 छोटी बारीक कटी हुई बंदगोभी
- ½ कप ताजा या फ्रोज़न मटर
- 1 मध्यम आकार की छिली और बारीक कटी हुई गाजर
- ½ चम्मच सरसों
- ¼ छोटा चम्मच जीरा
- ½ छोटा चम्मच हल्दी पाउडर
- एक चुटकी हींग
- नमक स्वादानुसार
- 1 चम्मच तेल

सजावट के लिए

- 1 कटा हुआ खीरा
- 1 कटी हुई गाजर
- 1 कटा हुआ टमाटर

सर्विंग्सः 2 लोगों के लिए

विधिः

एक कड़ाही या गहरे पैन में तेल गरम करें। इसमें सरसों और फिर जीरा चटकाएं। इसके बाद हल्दी एवं हींग डालें और कुछ मिनट के लिए हल्दी की कच्ची गंध निकलने तक भूनें। अब गाजर, मटर और गोभी डालकर धीरे–धीरे मिलाएं। धीमी आँच पर पकाएं, थोड़ी–थोड़ी देर में चलाती रहें ताकि ये पैन में चिपके नहीं। इसे पकने में लगभग 8–10 मिनट लगते हैं।

खीरे, गाजर और टमाटर के गोल टुकड़ों से सजाएं।

सादे उबले हुए चावल के साथ परोसें।

खट्टा–मीठा सीताफल

मैं इसे बचपन से बहुत पसंद करती हूँ और आज भी जब मैं भारत जाती हूँ तो मेरी माँ मेरे लिए जो भी विशेष भोजन बनाती हैं, तो यह डिश उसमें हमेशा रहती है। ब्रिटेन में उपलब्ध ऑरेंज हेलोवीन कद्दू के साथ मैं कभी भी उस स्वाद को नहीं बना पायी, लेकिन फिर भी उसके नये–नये प्रयोग करने से रुकी नहीं! मैंने जुकीनी (मैरो) और बटरनट स्क्वैश बनाने की कोशिश भी की है, उसका परिणाम अच्छा ही रहा। सीताफल की प्राकृतिक मिठास और अमचूर की खटास एक अनूठा संयोजन बनाती है। एक सरल, पौष्टिक और बढ़िया व्यंजन.........ज़ाहिर है, माँ के साथ!

सामग्री:

- $2\frac{1}{2}$ कप बिना छिला, लगभग 3 सेंमी. के टुकड़ों में कटा हुआ सीताफल
- 1 बारीक कटा हुआ छोटा प्याज
- एक चुटकी अमचूर
- $\frac{1}{2}$ छोटा चम्मच मेथी दाना
- $\frac{1}{2}$ छोटा चम्मच जीरा पाउडर
- $\frac{1}{2}$ छोटा चम्मच धनिया पाउडर
- 1 साबुत लाल मिर्च (वैकल्पिक)
- नमक स्वादानुसार
- पकाने के लिए पानी
- 1 छोटा चम्मच तेल

सर्विंग्स: 4 लोगों के लिए

विधि:

एक कड़ाही में तेल गरम करें। मेथी दाना डालें, चटकने और हल्का भूरा होने तक पकाएं, लेकिन यह सुनिश्चित करें कि वे जलें नहीं! तत्काल सीताफल के टुकड़े डाल दें। प्याज और सूखे मसाले (अमचूर को छोड़कर) मिलाएं। एक बड़ा चम्मच पानी डालकर धीमी आँच पर ढंक कर पकाएं, बीच–बीच में ढक्कन हटा कर हिलाएं और देखें कि यह चिपके नहीं। यदि आवश्यक हो तो थोड़ा पानी और मिलाएं। लगभग 15 मिनट तक पकाएं।

अमचूर छिड़कें और धीरे–धीरे मिलाएं। कुछ मिनट के लिए छोड़ दें और फिर आग से हटा दें।

रायते, सलाद और छोटे पापड़ के साथ पारम्परिक भोजन के रूप में थाली में परोसें।

टमाटर में फूलगोभी

फूलगोभी, लहसुन और टमाटर के जायके से भरा एक स्वादिष्ट व्यंजन, जो देखने में लुभावना और बहुत ही स्वस्थ है। इसे बनाना बहुत आसान है और पूरे परिवार द्वारा इसका आनंद उठाया जा सकता है। यह विटामिन और रेशे से भरा है। बच्चों को प्रायः लहसुन की थोड़ी मिठास पसंद है, भले ही यह थोड़ी तीखी होती है, लेकिन आप बिना डरे इसका उपयोग कर सकती हैं।

सामग्रीः

- $2\frac{1}{2}$ कप छोटे–छोटे फूलों में कटी हुई फूलगोभी
- 1 छोटा कटा हुआ प्याज
- 2 कली कुचला हुआ लहसुन
- 2 छोटे चम्मच टमाटर की प्यूरी
- तुलसी के कुछ पत्ते, ताज़ा या सूखे
- नमक स्वादानुसार
- 1 बड़ा चम्मच तेल

सर्विंग्सः 4 लोगों के लिए

विधिः
एक कड़ाही में तेल गरम करें और प्याज तथा लहसुन डाल कर सुनहरा भूनें। गोभी डालें, धीमी आँच पर 3–4 मिनट के लिए पकाएं, थोड़ी–थोड़ी देर में हिलाती रहें ताकि चिपके नहीं। टमाटर प्यूरी और तुलसी के पत्ते मिलाकर अच्छी तरह से हिलाती रहें। लगभग 10 मिनट तक फूलगोभी नरम होने तक धीमी आँच पर पकाएं। यह अंत में सूख जानी चाहिए।

पनीर वाले टोस्ट और खीरे के टुकड़ों के साथ परोसें।

फूलगोभी सनशाइन

यह दक्षिण भारतीय व्यंजनों से प्रेरित एक और अद्भुत पकवान है, जो मुझे बहुत पसंद है। फूलगोभी और नारियल दोनों स्वाभाविक रूप से मिठास लिए होते हैं—दोनों का आनंद एक साथ! मटर इसके पौष्टिक मूल्य को और बढ़ाता है।

सामग्री:

- 1 छोटे फूलों में कटी हुई फूलगोभी
- ½ कप मटर
- 1 बारीक कटा हुआ प्याज
- 1 इंच कसा हुआ अदरक का टुकड़ा
- 2 बड़े चम्मच नारियल का दूध
- 1 छोटा चम्मच हल्दी
- ½ छोटा चम्मच धनिया पाउडर
- नमक स्वादानुसार
- 1 बड़ा चम्मच सूरजमुखी तेल

सजावट के लिए

- 4–6 आधे कटे हुए चेरी टमाटर

सर्विंग्स: 4 लोगों के लिए

विधि:

थोड़े तेल में प्याज को नरम होने तक भूनें, अदरक और मसाले डाल कर हल्दी की गंध दूर होने तक भूनें। नारियल का दूध, फूलगोभी और मटर मिला कर 10–12 मिनट के लिए धीमी आँच पर पकाएं और फिर नमक डालें।

परोसने के सुझाव:

सादे उबले हुए चावल के साथ परोसें। एक प्लेट में चावल इस प्रकार रखें कि बीच में एक गोल हिस्सा खाली रहे। इस खाली जगह में करी या तो सीधे डालें या फिर एक कटोरी में डाल कर रखें। इंद्रधनुषी रंगों के लिए आधे किए हुए चेरी टमाटर के साथ एक स्माइली चेहरा बनाएं ताकि भोजन आकर्षक दिखे।

फूलगोभी और आलू

नरम, हल्की मीठी फूलगोभी और आलू के इस व्यंजन का स्वाद और रंगत अद्‌भुत है। फूलगोभी विटामिन सी और फ़ॉलिक एसिड का एक समृद्ध स्रोत है। अधिकतम ताजगी के लिए, यह सुनिश्चित करें कि गोभी का ऊपरी हिस्सा एकदम सफ़ेद हो। फूलगोभी को भाप में पकाना उत्तम है, क्योंकि इससे उसके पोषक तत्व बने रहते हैं। आप चाहें तो इसे विभिन्न सब्जियों के संयोजन के साथ दूसरे स्वादिष्ट तरीकों से भी बना सकती हैं। आमतौर पर फूलगोभी में पानी नहीं डाला जाता। छोटे बच्चे नरम और अच्छी तरह से पकी हुई गोभी को आसानी से खा सकते हैं।

सामग्रीः

- 1 मध्यम आकार की फूलगोभी
- 3–4 मध्यम आकार के छिले और कटे हुए आलू
- ¼ छोटा चम्मच जीरा
- ½ छोटा चम्मच हल्दी पाउडर
- ½ छोटा चम्मच कसा हुआ ताज़ा अदरक
- ½ छोटा चम्मच नमक
- 1 बड़ा चम्मच तेल
- पकाने के लिए पानी

सर्विंग्सः 4 लोगों के लिए

विधिः

फूलगोभी को छोटे फूलों में काटें और अच्छी तरह से धोएं। एक कड़ाही में तेल गरम करें। जीरा डालकर थोड़ा भूरा होने तक भूनें, फिर हल्दी और अदरक डालें। आलू डालकर कुछ मिनट तक मसाले में पकाएं। पैन की सतह पर आलू के टुकड़ों की परत बनाएं। दो बड़े चम्मच पानी डालें। अब आलू के ऊपर गोभी के फूल–पत्तों सहित (यदि कोई हों) की परत बनाएं। नमक छिड़क कर ढंक दें। 1–2 मिनट के लिए मध्यम आँच पर पकाकर लौ धीमी करें। फूलगोभी भाप में पकती है। 8–10 मिनट के बाद ढक्कन हटाकर धीरे से सब मिलाएं, ध्यान रहे कि गोभी के नाजुक फूल न टूटें।

एक गहरे हरे रंग के कटोरे में कुछ इस प्रकार परोसें कि गोभी के कुछ फूल पेड़ों की तरह दिखें। रायते और चपाती के साथ स्वादिष्ट लगती है।

मेरी दाल मक्खनी

मैं इस भाग को कम से कम एक दाल की रेसिपी के बिना पूरा नहीं करना चाहती। दालें प्रोटीन, लौहतत्त्व और रेशे का समृद्ध स्रोत हैं। शाकाहारी बच्चों के आहार में अच्छी गुणवत्ता वाले प्रोटीन की कमी को पूरा करने के लिए इन्हें अवश्य सम्मिलित किया जाना चाहिए। ये लौहतत्त्व की कमी (एनीमिया का कारण) को भी रोकती हैं। आप कई प्रकार की दालों में से चुन कर बना सकती हैं। छोटे बच्चों को लुभाने के लिए आप अपनी कल्पना से अलग–अलग दालें बना सकती हैं। बच्चों के लिए सरल, सादी मूँग दाल को पचाना बहुत आसान है। इसके अतिरिक्त चना, राजमा, मसूर आदि.........सूची लंबी है! क्षेत्रीय विधियाँ और स्वाद भी अलग–अलग हैं। दाल मक्खनी उत्तर भारतीय राज्य पंजाब की एक विशेषता है। इससे सबके मुँह में पानी आ जाता है और ये बच्चों के लिए बहुत पोषक भी है।

सामग्रीः

- $1\frac{1}{2}$ कप एक घंटे तक भीगे काले चने
- 1 बड़ा चम्मच भीगी सफेद उड़द दाल
- $\frac{1}{4}$ छोटा चम्मच अदरक का पेस्ट
- एक चुटकी हल्दी पाउडर
- $\frac{1}{2}$ छोटा चम्मच धनिया पाउडर
- 1 इंच दालचीनी का टुकड़ा
- 3–4 पूरे लौंग या $\frac{1}{2}$ चम्मच लौंग पाउडर
- नमक और काली मिर्च स्वादानुसार
- 3 कप पानी

छौंक के लिए

- 1 कटा हुआ छोटा प्याज
- 1 कली कटा हुआ लहसुन
- 1 कटा हुआ छोटा टमाटर
- $\frac{1}{4}$ छोटा चम्मच जीरा
- 1 बड़ा चम्मच तेल

सजावट के लिए

- थोड़ा मक्खन या 1 बड़ा चममच ताज़ा क्रीम

सर्विंग्सः 4 लोगों के लिए

विधिः

दालों को प्रेशर कुकर में लगभग 7–10 मिनट के लिए अदरक, हल्दी, मसालों और पानी के साथ पकाएं, आँच को धीमा करें। भाप निकल जाने के बाद ढक्कन खोलें, कलछी से चलाते हुए गाढ़ेपन के लिए थोड़ी सी दाल को अंदर मसल दें। मसाले चखें और छौंक बनाएं।

एक फ्राइंग पैन में तेल गरम करें और उसमें जीरा डालकर चटकाएं। प्याज को सुनहरा होने तक भूनें, फिर टमाटर और लहसुन डालें। टमाटर गलने तक भूनें। इसे दाल पर डालें और अंत में मक्खन या क्रीम को फैला कर डालें। छोटे बच्चों को परोसने से पहले दालचीनी का टुकड़ा और लौंग को हटाने का ध्यान रखें।

उबले हुए चावल या चपाती और एक अच्छे रायते के साथ यह अत्यंत स्वादिष्ट है।

वेजी शेफ़र्ड्स पाई

मुझे परम्परागत भारतीय व्यंजनों से थोड़ा हट कर इसे बनाना बहुत आसान लगता है और यह बच्चों को भी पसंद है। यह रोज़ की सामान्य दाल–सब्जी से अलग है!

सामग्री:

- 2–3 बड़े–बड़े कटे हुए आलू
- 1 छिली और बारीक कटी हुई बड़ी गाजर
- आधा कप फ्रोज़न या ताजे मटर
- 2 कटे हुए मध्यम आकार के टमाटर
- 1 बारीक कटा हुआ प्याज
- 1 कली कटा हुआ लहसुन
- 1 कप गरम पानी में भीगा हुआ सोया चूरा
- नमक और काली मिर्च स्वादानुसार
- 2 छोटे चम्मच सूरजमुखी तेल
- 2 बड़े चम्मच मक्खन
- ½ कप कसा हुआ चीज़

सर्विंग्स: 4 लोगों के लिए

विधि:

एक सॉसपैन में तेल गरम करें और कटा हुआ प्याज तथा लहसुन डालें। सुनहरा होने तक भूनें। गाजर, मटर, सोया चूरा और टमाटर डालकर 10–12 मिनट तक पकाएं। ध्यान दें गाजर अधिक न गले। स्वादानुसार नमक मिलाएं।

कटे हुए आलू पानी में नमक डालकर गलने तक उबालें। इन्हें एक कटोरे में रखें और मक्खन के साथ कांटे से मसलें। स्वादानुसार नमक और पिसी काली मिर्च मिलाएं। यह मिश्रण गाढ़ा होना चाहिए, लेकिन गाँठ नहीं पड़नी चाहिए।

पहले ओवन को 190 डिग्री सेल्सियस/170 डिग्री सेल्सियस फ़ैन/गैस मार्क 5 तक गरम करें।

एक ओवनप्रूफ़ डिश की सतह पर मसले आलू के ऊपर मिश्रण की एक परत बनाएं। मिश्रण पर कांटे की सहायता से सतह को न छूते हुए, एक लहराता हुआ डिज़ाईन बनाएं। उसके ऊपर कसा हुआ चीज़ फैलाकर सुनहरा होने तक 25–30 मिनट तक सेंकें।

अलग–अलग प्लेटों में कुछ सलाद के पत्तों या रॉकेट लीव्स और किनारे पर खीरे के टुकड़ों के साथ सजा कर परोसें।

भुनी सब्जियाँ

सर्दियों में इन्हें खाना अच्छा लगता है और भुने हुए चिकन जैसे मांसाहारी व्यंजन के साथ परोसी जा सकती है। यह बेकरी उत्पादों जैसे – ताज़ा, गरम और मक्खन लगी ब्रेड, सलाद और चटनियों (दही/हम्मस) के साथ भी स्वादिष्ट लगती है। इसे साधारण मौसम की सब्जियों या ओबर्गीन, जुकीनी और बेबी कॉर्न जैसी अन्य सब्जियों के साथ भी परोसा जा सकता है। आप तंदूरी मसाले की अपेक्षा ताज़ी या सूखी जड़ी–बूटियाँ जैसे ओरेगानो, तुलसी, रोज़मेरी आदि का उपयोग कर सकती हैं।

सामग्री:

- 4–5 धुली हुई छोटी गाजर
- 5–6 अच्छी तरह धुले हुए छोटे छिलके सहित आलू
- 1 चार टुकड़े किया हुआ लाल प्याज
- 1 बारीक कटा हुआ छोटा शलजम
- 1 बारीक कटी हुई शकरकंदी
- 1 बीज निकली और बड़े टुकड़ों में कटी हुई बड़ी शिमला मिर्च

ड्रेसिंग के लिए

- 2 बड़े चम्मच जैतून का तेल
- 1 छोटा चम्मच तंदूरी मसाला
- लहसुन की 2 कलियाँ, गाढ़ी पेस्ट बनाने के लिए मोटे नमक के साथ कुचला हुआ
- ताज़ी पिसी काली मिर्च

सर्विंग्स: 4 लोगों के लिए

विधि:

पहले ओवन को गैस मार्क 6/400 F/200 डिग्री सेल्सियस तक गरम करें।

ओवन के अंदर एक बड़ी रोस्टिंग ट्रे का उपयोग करें। अपने बेकिंग ट्रे में फ़ायल की एक शीट फैलाएं। सारी सामग्री को मिला कर ड्रेसिंग बनाएं। एक छोटे जार या साफ़ बोतल में सभी सामग्रियों को एक साथ मिलाकर रखें, इसे बंद करें और बहुत अच्छी तरह हिलाएं। आप अपने बच्चों से भी यह करवा सकती हैं। कुछ ड्रेसिंग समान रूप से फ़ायल पर छिड़कें, फिर सभी सब्जियां डालें, और नमक एवं काली मिर्च बुरक दें। चम्मच से शेष ड्रेसिंग सब्जियों के ऊपर फैलाएं और धीरे से सभी सब्जियों को मिलाकर उन्हें एक अच्छी कोटिंग दें। इस ट्रे को फ़ायल से ढंक कर पहले से लगभग 35–40 मिनट तक गरम किए हुए ओवन में रखें। आप सब्जियों को कैसे खाना पसंद करते हैं, या कौन सी सब्जियाँ रखी गई हैं, इस आधार पर 15–20 मिनट का समय तय करें।

परोसने के लिए फ़ायल हटाकर सब्जियों को सावधानीपूर्वक एक थाली में निकाल लें। हरी सलाद की एक बड़ी कटोरी, ताज़ा सिंकी ब्रेड या गार्लिक ब्रेड और कुछ मक्खन के साथ परोसें।

मीट और चिकन के व्यंजन

मीट और चिकन युवा बच्चों के लिए अच्छे हैं, क्योंकि जहां तक आहार का संबंध है, ये शरीर का निर्माण करने वाले प्रोटीन का समृद्ध स्रोत हैं। ये लौहतत्त्व, विटामिन और अन्य खनिज जैसे जस्ता और सेलेनियम भी प्रदान करते हैं। किंतु बहुत छोटे बच्चों को लाल मांस रोज़ या सप्ताह में तीन बार से अधिक देने की सलाह नहीं दी जाती, क्योंकि अधिक प्रोटीन उनके पाचन तंत्र को हानि पहुंचा सकता है। चिकन अपेक्षाकृत पचाने में आसान है, बशर्ते वह अच्छी तरह से पका हुआ हो। भोजन को संदूषित और विषाक्त होने से बचाने के लिए मीट को हमेशा बहुत अच्छी तरह धोया और पकाया जाना चाहिए। यदि फ्रोज़न मीट का उपयोग करना है तो पहले पूरी तरह से डीफ़्रॉस्ट कर लें और ठंडी जगह पर रखें। जब संभव हो तो मीट को कुछ कच्ची या पकी हुई सब्जियों के साथ पकाएं ताकि चोकर और रेशा भी मिल सके।

नेटी पैटीज़

ये पैटीज़ कीमा और विशेष प्रकार की दाल के साथ मसाले मिला कर बनायी गई हैं। यह भोजन के हिस्से के रूप में बहुत लोकप्रिय है और यात्रा के लिए बढ़िया भोजन भी हैं। ये पैटीज़ एक उत्तम पिटा ब्रेड फिलर हैं और लंच–बॉक्स के लिए भी उपयुक्त हैं। मेरे दोस्तों को मेरी माँ के हाथ के बने शमी कबाब बहुत ही पसंद हैं। कई बार वे इसे अपने लंच–बॉक्स में रखवा कर भी ले जाते हैं।

नेटी पैटीज़ मेरी माँ के हाथ के बने कबाब जैसे ही हैं, फ़र्क इतना है कि मैंने इसे बिना मिर्च के बनाया है। आप चाहें तो इन्हें एक हरी मिर्च की चटनी के साथ परोस सकती हैं या बड़े बच्चों के लिए कुछ बारीक कटी हुई हरी मिर्च मिलाकर अलग से बना सकती हैं। मेरी माँ कीमा में कुछ साबुत लाल मिर्च मिलाती हैं।

सामग्रीः

- 250 ग्राम मटन या मेमने का बारीक कीमा
- 2 चम्मच 1 घंटे के लिए भीगी हुई चना दाल
- 1 फैंटा हुआ अंडा
- 2 बड़ी इलायची
- ½ छोटा चम्मच अदरक का पेस्ट
- ½ छोटा चम्मच दालचीनी पाउडर
- ¼ छोटा चम्मच लौंग पाउडर
- नमक स्वादानुसार
- 1 कप पानी
- तलने के लिए तेल

सजावट के लिए

- 2–3 हल्की भाप लगी हुई और लंबी कटी हुई हरी बीन्स
- कुछ धुले हुए सलाद पत्ते

सर्विंग्सः 8 लोगों के लिए

विधिः

कीमा और दाल को मसालों तथा नमक के साथ पानी डाल कर या तो प्रेशर कुकर में लगभग 15 मिनट तक या एक ढंके हुए पैन में (उबलने के बाद धीमी आँच पर लगभग 35 मिनट तक) पूरी तरह सूखने तक अच्छी तरह से पकाएं। ध्यान रखें कि इसका पानी बिलकुल सूख जाए, क्योंकि गीलेपन से पैटीज़ नहीं बन पाएंगी। इसे ठंडा हो जाने दें। छोटी इलायची निकाल दें और कीमा मिश्रण को फूड प्रोसेसर में पीस लें। मिश्रण को आठ भागों में बाँट कर उसे पैटीज का आकार दें। तलने से पहले प्रत्येक पैटी को फेंटे हुए अंडे के घोल में डुबो कर 3–4 मिनट के लिए दोनों ओर से भूरा–लाल रंग और खस्ता होने तक तलें। परोसने से पहले अतिरिक्त तेल सोखने के लिए कागज पर रखें।

भाप लगी हुई हरी बीन्स को आड़ा–तिरछा सजाएं और कबाब को ऊपर रखें। सलाद के पत्तों को काटकर कबाब के चारों ओर एक गोलाकार बनाएं। एक संपूर्ण भोजन के लिए आप इसे चपाती या पिटा ब्रेड और पुदीने के रायते के साथ भी परोस सकती हैं।

मम्म मीटबॉल्स

ये हल्के मसाले वाले मीटबॉल्स, परम्परागत रूप से सुगन्धित, स्वादिष्ट ग्रेवी में पकाये जाते हैं। हालांकि मैंने ग्रेवी एक सॉस की तरह काफी सरल तरीके से बनायी है। आप चाहें तो इन मीटबॉल्स को केचप और मसले आलू के साथ भी परोस सकती हैं। जब मेरी बेटी बहुत छोटी थी तब मैं कभी–कभी ऐसा करती थी। इसे परोसने के कई तरीके हैं.....इन्हें एक रैप या बर्गर में रखा जा सकता है। मेरी माँ की कोफ़्ते की रेसिपी, जिससे मैंने मीटबॉल्स बनाना सीखा है, अधिक मुश्किल है। उसमें भुना हुआ चने का आटा तथा खसखस का उपयोग होता है और बढ़िया ब्राउन ग्रेवी में पकाया जाता है। गरम रोटी के साथ परोसा जानेवाला यह मेरी पसंद के भोजन में से एक है।

सामग्रीः

मीटबॉल्स के लिए

- 250 ग्राम मटन या मेमने का बारीक कीमा
- 1 मध्यम आकार का कटा हुआ प्याज
- 1 कली लहसुन
- 1 स्लाइस भिगोकर निचोड़ा हुआ सफ़ेद ब्रेड
- 1 चम्मच अदरक का पेस्ट
- ½ छोटा चम्मच पिसा गरम मसाला
- नमक स्वादानुसार
- 2 चम्मच तेल

सॉस के लिए

- 1 कटा हुआ मध्यम प्याज
- 1 कली लहसुन
- 3 छोटे चम्मच टमाटर प्यूरी
- आपकी पसंद की जड़ी–बूटी के कुछ कटे हुए पत्ते
- नमक और काली मिर्च
- ¾ कप पानी

सर्विंग्सः 8 लोगों के लिए

विधिः

एक पैन में प्याज और लहसुन को हल्का सुनहरा होने तक भूनें। इन्हें पैन से निकाल कर कटोरे में रख लें। मीटबॉल्स की सारी सामग्री एक ब्लेंडर में चलाएं। इसके छोटे–छोटे बॉल्स बनाएं और जब सभी बॉल्स बन जाएं तो इन्हें थोड़ा सख़्त होने के लिए फ्रिज में रखें। इस बीच प्याज और लहसुन को ब्लेंडर में चलाकर सॉस तैयार कर लें (या तैयार–पेस्ट का प्रयोग करें)।

मैं मीटबॉल्स को धीमी आँच पर भूरा होने तक हल्का तलना पसंद करती हूँ। बाद में उसी तेल में प्याज–लहसुन का पेस्ट डालें और थोड़ा रंग आने पर टमाटर प्यूरी और पानी मिलाएं। इसे एक गाढ़ी सॉस बनने तक धीमी आँच पर पकाएं। धीरे–धीरे मीटबॉल्स डालकर लगभग 25–30 मिनट के लिए पकाएं। परोसने से पहले जड़ी–बूटियाँ और मसाला मिलाएं। यह स्पेगेटी के साथ बहुत स्वादिष्ट लगता है, लेकिन हो सकता है इटली के लोग इससे सहमत न हों!

कीमा मटर

यह स्वादिष्ट पकवान प्रोटीन, लौह और विटामिन प्रदान करता है। पिकनिक पर पिटा ब्रेड में भरने के लिए या घर पर चपाती और परांठे के साथ बहुत अच्छा लगता है। इसे अच्छी तरह पकाया जाता है और नरम मटर, थोड़े मीठे होने के कारण इसके स्वाद को दुगुना कर देते हैं। यह एक बहुत पौष्टिक और संतुलित व्यंजन है जो हमारे घर में रेशेयुक्त भोजन के रूप में अक्सर खाया जाता है। मेरे पति कीमा के साथ मटर की अपेक्षा आलू पसंद करते हैं।

मेरी दादी के घर में कीमा को अक्सर मेथी और कभी–कभी करौंदे के साथ मिलाकर बनाया जाता था। बहुत खट्टे, गुलाबी रंग के करौंदे उनके बगीचे में उगते थे, हम बच्चों को उन्हें खाना और अपनी जेब में भरना बहुत पसंद था।

सामग्री:

- 250 ग्राम मेमने या मटन का कीमा
- 1 मध्यम आकार का कटा हुआ प्याज
- 1 कटा हुआ टमाटर
- $\frac{3}{4}$ कप फ़्रोजन या ताजे मटर
- 1 छोटा चम्मच अदरक–लहसुन पेस्ट
- $\frac{1}{2}$ छोटा चम्मच हल्दी पाउडर
- $\frac{1}{2}$ छोटा चम्मच दालचीनी पाउडर
- नमक स्वादानुसार
- एक चुटकी पिसी काली मिर्च
- 2 बड़े चम्मच तेल

सजावट के लिए

- खीरे और गाजर के पतले लंबे कटे हुए टुकड़े
- मूली के 2 टुकड़े
- 2 किशमिश

सर्विंग्स: 4 लोगों के लिए

विधि:

कीमा को छोटे छेद वाली छलनी में धोयें, पानी निकालें और एक तरफ रखें।

एक पैन में तेल गरम करें और कटा हुआ प्याज डालें। थोड़ा भूरा होने पर अदरक–लहसुन का पेस्ट डालकर हिलाएं। मसाले मिलाकर कुछ मिनट के लिए पकाएं, कीमा डालकर उसकी रंगत बदलने तक अच्छी तरह हिलाएं। टमाटर डालें, अच्छी तरह मिलाएं और पकने दें। जब तक पूरा पानी सूख नहीं जाता, इसे लगातार चलाती रहें। अब मटर और पानी डालें और 10 से 12 मिनट के लिए पकाएं जब तक कीमा सूख न जाए।

परोसने के सुझाव:

इसे मकड़ी के रूप में परोसना बहुत ही आकर्षक लगता है। मकड़ी बनाने के लिए प्लेट के बीच में कीमे का एक ढेर रखें। एक के बाद एक बारीक कटी गाजर और खीरे का टुकड़ा रखते हुए मकड़ी की टाँगें बनाएं। आँखों के लिए मूली के गोल टुकड़ों पर किशमिश लगाएं। एक पाव रोटी या चपाती के साथ परोसें।

आप इसे एक रैप के रूप में सर्व कर सकती हैं। एक परांठा या रोटी के साथ रैप के रूप में सलाद के पत्ते और चटपटी चटनी के साथ भी परोस सकती हैं।

क्रीमवाला नारियल चिकन

यह एक हल्की मसालेदार, साधारण चटख लाल रंग की अपेक्षा पीले रंग की करी है। यह बनाने में आसान, क्रीमयुक्त और अत्यंत स्वादिष्ट है। भारत के दक्षिणी राज्य केरल के मांसाहारी भोजन में नारियल का व्यापक रूप से उपयोग किया जाता है। हालांकि, उत्तर भारत में नारियल का प्रयोग मुख्य रूप से मिठाइयों में किया जाता है। यह साधारण रेसिपी है, लेकिन बच्चों के लिए चिकन बनाने का अच्छा तरीका है।

सामग्री:

- 400 ग्राम 2 इंच के टुकड़ों में कटा हुआ बोनलेस चिकन
- $1\frac{1}{2}$ कप नारियल का दूध
- 1 बारीक कटा हुआ प्याज
- 1 कली कटा हुआ लहसुन
- $\frac{1}{4}$ चम्मच सरसों
- नमक और काली मिर्च स्वादानुसार
- 2 बड़े चम्मच तेल
- कटा हुआ धनिया

सर्विंग्स: 4 लोगों के लिए

विधि:

चिकन के टुकड़ों को धो लें, थपथपा कर सुखा लें और सुनहरा भूरा होने तक पैन में भूनें। एक तरफ रखें, उसी तेल में सरसों डालें और चटकने दें। प्याज डालकर सुनहरा भूनें और फिर लहसुन डालें। चिकन के टुकड़े और नमक डालने से पहले लगभग 2 मिनट के लिए भूनें। पैन में नारियल का दूध डालकर कम लौ पर चिकन अच्छी तरह से पकने तक लगभग 20 मिनट के लिए पकाएं। काली मिर्च के कुछ दानों और कटे हुए धनिये से सजाएं।

परोसने के सुझाव:

चिकन के इस व्यंजन को सादे उबले चावल के साथ परोसें। चावल को आकार देने के लिए आयताकार डिब्बा या डिज़ाइन वाले जेली मोल्ड में डालें। मोल्ड पर प्लेट रख कर उसे उल्टा करें। अपने बच्चे की मनपसंद सब्जियों के साथ अपनी कल्पना से चावलों को सजाएं।

आप इसे बढ़िया बने परांठे के साथ भी परोस सकती हैं।

हिन्दुस्तानी हॉटपॉट

स्ट्यू शायद एशियाई व्यंजनों पर एंग्लो–इंडियन प्रभाव का परिणाम है – ये उस ब्रिटिशकाल की याद दिलाते हैं, जब मेमसाहिबाओं द्वारा प्रशिक्षित ख़ानसामा या खाना पकाने वाले पुरुष रसोई पर राज करते थे और स्ट्यू, कस्टर्ड और कीमा जैसे फ्यूज़न व्यंजन बनाते थे।

एशियाई परिवारों में विभिन्न क्षेत्रीय भिन्नताओं के साथ कई प्रकार के स्ट्यू बनाए जाते हैं। यह सरल और पौष्टिक तरीके से बनाया गया एक शानदार दावती व्यंजन है। सब्जियाँ मिला कर इस व्यंजन के स्वाद और पोषक मूल्य को बढ़ाया जा सकता है। आप यहां दी गई सब्जियों के स्थान पर किसी भी सब्जी का उपयोग कर सकती हैं, जैसे कि पीली गाजर, शकरकंदी, स्क्वैश, सेम, मशरूम, मीठी मकई या कद्दू। स्ट्यू करी से अलग होता है, क्योंकि मसालों को पेस्ट बनाने के लिए अलग से तला नहीं जाता, बल्कि मांस और सब्जियों में सभी मसाले ऐसे ही डाल दिए जाते हैं और उन्हें स्वाद और रंगत के लिए थोड़ा पकने दिया जाता है। पाश्चात्य व्यंजनों में प्रायः स्ट्यू बनाने के लिए मीट स्टॉक का प्रयोग किया जाता है। भारतीय स्ट्यू अधिकतर पानी से बने होते हैं। स्ट्यू की तरी में दही का एक बड़ा चम्मच डाला जाता है ताकि मांस धीमी आँच पर नरम होने तक पक सके। यह रेसिपी मेरी सास की है, लेकिन इसमें सब्जियाँ मिलाने का विचार मेरा है। वे इसमें रंगत के लिए कुछ साबुत लाल मिर्च डालती थीं, जिसे मैंने निकाल दिया है।

सामग्रीः

- 250 ग्राम टुकड़ों में कटा हुआ चिकन
- 2 मध्यम आकार के कटे हुए आलू
- 4 मध्यम आकार की कटी हुई गाजर
- 1 बारीक कटा बड़ा प्याज
- 2 कली कटा हुआ लहसुन
- 2 बड़े चम्मच हलका फ़ेंटा हुआ योगर्ट
- ½ छोटा चम्मच अदरक का पेस्ट
- 3–4 साबुत लौंग
- 2 इंच दालचीनी का टुकड़ा
- 1 तेजपत्ता
- नमक और काली मिर्च स्वादानुसार
- 2 बड़े चम्मच तेल
- पकाने के लिए पानी

सर्विंग्सः 4 लोगों के लिए

विधिः

एक बड़े पैन में तेल गरम करें और चिकन के टुकड़ों को सुनहरा होने तक भूनें। उन्हें बाहर निकाल कर अलग रखें। उसी पैन में प्याज और दही को छोड़कर शेष सारी सामग्री डाल दें। दही डालने से पहले लगभग एक मिनट के लिए पकाएं। थोड़ा हिलाएं और पर्याप्त पानी डालें ताकि चिकन और सब्जियाँ डूब जाएं। उक उबाल आने दें, फिर 30–40 मिनट के लिए धीमी आँच पर तब तक पकाएं जब तक चिकन हड्डी से अलग नहीं हो जाता।

स्वाद बढ़ाने के लिए मैं कभी–कभी मशरूम को मक्खन में हल्का भून कर मिला देती हूँ। उबले हुए चावल के साथ परोसें, लेकिन बच्चे को खिलाने से पहले साबुत मसाले अवश्य निकाल लें।

हरा चिकन

यह चिकन परोसने का थोड़ा अलग तरीका है। यह न तो करी है और न ही सूखा है – यह वास्तव में एक नम, स्वादिष्ट नरम चिकन और पालक का मिश्रण है। यह बहुत ही पौष्टिक और लौहतत्त्व, प्रोटीन और फ़ाइबर से परिपूर्ण है।

सामग्रीः

- 400 ग्राम छोटे टुकड़ों में कटा हुआ बोनलेस चिकन
- एक गुच्छा पालक, अच्छी तरह से धुला हुआ
- 1 मध्यम आकार का कटा हुआ प्याज
- ½ छोटा चम्मच अदरक का पेस्ट
- ½ छोटा चम्मच लहसुन पेस्ट
- ¼ छोटा चम्मच दालचीनी पाउडर
- 2 चम्मच दही
- नमक स्वादानुसार
- 2 चम्मच तेल
- ½ कप पानी

सर्विंग्सः 4 लोगों के लिए

विधिः

चिकन को दही में नमक और काली मिर्च के साथ मेरिनेट करें। ढंक कर 2 घंटे के लिए रेफ्रिजरेटर में रखें।

एक गहरे पैन में तेल गरम करें, प्याज को सुनहरा होने तक भूनें और अदरक–लहसुन की पेस्ट डालें। पालक के मोटे डंठल निकाल कर पैन में डालें। कुछ मिनटों के लिए पकाएं और थोड़ा नरम हो जाने पर दालचीनी मिलाएं। अंत में मसालेदार चिकन डालकर अच्छी तरह हिलाएं। पानी डालकर एक उबाल दें। लगभग 20–25 मिनट के लिए ढंक कर चिकन गलने तक उबालें।

सादी चपाती या गरमागरम परांठों के साथ परोसें!

शिमला मिर्च वाला कटा चिकन

पिटा ब्रेड या घर के बने परांठों के साथ शीघ्रता से चिकन परोसने का यह बहुत आसान तरीका है। यह देखने में आकर्षक और पौष्टिक है जिसे पूरा परिवार मजे से खा सकता है। अलग–अलग रंगों की शिमला मिर्च से न केवल इसमें रंगत आती है, बल्कि ये विटामिन सी और बीटा–केरोटिन भी प्रदान करता है, जो कि आँखों के लिए बहुत अच्छा है। बची–खुची सब्जियों को कैसे इस्तेमाल करूं, यही सोचते हुए मैंने इस व्यंजन को खोज लिया।

सामग्री:

- 250 ग्राम पका हुआ/भुना हुआ चिकन
- 1 मध्यम आकार का कटा हुआ प्याज
- 1 कटा हुआ टमाटर
- 1 लाल शिमला मिर्च
- 1 पीली शिमला मिर्च
- 1 हरी शिमला मिर्च
- 1 छोटा चम्मच सोया सॉस
- नमक और काली मिर्च स्वादानुसार
- 1 बड़ा चम्मच तेल

सर्विंग्स: 4 लोगों के लिए

विधि:

एक बाउल में पका हुआ चिकन लें और काँटे से गोद लें और सारी हड्डियाँ निकाल दें। इसे एक ओर रख दें। सारी शिमला मिर्च को धोकर उनके बीज और अंदर का सफ़ेद भाग निकाल कर आधा–आधा काट लें। कड़ाही में तेल गरम करें और प्याज डालें। हल्का गुलाबी होने तक भूनें और सारी शिमला मिर्च, टमाटर तथा सोया सॉस मिलाएं। 7–8 मिनट के लिए सब्जियाँ नरम होने तक पकाएं। चिकन डालकर 5 मिनट के लिए और पकाएं। परोसते समय यह सूखा होना चाहिए, न कि रसेदार। आप इसमें आवश्यकता के अनुसार मसालों का प्रयोग कर सकती हैं। छोट बच्चों के लिए हल्के मसालों के साथ बना सकती हैं। बड़े बच्चों के लिए कटी हुई हरी मिर्च के साथ भी परोस सकती हैं।

आप चपाती या टोर्टिला के साथ रैप बना सकती हैं, बच्चों के लुभाने के लिए 2 इंच के तिरछे टुकड़ों में काटकर भी परोस सकती हैं।

लाइव्ली लिवर्स

कलेजी विटामिन ए, लौहतत्त्व और जस्ते का समृद्ध स्रोत है। लेकिन बहुत से बच्चे कलेजी के नाम पर ही नाक भौं सिकोड़ने लगते हैं जैसे ये बहुत ही बेस्वाद और दुनिया की सबसे खराब चीज़ हो। यहाँ मैं आपको बताती हूँ कि आप इस मुसीबत से कैसे छुटकारा पा सकती हैं और अपने छोटे बच्चों को इस पौष्टिक आहार का लाभ कैसे पहुंचा सकती हैं। मेरी माँ इसे ऐसे ही बनाती थी और हम सब चाव से खाते थे। आप इस रेसिपी के लिए मेमने की कलेजी इस्तेमाल कर सकती हैं।

सामग्रीः

- 250 ग्राम चिकन की कलेजी
- 2 बड़े चममच फ़ेंटा हुआ दही
- 1 मध्यम आकार का कटा हुआ प्याज
- ½ छोटा चम्मच अदरक का पेस्ट
- ½ छोटा चम्मच लहसुन पेस्ट
- 6–7 मेथी के दाने
- 3–4 लौंग
- ¼ छोटा चम्मच हल्दी पाउडर
- ¼ छोटा चम्मच धनिया पाउडर
- नमक स्वादानुसार
- 3 बड़े चम्मच तेल

सर्विंग्सः 4 लोगों के लिए

विधिः

कलेजी को अच्छी तरह धोयें और पानी निकाल दें। उबलते पानी के एक पैन में लौंग डालें और धीरे–धीरे उसमें कलेजी छोड़ती जाएं। 3–4 मिनट के लिए झाग उठने तक धीमी आँच पर पकने दें। आग से हटाएं और कलेजी को छलनी में डालकर पानी निकाल दें। कलेजी के टुकड़ों को एक ओर रखें और लौंग निकाल दें।

एक कड़ाही में तेल गरम करें और इसमें मेथी दाना डालकर चटकाएं। यदि तेल पूरा गरम है तो इसमें कुछ क्षण ही लगेंगे। ध्यान रहे कि मेथी दाना काला न हो वर्ना उनका स्वाद कड़वा हो जाएगा। तुरंत प्याज डालें और उन्हें सुनहरा होने तक भूनें। अब नमक, हल्दी और धनिया पाउडर के साथ अदरक–लहसुन की पेस्ट डाल दें, तेल छोड़ने तक भूनें। उसमें कलेजी डाल दें और हिलाएं ताकि ग्रेवी इसमें अच्छी तरह लिपट जाए। दही मिलाकर 5 मिनट के धीमी आग पर पकाएं। आग से हटाएं और शकरकंदी की पेटीज़ तथा खीरे के टुकड़ों के साथ परोसें। सिर्फ़ कलेजी भी केचप के साथ स्वादिष्ट लगती है।

परोसने के सुझाव

थोड़े बड़े बच्चों को परोसने के लिए बहुत बढ़िया विचार है। उन्हें बड़ों की तरह परोसा जाना अच्छा लगता है। कलेजी को छोटे–छोटे टुकड़ों में काटें और लकड़ी की सीखों पर परोसें। सीखों के तीखे किनारों को काट कर 5–5 इंच के टुकड़े कर लें। छोटे सीख बनाने के लिए कलेजी के साथ मॉज़रेला बॉल्स, चेरी टमाटर, जैतून और खीरे के टुकड़ों को पिरोएं।

स्टिकी चिकन लॉलीपॉप

बच्चों को अपने हाथ से पकड़ कर खाना पसंद आता है। चिकन लॉलीपॉप को पकड़ना आसान है और ये बहुत स्वादिष्ट भी होते हैं। आप अधिक मात्रा में बना सकती हैं, क्योंकि बच्चे इन्हें जल्दी से चट कर जाते हैं। मैं प्रायः रविवार को अपने बच्चों के लिए बनाती हूँ और ये उनके दोस्तों को भी पसंद है। ये स्वाद में मज़ेदार होते हैं, न ज़्यादा भारी या तीखे, बच्चों के लिए एकदम सही।

सामग्रीः

- 8–10 स्किनलेस चिकन ड्रमस्टिक्स

मेरीनेड करने के लिए

- 2 बड़े चम्मच शहद
- 2 बड़े चम्मच मीठी चिली सॉस
- 2 बड़े चम्मच केचप
- 2 बड़े चम्मच सोया सॉस
- 1 बड़ा चम्मच तेल

प्राप्तिः 8–10

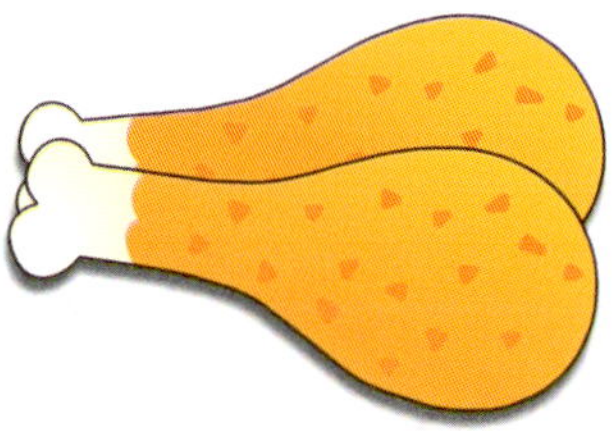

विधिः

एक बड़े कटोरे में शहद, चिली सॉस, केचप, तेल और सोया सॉस सब एक साथ डालकर अच्छी तरह मिलाएं। प्रत्येक ड्रमस्टिक के बीच एक तिरछा चीरा लगाएं। इन्हें मिश्रण में डुबोकर मेरीनेड होने के लिए 2–3 घंटे या फ़िर रात भर के लिए रेफ्रिजरेटर में रख दें।

पहले ओवन को 180 डिग्री सेल्सियस/गैस मार्क 4 तक गरम करें। एक बड़ी सी बेकिंग ट्रे में ड्रमस्टिक्स को एक–एक कर रखें। 45 मिनट तक या पूरा पक जाने तक सेंकें, बीच–बीच में पलटती रहें और 2–3 बार ब्रश से मेरिनेड को लगाएं। परोसने से पहले ड्रमस्टिक्स को ठंडा हो जाने दें।

पार्टी के लिए यह बहुत अच्छी हैं, क्योंकि बच्चे आपस में बाँट सकते हैं। एक प्लैटर पर अच्छे से डिप जैसे आम की चटनी, कुछ खीरे के टुकड़ों और कटे हुए सलाद के पत्तों के साथ परोसें। देखने और खाने में लाजवाब!

भुने चिकन कबाब

हम प्रायः घर पर बारबेक्यू करते हैं और मित्रों को बुलाते हैं, विशेष रूप से ब्रिटेन की गर्मियों की शाम में (मैंने ब्रिटेन की विशेष रूप से इसलिए लिखा है, क्योंकि दिल्ली की गरमी तो स्वयं ही झुलसाने वाली होती है)। इसकी भीनी–भीनी खुशबू और खुली आग में पके हुए मसालेदार चिकन का स्वाद लाजवाब है। हम अलग–अलग रुचियों एवं स्वादों के अनुरूप कई प्रकार के मसालों से मेरिनेड करके विभिन्न प्रकार के कबाब बनाते हैं। इन्हें बहुत से सलाद, डिप और गरम पिटा ब्रेड के साथ परोसा जाता है। मैं बच्चों के लिए कुछ विशेष सीख वाले चिकन कबाब बनाती हूँ, जिनका वे बहुत मज़ा लेते हैं और मिनटों में ख़त्म भी कर देते हैं।

बारबेक्यू किया हुआ मांस बच्चों के लिए सुरक्षित हैं, लेकिन वह अच्छी तरह से पका और स्वच्छ होना चाहिए। यदि आप फ्रोज़न मीट का उपयोग कर रही हैं, तो निश्चित रूप से पहले इसे सामान्य तापमान पर ले आएं। यदि आपके पास बारबेक्यू का प्रबंध नहीं है या बारबेक्यू करना पसंद नहीं करते तो इसे ओवन में भी पका सकती हैं।

सामग्रीः

- 300 ग्राम 1 इंच के टुकड़ों में कटा हुआ बोनलेस चिकन
- 1 हरी शिमला मिर्च
- 1 लाल शिमला मिर्च
- 2 कली लहसुन
- ½ कप योगर्ट
- नमक और काली मिर्च स्वादानुसार
- 1 छोटा चम्मच तेल

सर्विंग्सः 3–4 लोगों के लिए

विधिः

एक बड़े बाउल में योगर्ट, तेल, नमक और काली मिर्च को मिलाकर मेरिनेड तैयार करें। लहसुन को कुछ नमक के साथ पीस कर गाढ़ी पेस्ट बनाएं। इसे भी योगर्ट में मिलाएं। अंत में इस मिश्रण में चिकन के टुकड़े डालें और ढंककर रात भर के लिए या कम से कम 3 घंटे फ्रिज में रखें। जब आप बारबेक्यू के लिए तैयार हों तो मेरिनेट किया हुआ चिकन फ्रिज से बाहर निकालें। शिमला मिर्च को चिकन के टुकड़ों के लगभग समान आकार में काट लें। सीख लें और प्रत्येक छोर पर मिर्च के साथ चिकन के टुकड़े पिरोयें। मध्यम गरम बारबेक्यू पर रखें, भूरा होने तक भूनें, बीच–बीच में इन्हें पलटती रहें। परोसने से पहले थोड़ा ठंडा होने दें।

ध्यान दें: बांस की सीख परम्परागत और प्रामाणिक हैं, लेकिन भले ही आप उन्हें प्रयोग से पहले पानी में भिगो दें, फिर भी यह जल जाती है। स्टेनलेस स्टील की सीख दूसरा विकल्प है। बच्चों के लिए मैं बांस की सीख ही पसंद करती हूँ, क्योंकि इन्हें पकड़ना आसान है और बच्चों के लिए छोटी–छोटी सीखें भी बना सकती हैं। इस बात का विशेष ध्यान रखें कि बहुत छोटे बच्चों को परोसने से पहले सीखों के नुकीले किनारे काट दें। जैसे ही वे चिकन खा लें, तो सीखों को नन्हे हाथों में खतरनाक हथियार बनने से पहले शीघ्र नष्ट कर दें!

मछली के व्यंजन

मछली को प्रायः इसमें मौजूद तेलों और बच्चे के मस्तिष्क के उचित विकास के लिए महत्त्वपूर्ण फ़ैटी एसिड्स के कारण मस्तिष्क का भोजन कहा जाता है। यूरोप और अमरीका में हुए विभिन्न वैज्ञानिक अध्ययनों से यह प्रमाणित हो चुका है।

मछली प्रोटीन और अन्य पोषक तत्त्वों जैसे जस्ता और विटामिन बी 12 का समृद्ध स्रोत है। विशेष रूप से तैलीय मछली स्वस्थ हड्डियों और जोड़ों के लिए उत्कृष्ट विटामिन डी का समृद्ध स्रोत मानी जाती है। यह रक्त गठन के लिए महत्त्वपूर्ण लौह भी प्रदान करती है।

इसकी उपलब्धता के आधार पर बच्चे को एक सप्ताह में कम से कम दो से तीन बार मछली खिलाना अच्छा है। यह ताज़ा या डिब्बाबंद भी हो सकती है। मछली खिलाते समय उसकी नुकीली हड्डियों से बहुत सावधान रहें। संभव हो तो ऐसी मछली का उपयोग करें जिसमें बहुत छोटी–छोटी हड्डियाँ न हों या फिर परोसने से पहले अपने हाथों से इन हड्डियों को निकाल दें। बच्चों के लिए टिक्के या कटलेट की अपेक्षा बिना कांटे वाली मछली के टुकड़ों का उपयोग करना ही सबसे अच्छा है। भारतीय घरों में इसे पकाने के कई तरीके हैं, जिनमें से ग्रिलिंग, भूनना और भाप द्वारा पकाना स्वस्थ हैं। स्ट्यू, करी और तले हुए मछली कटलेट बहुत लोकप्रिय हैं। मैं तले हुए मछली कटलेट बनाती हूँ। मैं मानती हूँ कि ये स्वास्थ्य के लिए ज़्यादा अच्छे नहीं हैं, लेकिन फिर भी मेरे परिवार में बहुत पसंद किये जाते हैं। मेरा सुझाव है कि बच्चों के अच्छे व्यवहार के पुरस्कार के रूप में आप कभी–कभी इन्हें बनाएं!

भुने मछली और आलू

मछली खिलाने का यह आसान और स्वस्थ तरीका है। आप इसे छोटी–छोटी ओवनप्रूफ़ डिश में केवल बच्चे के लिए या मात्रा बढ़ाकर पूरे परिवार के लिए बना सकती हैं। बेकिंग के समय थोड़ी नमी वाली सब्जियाँ मिलाकर आप मछली को ज़्यादा सूखा होने से बचा सकती हैं जिससे अतिरिक्त पोषण एवं स्वाद भी मिलता है।

सामग्रीः

- 1 छोटी मछली
- 2 उबले और मसले हुए आलू
- 1 बड़ा चम्मच मक्खन
- 1 छोटा चम्मच ब्रेडक्रंब्स
- नमक और काली मिर्च

सजावट के लिए

- ½ कप उबले हुए मटर

सर्विंगः 1 के लिए

विधिः

पहले ओवन को 160 डिग्री सेल्सियस तक गरम करें। अगर आपके पास स्टीमर है, तो मछली को 8–10 मिनट के लिए भाप में पका लें। इसकी परत आसानी से उतरनी चाहिए। यदि आपके पास स्टीमर नहीं है तो मछली को एक धातु की छलनी में रखें जो पैन के ऊपर रखी जा सके। पैन में पानी डाल कर ढंक दें और धीमी आँच पर रखें। आप धातु की तिपाई/पैन की सतह पर रखी जा सकने वाली प्रेशर कुकर की जाली का प्रयोग भी कर सकती हैं। मछली गल जाने पर इसे फ़्लेक करके एक ओर रख दें।

एक छोटी ओवनप्रूफ़ डिश में पहले मसले हुए आलुओं की एक परत, फिर मछली और आलुओं की एक और परत लगाएं। ऊपर मक्खन फैलाएं, नमक और काली मिर्च छिड़कें और अंत में ब्रेडक्रंब्स डालें। ओवन में 12–15 मिनट के लिए ब्रेडक्रंब्स भूरे होने तक सेंकें।

उबले हुए मटर और मक्खन लगे टोस्ट की 1 इंच चौड़ी कटी हुई स्ट्रिप्स के साथ परोसें। बच्चे को और अधिक खुश करने के लिए ब्रेड के बचे हुए टुकड़ों के साथ उसके नाम का पहला अक्षर लिखें।

मछली और सब्जी स्ट्यू

यह बहुत पौष्टिक और स्वस्थ स्ट्यू है। आमतौर पर इसे करी के साथ बनाते हैं, लेकिन मैंने यहाँ बहुत ही सरल विधि दी है। शीघ्र बनने वाला एक ही बार में मक्खन के साथ परोसा जा सकने वाला स्ट्यू अत्यंत स्वादिष्ट है।

सामग्री:

- 400 ग्राम बोनलेस, छिली और 2 इंच के टुकड़ों में कटी हुई मछली
- 1 कटा हुआ छोटा प्याज
- 1 कटी हुई गाजर
- 3–4 छिले और कटे हुए आलू
- 1 कली कटा हुआ लहसुन
- 1 चुटकी अजवायन
- नमक स्वादानुसार
- 2 छोटे चम्मच तेल
- 1 छोटा चम्मच मक्खन
- 2 कप पानी

सजावट के लिए

- 1 छिला हुआ खीरा

सर्विंग्स: 4 लोगों के लिए

विधि:

एक बड़े पैन में तेल और मक्खन को एक साथ गरम करें। तेल डालने से मक्खन जलेगा नहीं। इसमें अजवायन, आलू और गाजर डालने से पहले कुछ मिनटों के लिए प्याज और लहसुन को हल्का भूनें। कुछ देर हिलाएं। पानी डालें और आलू गलने तक ढंक कर धीमी आँच पर पकाएं। नमक और अंत में मछली के टुकड़े मिलाएं। 10 मिनट के लिए धीमी आँच पर मछली के आसानी से फ़्लेक होने तक पकाएं।

सादे उबले चावल और कुछ हरे सलाद या ताज़े सिंके ब्रेड टोस्ट के साथ परोसें। चाकू से खीरे को मछली के आकार का काटें या मछली के आकार के कटर का प्रयोग करें।

दादी की फ़िश करी

मेरे पिताजी इस तरह फिश करी बनाया करते थे जो उन्होंने अपनी माँ (मेरी दादी) से सीखी थी। सरसों के बीज इसे अलग ही स्वाद प्रदान करते हैं। बच्चों को करी खिलाने का यह अच्छा तरीका है। मैं किसी भी करी में मिर्च का प्रयोग नहीं करती हूँ। अगर आप मिर्च खाना चाहते हैं तो बच्चे को परोसने के बाद आप अपने लिए मिला सकती हैं या यदि आपका बच्चा मिर्च खा सकता है तो उसके लिए भी थोड़ी मिला सकती हें।

सामग्रीः

- 400 ग्राम बोनलेस, छिली और कटी हुई मछली
- 1 बारीक कटा हुआ छोटा प्याज
- 4 छिले और कटे हुए मध्यम आकार के आलू
- ½ छोटा चम्मच अदरक पेस्ट
- ½ छोटा चम्मच लहसुन पेस्ट
- ½ छोटा चम्मच हल्दी पाउडर
- ½ छोटा चम्मच धनिया पाउडर
- ¾ छोटा चम्मच सरसों
- नमक स्वादानुसार
- 2 बड़े चम्मच तेल
- 2 कप पानी

सजावट के लिए

- 1 लम्बाई में कटा हुआ गाजर का छोटा टुकड़ा
- कटे हुए ताज़ा धनिया के पत्ते

सर्विंग्सः 4 लोगों के लिए

विधिः

एक पैन में तेल गरम करें और उसमें सरसों डालें, चटक जाने पर प्याज डालें और सुनहरा होने तक भूनें। अदरक और लहसुन की पेस्ट मिलाकर हिलाएं। मसाले डालें और तेल छोड़ने तक लगातार हिलाती रहें। आलू मिलाकर हिलाएं और पानी डालकर आलू गलने तक धीमी आँच पर पकाएं। नमक और मछली मिलाकर 10 मिनट के लिए फिर से पकाएं। अब तक मछली आसानी से फ़्लेक हो जानी चाहिए।

एक चौड़े कम गहरे बाउल में चावल को दबा कर भरें और उसे धीरे से थाली में उलट कर गुंबद का आकार दें। इस सफ़ेद गुंबद पर फ़िश करी डालें, किनारों पर गाजर के टुकड़ों से उभरते हुए सूर्य की किरणों का डिज़ाइन बनाएं। ताज़ा धनिया के पत्तों से सजाएं।

पालक के साथ मछली

एक बहुत पौष्टिक और पूर्ण भोजन! साथ ही बच्चों को हरी सब्जियाँ खिलाने का एक आसान तरीका। मछली में नमी होती है और यह पालक के पेस्ट में ही सरलता से गल जाती है। प्रोटीन, लौह और विटामिन से भरा एक व्यंजन!

सामग्री:

- 400 ग्राम 2 इंच के टुकड़ों में कटी हुई बोनलेस, स्किनलेस मछली
- 400 ग्राम पालक
- 1 कटा हुआ छोटा प्याज
- ½ छोटा चम्मच लहसुन पेस्ट
- 2 बड़े चम्मच नारियल का दूध
- एक चुटकी हल्दी
- नमक स्वादानुसार
- 1 बड़ा चम्मच तेल

सजावट के लिए

- ½ कप टमाटर कटा हुआ
- आधा कप लम्बाई में कटी हुई गाजर

सर्विंग्स: 4 लोगों के लिए

विधि:

पालक को अच्छी तरह धो लें और मोटे डंठल हटा दें। पैन में 3–4 मिनट के लिए पत्तियों को हल्का पानी छोड़ने तक पकाएं। थोड़ी देर ठंडा होने दें और ब्लेंडर में चलाकर पेस्ट बना लें। मछली के टुकड़ों को धोएं और थपथपा कर सुखा लें।

कढ़ाई में तेल गरम करें और प्याज को सुनहरा भूरा होने तक तलें। लहसुन का पेस्ट मिलाएं और लगभग एक मिनट के लिए भूनें। नारियल का दूध, हल्दी और नमक डालें और हिलाएं। तेल छोड़ने तक हिलाती रहें। पालक की प्यूरी मिलाएं और 5–6 मिनट के लिए मध्यम आँच पर पकाएं। अंत में मछली मिलाएं और सावधानीपूर्वक हिलाएं। पैन को ढंक दें और मछली के गलने तक 10–15 मिनट के लिए धीमी आँच पर पकाएं।

बड़ों के लिए थोड़ा गरम मसाला मिला सकती हैं।

सादे उबले चावल के साथ परोसें। चावल का एक गुम्बद बनाएं, टमाटर को नाव की तरह और गाजर को चप्पू की तरह सजाएं।

पार्सल्स फ्रॉम द सी

भाप मछली पकाने का एक स्वस्थ तरीका है। यह इसके आवश्यक पोषक तत्त्वों और प्राकृतिक स्वाद और बनावट को बनाए रखने में सहायक होता है। आपको इसके लिए बांस या स्टेनलेस स्टील के स्टीमर की आवश्यकता होगी। परम्परागत रूप से भाप के लिए केले के पत्ते का उपयोग किया जाता है। मेरी सास केले के पत्तों और हल्की हरी चटनी का उपयोग करके अपने बच्चों के लिए ये पार्सल मछली बनाती थीं। आप चाहें तो बेकिंग पेपर या फ़ॉयल का उपयोग भी कर सकती हैं। निचले कंटेनर में पानी की सही मात्रा होनी चाहिए। इसे मछली के स्तर तक नहीं पहुंचना चाहिए, ऐसा होने पर मछली टूट जाएगी। यदि पानी कम रहेगा तो वह सूख जाएगा और भाप ठीक तरह से नहीं लग पाएगी।

सामग्रीः

- 4 छोटी मछली
- मुट्ठी भर पुदीने के ताज़ा पत्ते
- मुट्ठी भर धनिये के ताज़ा पत्ते
- नींबू के रस की कुछ बूँदें
- 1 चुटकी भुना पिसा जीरा
- नमक और काली मिर्च स्वादानुसार
- 1–2 छोटे चम्मच पानी

सजावट के लिए

- चार बड़े सलाद के पत्ते
- 1 छिली हुई गाजर
- 3–4 भाप लगे हुए ब्रॉकोली के फ़्लॉरेट्स

सर्विंग्सः 4 लोगों के लिए

विधिः

मछली के अतिरिक्त सारी सामग्री डालकर पेस्ट बनाएं। आवश्यकतानुसार पानी मिलाएं। मछली के ऊपरी हिस्से में कुछ चीरे लगाकर पेस्ट को समान रूप से फैला दें। प्रत्येक मछली को फ़ॉयल में लपेटें और किनारों को मोड़ते हुए ढीले पैकेट बना लें। इन पैकेट्स को स्टीमर पर रखें। 8–10 मिनट के लिए भाप लगाएं। अब तक यह आसानी से फ़्लेक होने योग्य हो जाएगी। सावधानी से मछली के पैकेट्स को निकालें, क्योंकि आप जब स्टीमर से ढक्कन हटाएंगी तो भाप बहुत गरम होगी। मछली को फ़ॉयल से निकाल कर सलाद के पत्तों में लपेट दें। सब्जी छीलने वाले पीलर से गाजर को रिबन की तरह काटें और इस रिबन को आड़ा तिरछा लपेटते हुए मछली को सलाद के पत्ते के साथ बाँध दें। इस पार्सल को गार्लिक ब्रेड के स्लाइस तथा ब्रॉकोली के फ़्लॉरेट्स के साथ प्लेट में सजाएं।

टूना पैटीज़

डिब्बाबंद टूना रसोईघर के लिए एक उपयोगी और विविधतापूर्ण सामग्री है। इसका प्रयोग विभिन्न तरीकों से किया जा सकता है। यहां मैंने अतिरिक्त स्वाद और पोषण के लिए आलू, अंडे, लाल शिमला मिर्च मिलाकर छोटी–छोटी पैटीज़ बनायी हैं। आप अन्य सब्जियाँ भी इस्तेमाल कर सकती हैं, जैसे कि कसी हुई गाजर, उबले हुए मटर और आलू की जगह शकरकंदी। डिब्बाबंद मछली इस रेसिपी के लिए उचित है। यह अधिकांश बच्चों की पसंद का व्यंजन है। आप इन्हें बना सकती हैं और बाद में उपयोग के लिए कुछ फ्रीज़ भी कर सकती हैं।

सामग्री:

- 1 डिब्बा टूना
- 3 बड़े उबले हुए आलू
- ½ बारीक कटी हुई लाल शिमला मिर्च
- 1 कटा हुआ छोटा प्याज
- 1 कली कटा हुआ लहसुन
- 1 थोड़ा फेंटा हुआ अंडा
- ¼ छोटा चम्मच जीरा
- ¾ कप ब्रेडक्रंब्स
- पुदीने के बारीक कटे हुए पत्ते
- नमक स्वादानुसार
- 1 बड़ा चम्मच तेल, और तलने के लिए तेल

सजावट के लिए

- ½ कप उबले मटर
- आधा कप लंबे कटे हुए गाजर के टुकड़े
- ½ कप गाजर के छल्ले
- 1 बड़ा चम्मच चीज़
- सजाने के लिए विभिन्न सब्जियाँ: सलाद के पत्ते, स्वीट कॉर्न, जैतून, टमाटर अथवा अन्य जिसे आपका बच्चा पसंद करे।

सर्विंग्स: 4 लोगों के लिए

विधि:

आलू को उबाल कर छील लें, मसलें और एक ओर रखें। एक पैन में तेल गरम करें और कटा प्याज डालें, जब सुनहरा हो जाए तो जीरा डाल दें। जीरा चटक जाने पर कटा लहसुन और लाल शिमला मिर्च मिलाएं। टूना को डिब्बे से निकालें, पानी छान लें और काँटे से फ़्लेक करें। मसले हुए आलू में मछली, नमक, पुदीना और प्याज का मिश्रण डालें। सबको अच्छी तरह मिलाएं और इसकी पैटीज़ बनाएं। पैटीज़ को अंडे में डुबोकर उन्हें ब्रेडक्रंब्स में लपेटें और 3–4 मिनट के लिए दोनों ओर से हल्का तल लें।

ये पैटीज़ स्नैक के रूप में केचप और उबले हुए मटर तथा गाजर के टुकड़ों के साथ परोसी जा सकती हैं। आप इन्हें कटे हुए पाव रोटी के बीच में टमाटर और सलाद के पत्तों के साथ रख कर एक स्वस्थ बर्गर भी बना सकती हैं।

परोसने के सुझाव:

दो टूना पैटीज़ लें और उनसे एक बिल्ली बनाएं। इसके लिए पैटीज़ को '8' का आकार बनाते हुए रखें। गाजर के टुकड़ों को तिकोना काट कर कान, दो जैतून या स्वीट कॉर्न से आँखें और लंबे पतले कटे हुए सलाद के पत्ते से पूँछ बनाएं। यदि आपके पास हरी प्याज हैं तो उनसे मूँछ बनाएं, अन्यथा कसी हुई गाजर या चीज़ का उपयोग करें।

गोअन हॉलीडे

गोवा मेरी पसंद की जगहों में से एक है। केरल के साथ–साथ गोवा में मुझे सबसे यादगार समुद्री भोजन मिला है। न केवल देखने में बढ़िया, अपितु टमाटर के गुणों और नारियल के स्वाद से भरी हुई यह करी अत्यंत पौष्टिक है। टमाटर विटामिन ए और सी तथा कैल्शियम और फ़ाइबर का भी समृद्ध स्रोत हैं। वे करी बनाने के लिए व्यापक रूप से उपयोग किए जाते हैं, क्योंकि वे तेज़ मिर्च के बिना चटख लाल रंग देते हैं! आप गाढ़ी तरी के लिए बनी बनाई टमाटर प्यूरी का उपयोग कर सकते हैं।

सामग्रीः

- 500 ग्राम 2 इंच के टुकड़ों में कटी हुई बोनलेस मछली
- 1 बारीक कटा हुआ मध्यम प्याज
- 2 कटे हुए टमाटर
- ½ कप नारियल का दूध
- ½ छोटा चम्मच अदरक का पेस्ट
- ½ छोटा चम्मच लहसुन पेस्ट
- नमक स्वादानुसार
- 2 चम्मच तेल
- 1½ कप पानी दें
- सजावट के लिए
- ½ कप गाजर के टुकड़े लंबे कटे हुए
- आधा कप खीरे के टुकड़े
- ½ कप गाजर के छल्ले

सर्विंग्सः 4 लोगों के लिए

विधिः

मछली के टुकड़ों को धो लें, थपथपाकर सुखाएं और एक ओर रखें।

एक सॉस पैन में तेल गरम करें और प्याज को सुनहरा होने तक भूनें। अदरक–लहसुन का पेस्ट डालें, उसके बाद टमाटर और नमक तथा अंत में नारियल का दूध मिला कर थोड़ा भूनें। 10 मिनट के लिए पकाएं, पानी डालें और उबाल लें।

करी में सावधानी से मछली डालें और मध्यम आँच पर मछली के नरम होने तक पकाएं।

सादे उबले हुए चावल के साथ परोसें। बड़ों के लिए कटे धनिया पत्तों के साथ सजा सकती हैं।

परोसने के सुझावः एक रंगीन टोपी बनाते हुए उबले हुए चावल परोसने का एक दिलचस्प तरीका है जो गोवा की याद दिलाता है। एक कम गहरे, थोड़े चौड़े बाउल में चावल को दबा कर पैक करें। जिस प्लेट में परोसा जाना है उसे इसके ऊपर रखें और उलट दें। धीरे से बाउल को उठाएं ताकि आपको गुंबद का आकार मिले। बारीक गाजर और खीरे के टुकड़ों से किनारा बनाएं। सब्जी छीलने वाले चाकू का प्रयोग करते हुए गाजर से टोपी का रिबन बनायें। समुद्रतट पर छुट्टी मनाने के लिए एक टोपी तैयार है!

फिश फ्राई

यह पैन में मछली को तल कर बनाने का एक अनोखा तरीका है। आमतौर पर ब्रिटेन में इसे एक घोल में डुबोकर तला जाता है। इस रेसिपी में पहले मछली को मसाले, प्याज तथा लहसुन की पेस्ट में लपेटा जाता है, फिर पैन में तला जाता है–अत्यंत स्वादिष्ट!

सामग्रीः

- किसी भी स्किनलेस मछली के दो बड़े और 2 छोटे टुकड़े
- 1 कटा हुआ छोटा प्याज
- 2 कली कटा हुआ लहसुन
- छोटा सा गुच्छा धनिया के बारीक कटे पत्ते
- 2 बड़े चम्मच ब्रेडक्रंब
- नमक और काली मिर्च स्वादानुसार
- 1 छोटा चम्मच जैतून का तेल
- 3 बड़े चम्मच तलने के लिए तेल

सर्विंग्सः 4 लोगों के लिए

विधिः

मछली के टुकड़ों को धो लें, थपथपाकर सुखाएं और एक ओर रखें। प्याज, लहसुन, धनिया, जैतून का तेल और मसाले एक साथ पीस लें। इस मिश्रण के साथ मछली के टुकड़ों को समान रूप से लपेट दें। इन पर ब्रेडक्रंब छिड़कें। एक नॉन–स्टिक फ्राइंग पैन में तेल गरम करें और मछली के टुकड़ों को एक–एक करके डालें और दोनों तरफ़ से 3–4 मिनट के लिए तलें। मछली की सतह कुरकुरी और मछली अंदर से अच्छी तरह पक जानी चाहिए। एक लकड़ी के चम्मच से सावधानीपूर्वक निकालें।

ओवन में सेंके हुए आलू के चिप्स या घर में बने फ्रेंच फ्राइज़ और उबली हुई गाजर के टुकड़ों के साथ परोसें।

ग्रिल्ड फ़िश कबाब

ये कबाब बनाने में आसान और अत्यंत स्वादिष्ट होते हैं। मैंने इन्हें बारबेक्यू भी किया है और ये उतने ही स्वादिष्ट बनते हैं। बच्चे उन्हें कुछ ब्रेड और खीरे के टुकड़ों के साथ खा सकते हैं। बड़े बच्चे तीखी पुदीना चटनी और नींबू के साथ इनका आनंद ले सकते हैं। दही से मछली नम और रसीली रहती है। विभिन्न जड़ी–बूटियों और मसालों के साथ प्रयोग करें!

सामग्री:

- 500 ग्राम 3 सेमी. के टुकड़ों में कटी हुई त्वचाहीन मछली
- 2 कली कुचला हुआ लहसुन
- ½ कप दही
- ½ छोटा चम्मच अदरक का पेस्ट
- 1 छोटा चम्मच गरम मसाला
- बारीक कटा हुआ धनिया
- नमक और काली मिर्च स्वादानुसार

सर्विंग्स: 4 लोगों के लिए

विधि:

एक कटोरे में मछली के अतिरिक्त सारी सामग्री को मिलाएं। इस मेरिनेड में मछली के टुकड़ों को समान रूप से लपेटें, ढंकें और एक घंटे के लिए फ्रिज में रखें।

ग्रिल को पहले से तेज़ गरम कर लें।

मछली के टुकड़ों को सीख में डालें और ग्रिल पर रखें, बीच–बीच में इन्हें पलटती रहें। काँटे से जाँचें, यदि इसकी पपड़ी आसानी से निकल रही है, तो यह तैयार है।

प्लेट में सलाद के कटे हुए पत्ते बिछाकर दोनों किनारों पर एक–एक चेरी टमाटर और ब्रॉकोली के फ्लोरेट के साथ सजाएं और एक स्वस्थ चटनी/डिप जैसे पुदीना चटनी के साथ परोसें।

चावल के व्यंजन

बच्चों को चावल पसंद होते हैं, क्योंकि ये खाने में आसान और सुपाच्य होते हैं। चावल कई प्रकार से बनाए जा सकते हैं–उबले हुए चावल को दाल या करी के साथ खा सकते हैं या दालें, सब्जियों या मांस के साथ बनाने से ये स्वयं में पूर्ण आहार हो सकता है। मैं सिर्फ बासमती चावल का उपयोग करती हूँ, क्योंकि मुझे यह पसंद है। अगर आपका परिवार कोई दूसरी किस्म के चावल पसंद करता है, तो आप उसी का उपयोग करें। चावल सुपाच्य और पौष्टिक होता है। ब्राउन चावल अधिक पौष्टिक माना जाता है।

मैंने चावल के विभिन्न व्यंजनों की विधियाँ दी हैं जो हम नियमित रूप से खाते हैं। कुछ पारंपरिक व्यंजन मेरी माँ और सास के रसोईघर से हैं और कुछ मेरे अपने प्रयोग हैं।

वे सब बनाने में आसान और जल्दी तैयार होने वाले हैं और महत्त्वपूर्ण बात ये है कि बच्चे इन्हें पसंद करते हैं।

सादा उबला चावल

सादा उबला हुआ चावल मक्खन के साथ या बिना मक्खन के भी सब्जियों और दालों के साथ परोसा जा सकता है। ये बनाने में सरल और साथ में परोसे जाने वाले व्यंजनों के स्वाद का पूरक है। सब्जियों की तरी और दालों को सोख कर बच्चों द्वारा चम्मच से खाने योग्य अर्ध ठोस आहार के रूप में बहुत अच्छा है!

सामग्री:

- 1 कप 30 मिनट भीगे हुए चावल
- ¼ छोटा चम्मच नमक
- 2 कप पानी
- थोड़ा मक्खन, वैकल्पिक

सर्विंग्स: 3 लोगों के लिए

विधि:
एक पैन में चावल, नमक और पानी तीनों डालकर उबाल लें और आँच को कम कर पानी सूखने तक ढंक कर पकाएं।

यदि चाहें तो चमक लाने के लिए थोड़ा मक्खन डालें। यदि ऐसा करना हो तो उबालते समय नमक न डालें।

परोसने के सुझाव:
एक मध्यम आकार के कटोरे में चावल को दबा कर भरें और इसे एक प्लेट पर उल्टा कर दें। एक चेहरा बनाने के लिए उबली हुई सब्जियों के टुकड़ों से सजाएं। आप आँखों के लिए काले जैतून के साथ खीरे के गोल टुकड़े या आधा बैंगनी अंगूर, नाक के लिए चेरी टमाटर और मुंह के लिए कटी हुई लाल शिमला मिर्च उपयोग कर सकती हैं। घुँघराले बाल बनाने के लिए कसी हुई गाजर का प्रयोग करें! यदि चाहें तो दिल या डायमंड के आकार के बड़े कुकी कटर का उपयोग करते हुए सब्जियों से सजाएं।

आप बीच में चावल का एक फूल बनाते हुए चारों ओर गाजर के गोल स्लाइस से सजा सकती हैं। 'वी' के आकार में दो सलाद पत्ते और चावल के बीच एक चेरी टमाटर रखें। जब बच्चों को खिलाने के लिए उन्हें कुछ फुसलाने की आवश्यकता होती है, तब ये बहुत काम आता है!

सनशाइन चावल

पौष्टिक और देखने में सुंदर सम्पूर्ण आहार! आप आलू की अपेक्षा शकरकंदी का उपयोग भी कर सकती हैं। यह व्यंजन हमारे घर में बहुत पसंद किया जाता है! हल्के पीले आलू और हरे मटर मिल कर सुंदर दिखते हैं। आलू विटामिन और फ़ाइबर का समृद्ध स्रोत हैं, इसके अतिरिक्त कार्बोहाइड्रेट के रूप में ऊर्जा भी प्रदान करता है और मटर विटामिन तथा लौह से समृद्ध है।

सामग्रीः

- 1 कप 30 मिनट तक भीगे हुए बासमती चावल
- 5–6 मध्यम आकार के छिले और कटे हुए आलू
- ½ कप पके हुए स्वीट कॉर्न
- आधा कप फ़्रोज़न या ताज़ा मटर
- 1 छोटा कटा हुआ प्याज
- अदरक का कसा हुआ छोटा टुकड़ा
- 2 इंच दालचीनी का टुकड़ा
- 1 तेज पत्ता
- ½ छोटा चम्मच हल्दी पाउडर
- नमक स्वादानुसार
- 1 बड़ा चम्मच तेल
- 2 कप पानी

सजावट के लिए

- 1 छिली और लंबाई में कटी हुई गाजर
- 1 आधा किया हुआ चेरी टमाटर
- 2 टुकड़े लंबाई में कटी हुई लाल शिमला मिर्च

सर्विंग्सः 4 लोगों के लिए

विधिः

एक पैन में तेल गरम करें और प्याज डालें। नरम हो जाने पर नमक, अदरक, हल्दी, दालचीनी और तेजपत्ता जोड़ें। स्वीट कॉर्न, मटर और आलू डालें, कुछ मिनट के लिए हिलाएं और भीगे हुए चावल मिलाएं। धीरे से हिलाएं और पानी डालें। ढंकने से पहले एक बार फिर हिलाएं। एक उबाल आने पर पानी सूखने तक धीमी आँच पर पकाएं। इसमें लगभग 12–15 मिनट लगेंगे। एक कांटे से चावल में सब्जियों को बराबर करें। परोसने से पहले तेजपत्ता और दालचीनी बाहर निकालें।

परोसने के सुझावः इस व्यंजन को परोसने के लिए एक चौड़े तली वाले कटोरे का उपयोग करें। कटोरे के बीच में चावल रखें। किनारों पर गाजर के टुकड़ों से उभरते हुए सूर्य की किरणों का डिज़ाइन बनाएं। पुदीना रायता के साथ परोसें।

चावलों पर आधा किये हुए चेरी टमाटर से आँखें और लाल मिर्च के टुकड़ों के किनारों को जोड़ते हुए एक मुस्कुराता हुआ चेहरा बनाएं। पुदीना रायता के साथ परोसें।

फल और मेवे की खिचड़ी

यह एक अत्यंत लोकप्रिय सुविधाजनक और सुपाच्य भोजन है। इस अद्भुत व्यंजन के कई क्षेत्रीय रूपांतर हैं। वास्तव में यह लोकप्रिय खिचड़ी के पीछे मूल प्रेरणा में एक एंग्लो इंडियन डिश है। यहां मैंने इसे पकाने की सबसे आसान विधि अपनायी है। यह जिद्दी बच्चों के लिए एक अच्छा आहार है। दालें लौह और प्रोटीन का अच्छा स्रोत हैं और चावल जैसे अनाज के साथ मिलकर इनके प्रोटीन की गुणवत्ता और बढ़ जाती है। एक शाकाहारी बच्चे के लिए यह विशेष रूप से उपयोगी है। यह बड़े बच्चों को भी खिलाया जा सकता है। मुझे इसके साथ घी या तेल में तले कुरकुरे ब्राउन प्याज के स्लाइस अच्छे लगते हैं। सच में! इसे थोड़ा आकर्षक और पौष्टिक बनाने के लिए मैंने इसमें कुछ सूखे फल और मेवे मिला दिये हैं, जो एक मध्य पूर्वी भोजन की याद दिलाती है।

सामग्रीः

- ¾ कप एक घंटा भीगे हुए चावल
- ¼ कप पीली दाल (मूंग दाल) चावल के साथ भीगी हुई
- 2 लौंग
- 1 छोटी इलायची
- 1 बड़ा चम्मच धुली हुई किशमिश
- 1 बड़ा चम्मच कटी हुई सूखी खुबानी
- 1 चम्मच मिलेजुले कटे हुए मेवे
- नमक स्वादानुसार
- 2 छोटे चम्मच तेल
- 1 डली मक्खन
- 2 कप पानी

सजावट के लिए

- 4–5 उबले हुए ब्रॉकोली फ़्लोरेट्स
- ताज़ा पुदीने के पत्ते

सर्विंग्सः 4 लोगों के लिए

विधिः

एक पैन में तेल गरम करें और लौंग डालें। कुछ सेकंड बाद भीगे हुए चावल, इलायची, सूखे मेवे और दाल डालें। पानी और नमक मिलाकर ढंक दें। एक उबाल दें, फिर पानी सूखने तक 12–15 मिनट के लिए धीमी आँच पर पकाएं। लौंग बाहर निकाल लें और कांटे के साथ मक्खन मिलाएं।

परोसने के सुझावः एक हरे रंग में के बाउल या थोड़ी गहरी प्लेट में खिचड़ी को गोलाकार रखें। ब्रॉकोली के फ़्लोरेट्स को खिचड़ी के गोलाकार की परिधि पर इस प्रकार खड़े करें कि वे पेड़ों जैसे दिखें, बीचों–बीच पुदीने के पत्ते रखें। पौष्टिक खिचड़ी और फलों की दावत के लिए स्वादिष्ट अनार और तुलसी रायते या अनन्नास और सेलेरी रायते के साथ परोसें।

सतरंगे चावल

बच्चों को सब्जियाँ खिलाने के लिए यह एक दिलचस्प तरीका है। आप शकरकंदी, फूलगोभी, हरी बीन्स, हरी/पीली शिमला मिर्च या गाजर आद अन्य संयोजनों का प्रयोग कर सकती हैं। अलग–अलग रंगों की सब्जियों का उपयोग करने की कोशिश करें, क्योंकि यह दिखने में आकर्षक और पौष्टिक भी होता है। ब्रॉकोली को शामिल करने का प्रयास करें, क्योंकि यह विटामिन सी तथा बी और लौह का एक समृद्ध स्रोत है।

सामग्रीः

- 1 कप 30 मिनट भीगे हुए चावल
- ½ ब्रॉकोली के छोटे फ़्लोरेट्स
- लाल शिमला मिर्च, बीज निकली हुई और 2 इंच लंबे टुकड़ों में कटी हुई
- पीली शिमला मिर्च, बीज निकली हुई और 2 इंच लंबे टुकड़ों में कटी हुई
- ½ छोटा चम्मच जीरा
- 2 इंच दालचीनी का टुकड़ा
- 3–4 पिसे हुए लौंग
- 1 लम्बाई में कटा हुआ छोटा प्याज
- ½ छोटा चम्मच नमक
- 1 बड़ा चम्मच तेल
- 2 कप पानी

सजावट के लिए

- आधा कप ब्लूबेरी/फाल्सा/आधे किये हुए बैंगनी अंगूर/बैंगनी गाजर के लंबे टुकड़े
- ½ लाल शिमला मिर्च/टमाटर, लंबाई में कटे हुए
- मूली के 2–3 टुकड़े

सर्विंग्सः 4 लोगों के लिए

विधिः

एक पैन में तेल गरम करें और जीरा डाल कर चटकाएं, प्याज डालें और नरम होने तक पकाएं। अब लौंग और दालचीनी डालें, सब्जियाँ मिलाएं और कुछ क्षण के लिए भूनें। अंत में चावल और नमक डालकर हिलाएं और पानी डालें। एक उबाल आने पर धीमी आँच पर ढंक कर 12–15 मिनट के लिए या पानी सूख जाने तक पकाएं। परोसने से पहले अच्छी तरह हिलाएं और दालचीनी का टुकड़ा निकालना न भूलें।

परोसने के सुझावः प्लेट के निचले किनारे से शुरू करते हुए एक घुमावदार आर्क में बैंगनी फलों को रखें। इस पर चावलों को सावधानी से इंद्रधनुष का आकार बनाते हुए डालें। इंद्रधनुष के बाहरी किनारे लाल टुकड़ों से बनाने के साथ समाप्त करें। गोल कटी हुई मूली के साथ एक बादल बनाएं, जिसका एक छोर इंद्रधनुष पर आये। खीरे और अंगूर के रायते या कीवी और टमाटर के रायते के साथ परोसें।

चावल के साथ चुकंदर

गुलाबी रंग का यह व्यंजन जो देखने और स्वाद दोनों में अनूठा है! रक्त को बनाने में सहायक होने के अतिरिक्त चुकंदर विटामिन ए, सी और कैल्शियम का एक उत्कृष्ट स्रोत है। फिर भी बहुत से लोग बच्चे के भोजन में इसका उपयोग कम करते हैं, इसे पकाना उन्हें बहुत झंझट लगता है। हालांकि मैं मानती हूं कि इसकी प्यूरी या सलाद बनाने से एक कपड़े धोने का काम बढ़ जाता है, फिर भी इस रेसिपी को बनाने की कोशिश अवश्य करें। चावल द्वारा इसके तेज़ रंग को हल्का किया जा सकता है, जबकि चुकंदर के गुण बने रहते हैं।

सामग्री:

- 1 कप 30 मिनट भीगे हुए चावल
- 2–3 मध्यम आकार के छिले हुए चुकंदर
- 1/4 छोटा चम्मच जीरा
- 1/4 छोटा चम्मच नमक
- 2 छोटे चम्मच तेल
- 2 कप ठंडा पानी

सजावट के लिए

- हरी प्याज और हरी बीन्स

सर्विंग्स: 4 लोगों के लिए

विधि:

चुकंदर को बीच से आधा काट लें, फिर लंबाई में चार टुकड़े इस प्रकार काटें कि वह नौका जैसे दिखें। एक पैन में तेल गरम करें, जीरा चटकाएं और चुकंदर डाल दें। चावल डालने से पहले कुछ सेकंड के लिए उन्हें हिलाएं। नमक और ठंडा पानी मिलाकर एक उबाल दें। पैन को ढंक कर पानी सूखने तक धीमी आँच पर पकाएं, इसमें लगभग 10 मिनट लगते हैं।

परोसने के सुझाव: चावल की तह बनाएं और उसके ऊपर चुकंदर के टुकड़ों को नौकाओं की तरह सजाएं। पतले हरी बीन्स के उबले हुए टुकड़ों या हरे प्याज को चप्पू की तरह व्यवस्थित करें। पुदीना रायते के साथ परोसा जाने पर यह व्यंजन विशेष रूप से अद्भुत लगता है।

सोया और गाजर पुलाव

चावल का एक शक्तिदायक व्यंजन निश्चित रूप से सभी के द्वारा पसंद किया जाता है! सोया उच्च गुणवत्ता वाले प्रोटीन का सबसे अच्छा शाकाहारी स्रोत है। एक शाकाहारी परिवार के लिए पर्याप्त प्रोटीन का सेवन करने के लिए अच्छा है। सोया आसानी से चूरा या टुकड़ों के रूप में उपलब्ध होता है, जिसे उबलते पानी में थोड़ी देर के लिए भिगोया जाता है, और फिर निचोड़ कर इस्तेमाल किया जाता है। गाजर पोषण का स्रोत है और पकायी जाने पर बच्चों को इसकी स्वाभाविक मिठास और नरमी पसंद आती है।

सामग्री:

- 1 कप 30 मिनट तक भीगे हुए चावल
- ½ कप सोया चूरा
- 2 छिली और मोटी गोलाई में कटी हुई गाजर
- 1 लम्बाई में कटा हुआ छोटा प्याज
- कुछ ताज़ा या सूखे पुदीने के पत्ते
- नमक स्वादानुसार
- 2 छोटे चम्मच तेल
- 3 कप पानी

सर्विंग्स: 4 लोगों के लिए

विधि:

एक बाउल में सोया चूरा रखें और उसमें एक कप उबलता पानी डालें। 10 मिनट के बाद एक छलनी के माध्यम से लकड़ी के चम्मच से दबाते हुए पानी निकाल दें। पैन में तेल गरम करें, प्याज डालें और नरम होने तक भूनें। सोया चूरा मिलाकर हिलाएं। अब गाजर, नमक और पुदीने की पत्तियाँ डालें।

शेष पानी डालें और एक उबाल देकर धीमी आँच पर 10 मिनट के लिए चावल गलने तक पकाएं, पूरा पानी सूख जाना चाहिए।

परोसने के सुझाव: खाना पकाने के तेल को डालने के लिए इस्तेमाल की जाने वाली एक कीप ले लें। इसके छेद को सब्जी के टुकड़ों में फंसाएं और उसमें ऊपर तक पके हुए चावल भर दें। जिस प्लेट में पुलाव को परोसा जाना है उसे इसके ऊपर रखें। जल्दी से प्लेट को पलट कर कीप को पकड़ते हुए मेज पर रखें। धीरे से कीप को उठाएं, चावल त्रिशंकु का आकार ले लेंगे। त्रिशंकु के चारों ओर प्लेट के खाली बचे हिस्से को टमाटर के टुकड़ों से सजाएं।

अनन्नास और सेलेरी रायता के साथ अत्यंत स्वादिष्ट लगता है।

ट्रैफ़िक लाइट्स राइस

अलग–अलग रंग की सब्जियाँ न केवल देखने में सुंदर लगती हैं, बल्कि अधिक पोषण भी प्रदान करती हैं। टमाटर की जगह आप बारीक कटी हुआ लाल शिमला मिर्च का उपयोग कर सकती हैं। बच्चे चावल के साथ पकी हुई सब्जियाँ पसंद करते हैं। आप दूसरी सब्जियों जैसे गाजर, हरी बीन्स और विभिन्न रंगों वाली शिमला मिर्च के साथ भी बना सकती हैं।

सामग्रीः

- 1 कप धुले और दस मिनट भीगे हुए बासमती चावल
- 1 बीज निकली, बारीक कटी हुई लाल शिमला मिर्च
- ½ कप फ्रोज़न या ताज़ा मटर
- ½ कप ताज़ा या डिब्बाबंद स्वीट कॉर्न
- 1 कटा हुआ प्याज
- ½ छोटा चम्मच जीरा
- नमक स्वादानुसार
- 2 छोटे चम्मच तेल
- 2 कप पानी

सजावट के लिए

- कुछ हरी प्याज
- 1 चेरी टमाटर
- 1 हरा अंगूर या जैतून
- 1 गोल टुकड़ा नारंगी/पीली शिमला मिर्च

सर्विंग्सः 4 लोगों के लिए

विधिः

एक मध्यम आकार के सॉस पैन में तेल गरम करें और जीरा डालें। जब जीरा चटक जाए तो प्याज डाल दें। हिलाएं और सुनहरा होने तक भूनें। फिर लाल शिमला मिर्च, नमक, स्वीट कॉर्न और मटर डालकर अच्छी तरह मिलाएं। अंत में चावल और पानी डालकर एक उबाल दें। धीमी आँच पर 10 मिनट के लिए चावल गलने और पानी सूखने तक पकाएं।

परोसने के सुझावः एक थाली में चावल के एक भाग को रखें। इसके ऊपर हरी प्याज से ट्रैफ़िक लाइट की बाहर वाली पतली आयताकार रेखा बनाएं। इसे पूरा करने के लिए ट्रैफ़िक लाइट के रंगों वाली खाने की चीज़ों के टुकड़े रखें। हरी प्याज रायते के साथ परोसें।

बच्चों के लिए चिकन बिरयानी

यह स्वादिष्ट व्यंजन अपनी क्षेत्रीय विविधताओं के साथ पूरे भारत में बनाया जाता है। मेरी रेसिपी काफ़ी सरल है और इसमें कोई झंझट नहीं है। पूरा परिवार इस पौष्टिक व्यंजन का लुत्फ़ उठा सकता है। चिकन बच्चों के लिए एक उत्कृष्ट भोजन है, क्योंकि यह उनके विकास के लिए उपयोगी प्रोटीन प्रदान करता है। यह सुपाच्य है और बच्चे इसके स्वाद तथा नरमी को बहुत पसंद करते हैं।

सामग्री:

- 400 ग्राम 6–8 टुकड़ों में कटा हुआ चिकन
- 1½ कप 30 मिनट भीगे हुए बासमती चावल
- 1 लंबाई में कटा हुआ मध्यम प्याज
- 2 छोटी इलायची
- 2 इंच दालचीनी का टुकड़ा
- 4–5 लौंग
- ½ छोटा चम्मच नमक
- 1 छोटा चम्मच तेल
- केसर के कुछ रेशे (वैकल्पिक)
- 1 छोटा चम्मच दूध (वैकल्पिक)
- 4 कप पानी

मेरिनेड के लिए

- ½ छोटा चम्मच कसा हुआ अदरक
- ½ छोटा चम्मच लहसुन पेस्ट
- ½ कप सादा दही
- नमक और काली मिर्च स्वादानुसार

सर्विंग्स: 4 लोगों के लिए

विधि:

मेरिनेड की सारी सामग्री को चिकन के टुकड़ों के साथ एक बड़े कटोरे में मिलाएं। एक चिपकने वाली प्लास्टिक शीट से ढंककर रेफ्रिजरेटर में रात भर या कम से कम 2–3 घंटे तक मेरिनेड करें। इससे चिकन मसालों के स्वाद को सोख लेता है। एक पैन में तेल गरम करें और चिकन के दो–दो टुकड़े एक समय में थोड़े भूरे होने तक हल्का तलें। 1 कप पानी मिलाएं और धीमी आँच पर 20–25 मिनट तक पकाएं। समय बचाने के लिए प्रेशर कुकर का प्रयोग भी कर सकती हैं। पके हुए चिकन को एक ओर रखें।

बड़े पैन में प्याज को हल्का गुलाबी होने तक भूनें। लौंग, इलायची, दालचीनी और नमक मिलाएं। अब चावल डालकर थोड़ी देर हिलाएं। इसके बाद पके हुए चिकन के टुकड़े और 3 कप पानी डालें (यदि चिकन पकाने के बाद उसमें कुछ पानी शेष रह गया हो तो उसे इसी 3 कप में मिला लें। आप घर में बना चिकन स्टॉक भी इस्तेमाल कर सकती हैं, लेकिन स्टॉक क्यूब्स नहीं)। इसे हिलाएं और एक उबाल दें। धीमी आँच पर ढंक कर 15 मिनट के लिए या पानी सूखने तक पकाएं। अंत में गुनगुने दूध में केसर घोलकर चावल में कुछ इस प्रकार धारियाँ बनाएं कि केवल कुछ ही दाने नारंगी–पीले रंग के हों।

बहुत छोटे बच्चों को परोसने से पहले सावधानीपूर्वक साबुत मसालों को हटा लें और बोनलेस चिकन के बहुत छोटे टुकड़े दें।

यखनी पुलाव

यह एक स्वादिष्ट दिल को छू लेने वाला पकवान है। इसमें प्रोटीन और खनिजों के एक बड़े स्रोत मांस का उपयोग होता है। इसके टुकड़े बच्चों के खाने के लिए पर्याप्त नरम हैं। इसे अधिक पौष्टिक बनाने के लिए आप इसमें आलू या शकरकंदी मिला सकती हैं। आलू स्टार्च के रूप में अतिरिक्त ऊर्जा प्रदान करते हैं और खनिज और फ़ाइबर से भरपूर होते हैं। यह बच्चों को लाल मांस परोसने का एक अच्छा तरीका है।

सामग्री:

- 300 ग्राम मेमने या मटन के बोनलेस टुकड़े
- 1 कप 30 मिनट तक भीगे हुए चावल
- 1 लंबाई में कटा हुआ प्याज
- 2 कली कुचला हुआ लहसुन
- 1 इंच कुचला हुआ अदरक
- ½ छोटा चम्मच सौंफ
- 2 इंच दालचीनी का टुकड़ा
- 2–3 लौंग
- 2 बड़े चम्मच तेल
- 3 कप पानी

सर्विंग्स: 4 लोगों के लिए

विधि:

पैन या प्रेशर कुकर में 1 बड़ा चम्मच तेल गरम करें और आधा प्याज डालें। अदरक और लहसुन डालने से पहले नरम होने तक भूनें। कुछ सेकंड के लिए हिलाएं और लौंग, सौंफ और दालचीनी मिलाएं। अब मटन के टुकड़े डालकर हल्के भूरे रंग के होने तक भूनें। दो कप पानी डालें और मांस को गलने तक पकाएं। प्रेशर कुकर में 4–5 सीटी बजाएं (लगभग 10 मिनट)। सामान्य पैन में लगभग 30 मिनट लगेंगे। इस शोरबे को एक बड़ी छलनी के माध्यम से माप लें, यदि यह 2 कप से से अधिक है, तो उसे फिर से पका कर कम करें, यदि कम है तो पानी डाल कर मात्रा को 2 कप तक कर लें। चिमटे से मीट के टुकड़ों को बाहर निकालें और एक तरफ़ रखें। एक सूखे पैन में शेष तेल गरम करें, प्याज भूनें और चावल मिलाएं। फिर तैयार किये हुए शोरबे को मिलाएं और धीमी आँच पर 12 से 15 मिनट के लिए पानी सूखने और चावल गलने तक पकाएं। अब तक मांस वास्तव में नरम हो गया होगा।

खीरे और अंगूर के रायते एवं चेरी टमाटर के साथ परोसें

ब्रेड्स

भारतीय उपमहाद्वीप में खायी जानेवाली विभिन्न प्रकार की रोटियाँ/ब्रेड्स आकृति, आकार और स्वाद में अद्वितीय होती हैं। प्रत्येक क्षेत्र में इसे तैयार करने का अपना विशेष तरीका होता है और कुछ व्यंजनों के साथ विशेष ब्रेड्स का उपयोग किया जाता है। वे अधिकतर ख़मीर के बिना होती हैं जो उन्हें पश्चिमी ब्रेड से अलग बना देता है। सामान्यतः गेहूँ के आटे से बनने वाली चपाती भोजन के समय सर्वाधिक खायी जाती है। परांठा भी लोकप्रिय हैं–ये कम तेल में तले हुए होते हैं और विभिन्न सब्जियों के साथ भरवां भी बनाये जाते हैं। गहरी तली हुई नरम गेंद की तरह फूली पूरी बच्चों को निश्चित रूप से बहुत पसंद होती है। मोटे पिसे आटा का प्रयोग करना एक अच्छा विकल्प है, क्योंकि इसमें प्राकृतिक रेशा होने के कारण बच्चे को कब्ज और बाद में जीवन में इससे संबंधित समस्याओं की संभावना कम होती है। अगर आप अपने बच्चे को बाज़ार की रोटी/ब्रेड देती हैं तो साबुत अनाज वाली खिलाने का प्रयास करें।

सादी नरम रोटी

यह एक गोल आकार की रोटी है जो परम्परागत रूप से एक तवे मे बनायी जाती है। यह लकड़ी के हैंडल वाला थोड़ा अवतल, गोल कास्ट आयरन से बना पैन होता है। आप रोटी बनाने के लिए नॉन–स्टिक पैन का उपयोग भी कर सकती हैं। अधिक पोषण के लिए मिश्रित अनाजों से बने (multigrain) आटे का प्रयोग करना अच्छा है। गेहूँ जैसे अनाज हमारे दैनिक आहार का एक अनिवार्य हिस्सा हैं और दालों तथा/या सब्जियों या मांसाहारी व्यंजनों के साथ अधिकतर भारतीय भोजन का मुख्य आधार हैं। अनाज हमें ऊर्जा, विटामिन और फ़ाइबर प्रदान करते हैं।

सामग्रीः

- 1 कप आटा, बेलने के लिए अतिरिक्त सूखा आटा
- 3 बड़े चम्मच पानी

प्राप्तिः 4 लोगों के लिए

विधिः

एक बर्तन में आटे में थोड़ा–थोड़ा पानी मिलाते हुए 4–5 मिनट के लिए गूँध लें। इसके चार हिस्से करें और अखरोट के आकार का छोटा गोला बनाएं। एक सपाट सतह/चकले पर, सूखा आटा लगाते हुए एक पतला गोल बेल लें।

पैन या तवे को गरम करें और उस पर चपाती रखें। एक मिनट के लिए या जब चपाती फूलने लगे तो एक लकड़ी के टुकड़े से (या हाथ से, अगर आप इतना गरम सहन कर सकते हैं) पलटें, 1–2 मिनट के लिए फिर से मध्यम आँच पर पकाएं, यह जगह–जगह से फूलने लगती है। सतह पर कुछ भूरे निशान होने चाहिए। इसे नरम रखने के लिए एक साफ़ छोटे कपड़े में लपेट कर रखें और इसी प्रकार शेष चपातियाँ बना लें। बच्चों को परोसने से पहले आप चपाती पर थोड़ा सा मक्खन लगा सकती हैं।

बदलाव के लिए इसे पके हुए चिकन/ग्रिल किये हुए पनीर, चटनी और कुरकुरे सलाद के पत्तों के साथ एक रैप के रूप में उपयोग कर सकती हैं।

लव हर्ट्स परांठा

परांठा बहुत स्वादिष्ट होता है, बच्चे जिसे खाने के लिए कभी मना नहीं करते! आप इसे किसी भी चीज़ के साथ परोस सकती हैं, यहां तक कि जैम या पीनट बटर के साथ भी। मैंने आटा गूंधने के लिए कुछ संपूर्ण वसा युक्त दूध मिलाया है–इससे परांठे नरम बनते हैं। वसा छोटे और बड़े बच्चों के मस्तिष्क के उचित विकास के लिए महत्त्वपूर्ण हैं। एक टॉडलर के भोजन के लिए एक परांठा पर्याप्त है। आप गुंधे आटे के छः हिस्से कर लें और छोटे–छोटे परांठे बना लें। बड़े बच्चे आमतौर पर दो या तीन परांठे भी खा सकते हैं! बचा आटा एक ढंके हुए एयरटाइट डिब्बे में चौबीस घंटे तक फ्रिज में रखा जा सकता है। इन्हें अधिक रुचिकर बनाने के लिए आप विभिन्न आकारों में बना सकती हैं।

सामग्री:

- 1 कप आटा
- 1 बड़ा चम्मच पूर्ण वसायुक्त दूध
- 1½ चम्मच पानी
- ½ बड़ा चम्मच तेल या घी, एक छोटी कटोरी में
- 1 बड़ा चम्मच तेल, तलने के लिए
- एक दिल के आकार का कुकी कटर

सर्विंग्स: 4 लोगों के लिए

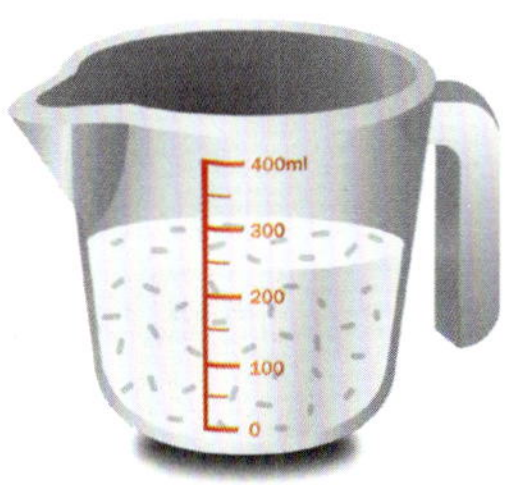

विधि:

एक बर्तन में सारी सामग्री मिलाकर (थोड़ा–थोड़ा पानी डालते हुए) आटे को नरम गूँध लें। इसके चार भाग करें और छोटी लोई बना लें। थोड़ा सूखा आटा लगाते हुए परांठे बेल लें। आकृति के बारे में अधिक चिंता न करें, क्योंकि इसके लिए कुकी कटर का प्रयोग किया जाएगा।

एक गरम तवे या फ्राइंग पैन पर परांठा रखें और एक मिनट के बाद इसे पलट दें। तेल की कटोरी में एक चम्मच डुबोएं और परांठे की सतह पर फैलाकर लगाएं। पलट कर दूसरी ओर ऐसा ही करें। परांठे पर भूरे सुनहरे चकत्ते दिखने लगे और इसका कुछ हिस्सा फूलने लगे, तब तक पकाती रहें। परोसने से पहले अतिरिक्त तेल सोखने के लिए पेपर पर रखें। इसी प्रकार शेष तीन परांठे बना लें। जब तक आप परोसने के लिए तैयार न हों, इन्हें फ़ॉयल में लपेट कर रखें।

यह लगभग किसी भी सब्जी या मांसाहारी व्यंजन के साथ परोसा जा सकता है। थोड़ा अलग स्वाद लाने के लिए शकरकंदी पैटीज़ और कुछ पके हुए मटर के साथ भी परोस सकती हैं।

रंग–बिरंगा परांठा

अतिरिक्त पोषण और स्वाद के लिए परांठे विभिन्न प्रकार की सब्जियों से भरे जा सकते हैं। वास्तव में आप बची–खुची दाल या पके हुए कीमा का उपयोग भी कर सकती हैं। यह एक बहुत पौष्टिक और स्वादिष्ट तिरंगा भरवाँ परांठा है।

सामग्रीः

- 1 कप आटा
- 1 बड़ा चम्मच पूर्ण वसायुक्त दूध
- 1½ बड़ा चम्मच पानी
- ½ बड़ा चम्मच तेल या घी, एक छोटी कटोरी में
- 1 बड़ा चम्मच तेल, तलने के लिए

भरने की सामग्रीः

- 1 छोटी गाजर (कसी हुई)
- एक 3 x 3 का भुरभुरा किया हुआ पनीर का टुकड़ा
- 1 चुटकी जीरा पाउडर
- पुदीने के कुछ सूखे पत्ते या बारीक कटे हुए ताज़ा
- नमक और काली मिर्च, स्वादानुसार
- 1 छोटा चम्मच तेल

सर्विंग्सः 4 लोगों के लिए

विधिः

पहले दी गई व्यंजन विधियों के अनुसार परांठे का आटा गूँध लें। गीले कपड़े से ढंक कर एक ओर रख दें।

एक नॉन–स्टिक पैन में भरने की सामग्री को हल्का भून लें। एक बाउल में निकाल लें। गुंधे हुए आटे के चार भाग करके छोटी–छोटी लोईयाँ बना लें। लोई को हाथ से हलका सा दबाकर समतल कर लें। इसमें ½ बड़ा चम्मच तैयार की हुई भरने की सामग्री रखें और किनारों को मोड़ते हुए इस प्रकार बंद करें कि सामग्री बाहर न दिखे। इसे धीरे–धीरे बेलें और सादे परांठे की तरह सेंक लें।

बच्चे इसे विशेष रूप से दही में डुबोकर खाना बहुत पसंद करते हैं।

भरने की सामग्री के अन्य सुझाव

- भाप लगी हुई फूलगोभी और बारीक कटा हुआ टोफू, हल्के मसालों के साथ
- उबली हुई शकरकंदी और पके हुए मटर, हल्के मसालों के साथ
- सोया चूरा और भाप लगी एवं मसली हुई ब्रॉकली
- कटे हुए हरे प्याज तथा पका और मसला हुआ पालक
- बची हुर्द दालें/पका हुआ कीमा प्रोटीन के लिए

हरा परांठा

यह परांठा बहुत पौष्टिक होता है। हरी पत्तेदार सब्जियाँ पालक आदि शरीर में रक्त बनाने के लिए लौह प्रदान करती हैं। लौह की कमी से रक्तक्षीणता हो जाती है, परिणामस्वरूप थकान, बदहज़मी और पीलापन आ जाता है। बच्चे प्रायः यह सब्जियाँ खाना पसंद नहीं करते, इसलिए उन्हें सब्जियाँ खिलाने (वे और भी माँगें) का ये बढ़िया तरीका है। मेरे बच्चों को ये बहुत पसंद हैं और वे इन्हें 'ईको–फ्रेंडली परांठा' कहते हैं।

सामग्रीः

- 1 कप आटा
- 1 गुच्छा अच्छी तरह धुली हुई पालक
- 1 कली लहसुन
- 1 चौथाई कटा हुआ छोटा प्याज
- 1 चुटकी जीरा
- 1–1 बड़ी चुटकी नमक और काली मिर्च
- ½ छोटा चम्मच तेल, आटा गूँधने के लिए
- 1 छोटा चम्मच तेल, पालक के लिए
- 1 बड़ा चम्मच तेल, तलने के लिए

प्राप्तिः 4 लोगों के लिए

विधिः

एक पैन में तेल गरम करें, जीरा डालें, जब यह चटक जाए तो प्यज और लहसुन डाल दें। पालक के पत्ते डालकर ढंक दें। धीमी आँच पर पकने दें, पानी छोड़ने और थोड़ी गलने तक पकाएं–इसमें कुछ ही मिनट लगेंगे। स्वादानुसार नमक और काली मिर्च मिलाएं। आग से हटाकर थोड़ा ठंडा कर लें। पालक का हरा पानी भी ले लें। इन सबको ब्लेंडर में चला कर प्यूरी बना लें।

आटा, तेल और इस प्यूरी को मिलाकर धीरे–धीरे 2 बड़े चममच पानी डालते हुए गूँध लें। आटा हरे रंग का होना चाहिए। सादे परांठे की तरह बेलें और तवे पर कम तेल में सेंकें।

कीवी और टमाटर के रायते तथा गाजर के टुकड़ों के साथ परोसें।

50:50 पूरी

पूरी फूली हुई, तली हुई, देखने में सुंदर और खाने में अति स्वादिष्ट होती है। बड़े बच्चों को फूली हुई पूरी में उंगली डाल कर गरम हवा निकालने में बहुत मज़ा आता है। लेकिन छोटे बच्चों के साथ सावधान रहें और ऐसा स्वयं करें, क्योंकि भाप बहुत गरम हो सकती है। यहाँ साधारण पूरी को रुचिकर बनाया गया है। पूरी को स्वस्थ और पौष्टिक बनाने के लिए मैं कभी मैदा या महीन पिसे आटे का प्रयोग नहीं करती, क्योंकि इससे चोकर और आटे का पोषण प्राप्त नहीं होता। बादाम का चूरा अतिरिक्त पोषण प्रदान करता है। मेवे तेल और विटामिन ई का प्राकृतिक स्रोत होते हैं। बच्चों के लिए स्वादिष्ट! सरसों और मेथी जैसे अलग–अलग हरे पत्तों के साथ भी बनाएं।

सामग्रीः

- 1 कप सादा आटा
- 1 छोटा चम्मच बादाम का चूरा
- 2 बड़े चम्मच पालक की प्यूरी (देखें हरा परांठा)
- एक चुटकी अजवायन
- 1 बड़ा चम्मच तेल, आटा गूँधने के लिए
- 1½ बड़े चम्मच पानी
- तलने के लिए तेल

प्राप्तिः 6 लोगों के लिए

विधिः

एक बाउल में आधा कप आटा, अजवायन, बादाम का चूरा तथा तेल मिलाएं और धीरे–धीरे पानी डालते हुए थोड़ा सख़्त गूँध लें। पांच मिनट तक अच्छी तरह गूँध कर गीले कपड़े से ढंक कर 10 मिनट के लिए रख दें। इस बीच दूसरे बर्तन में बाकी का आटा और पालक की प्यूरी मिला कर गूँध लें। इसे भी एक ओर रखें। जब आप पूरी बनाने लगें, दोनों तरह के गुंधे आटे से छः–छः लोईयाँ बना लें। इन्हें हाथ से थोड़ा दबा कर प्रत्येक को बीच में से अर्धगोलाकार काट लें। आधे हरे गोलाकार और आधे सादे गोलाकार को मिला कर बीच से दबाते हुए एक कर लें। इसकी पूरी बेल लें, जो आधी हरी है और आधी सफ़ेद। इसी प्रकार शेष को भी लगभग 5 इंच के गोलाकार में बेल लें।

एक कड़ाही में एक तिहाई तक भर कर तेल डालें। आग को तेज करें, जब तेल पूरा गरम हो जाए तो आग को थोड़ा धीमा करें। गरम तेल में एक पूरी छोड़ें, ये डूबेगी और फूल कर ऊपर आयेगी। छेद वाले चम्मच से तेल को पूरी के ऊपर वाले हिस्से में पहुंचाती रहें, जिससे यह ठीक से फूल जाये। इसे दूसरी ओर पलटें और कुछ क्षण के लिए सुनहरा होने तक तलें। प्लेट पर तेल सोखने के लिए पेपर बिछा कर पूरी निकाल लें। शेष को भी इसी प्रकार तल लें।

ये देखने में सुंदर और खाने में अति स्वादिष्ट है। शानदार खाने के लिए पकी हुई बंदगोभी या फूलगोभी के साथ परोसें।

सहायक व्यंजन

सहायक व्यंजन जैसे चटनियाँ और रायते भारतीय भोजन का अभिन्न अंग हैं। ये न केवल दैनिक भोजन में विविधता लाते हैं, अपितु आवश्यक पोषण भी प्रदान करते हैं, जो मुख्य भोजन में छूट जाते हैं। हमारी माताओं और उससे पहले हमारी दादी–नानी को हमारी मनपसंद टमाटर की या कोई विशेष चटनी बनाने के लिए घंटों मेहनत करनी पड़ती थी, किंतु अब ये सब बनाना बहुत आसान हैं। आपके पास बाज़ार से बनी–बनायी डिप्स और चटनियाँ लेने का विकल्प है। जहाँ तक संभव हो सके, मैं अभी भी उन्हें घर पर ही बनाना पसंद करती हूँ। मैं निश्चिंत रहती हूँ कि इनमें कोई संरक्षक या कृत्रिम स्वाद नहीं मिला है। मेरा विश्वास करें कि ऐसा करना मुश्किल नहीं है – बस आपके पास एक फूड प्रोसेसर होना चाहिए। इससे अधिक महत्त्वपूर्ण ये है कि आप इन डिप्स और चटनियों को अपने बच्चे की पसंद के अनुसार बना सकती हैं – आख़िरकार वे ही इसे खाने वाले हैं!

चटनियाँ

आजकल पूरे विश्व में चटनियों का उपयोग होता है। ये बेस्वाद और बेरंग खाने को भी स्वादिष्ट बना देती हैं। इनके साथ स्नैक्स का मज़ा कई गुना बढ़ जाता है। एशियाई घरों में बनने वाली अधिकतर चटनियाँ बच्चों के लिए थोड़ी तीखी और मसालेदार होती हैं। यहाँ दी गई कुछ चटनियाँ आप अपने बच्चों को अवश्य खिला सकती हैं।

याद रहे, चटनियाँ सामान्य केचप या मेयोनीज़ से अलग होती हैं। ये बनाने में आसान हैं और 1–2 दिन के लिए रेफ्रिजरेटर में रखी जा सकती हैं। ये रेसिपीज़ चटनियों को कम मात्रा में बनाने के लिए हैं, क्योंकि ये एक छोटे परिवार में एक ही भोजन में उपयोग कर ली जाएंगी। यदि आप अधिक बनाना चाहती हैं, तो मात्रा बढ़ा लें। चीज़ों को रंगों से जोड़ना बच्चों को पसंद होता है। जैसे हमारे घर में सालमन को गुलाबी मछली कहते हैं और दालों की पहचान पीली दाल या भूरी दाल के रूप में होती है। इसलिए आपके बच्चों को खुश करने के लिए चटनियों के नाम रंगों से दिए गये हैं।

लाल चटनी

यह छोटे बच्चों के लिए एक सादी, मीठी चटनी है, जिसे आप सैंडविच बनाने में इस्तेमाल कर सकती हैं। मुझे इस सुंदर रंग वाली और स्वादिष्ट चटनी की रेसिपी मेरी सास ने सिखायी है।

सामग्री:

- 2 मध्यम आकार के छिले और कटे हुए टमाटर
- 1 छोटा चम्मच चीनी
- नमक और काली मिर्च, स्वादानुसार

सर्विंग्स: 4 लोगों के लिए

विधि:

एक पैन में सारी सामग्री डालकर धीमी आँच पर 8–10 मिनट के लिए पकाएं, बीच–बीच में चलाती रहें। चटनी गाढ़ी पेस्ट की तरह बननी चाहिए। इसे आग से हटाकर ठंडा करें। आप इसे बाद में इस्तेमाल करने के लिए हवाबंद डिब्बे में बंद करके भी रख सकती हैं। समोसे या चोकर चिक चोक्स के साथ अत्यंत स्वादिष्ट लगती है।

भूरी चटनी

यह छोटे बच्चों के लिए एक सादी, मीठी चटनी है, जिसे आप सैंडविच बनाने में इस्तेमाल कर सकती हैं। मुझे इस सुंदर रंग वाली और स्वादिष्ट चटनी की रेसिपी मेरी सास ने सिखायी है।

सामग्री:

- 100 ग्राम सूखी इमली
- 50 ग्राम गुड़
- 3 गुठली निकले हुए खजूर
- ¼ छोटा चम्मच सोंठ पाउडर
- 1 चुटकी भुना पिसा जीरा
- नमक स्वादानुसार
- पानी

सर्विंग्स: 4 लोगों के लिए

विधि:

इमली को गरम पानी में एक घंटे के लिए भिगो दें। इसे मसल और छान कर गूदा निकाल लें। एक ओर रखें। खजूर को बारीक काट लें और गुड़ को छोटे–छोटे टुकड़ों में तोड़ लें। एक पैन में गुड़, खजूर और इमली का गूदा एवं एक बड़ा चम्मच पानी डालकर उबाल लें। धीमी आँच पर 4–5 मिनट के लिए पकाएं, शेष सामग्री डाल दें और 3–4 मिनट के लिए गाढ़ी होने तक पकाएं।

छोले के साथ स्नैक के रूप में या तिल वाले आलू के साथ परोसें।

हरी चटनी

यह एक स्वादिष्ट, ताजगी भरी हरी चटनी है, जिसे सब्जियों, स्नैक्स और यहाँ तक कि सैंडविच के साथ भी खाया जा सकता है। इसमें इतनी विविधता है कि मैं प्रायः इसे सेंकने वाले व्यंजनों के मेरिनेड के रूप में भी उपयोग करती हूँ। मेरी दादी माँ के घर में यह एक मुख्य खाना हुआ करता था, जो आमतौर पर पारम्परिक पत्थर पर हाथ से बनायी जाती थी। अब अधिकतर शहरी घरों में चटनी ब्लेंडर में बनती है। हरी चटनी बेस्वाद खाने को भी स्वादिष्ट बना देती है।

सामग्री:
- एक गुच्छा हरा धनिया
- एक गुच्छा ताज़ा पुदीना
- नींबू के रस की कुछ बूँदें
- नमक स्वादानुसार
- पानी

सर्विंग्स: 4 लोगों के लिए

विधि:
पुदीने की टहनियों से पत्ते तोड़ कर अलग कर लें। धनिये की कोमल टहनियां और पत्ते तोड़ लें। इन दोनों को अच्छी प्रकार धो लें। सारी सामग्री को एक छोटे ब्लेंडर में डालकर थोड़े पानी के साथ 45 सेकंड या गाढ़ी पेस्ट बनने तक चला लें। स्वादिष्ट स्नैक्स या चावल के साथ परोसें। यह नेटी पैटीज़ या शकरकंदी पैटीज़ के साथ भी स्वादिष्ट लगती है।

पीली चटनी

यह खट्टी–मीठी चटनी खाने के स्वाद को बढ़ाती है। बहुत सी चटनियाँ कच्चे आम से बनती हैं, जो बहुत खट्टी होती हैं। ये बच्चों के लिए अच्छी हैं।

सामग्री:
- 1 छिला और कटा हुआ पका आम
- 1 बड़ा चम्मच किशमिश
- 1 छोटा चम्मच चीनी
- 1 नींबू का रस
- 1 छोटा चम्मच ताज़ा कसा अदरक
- 1 कली कुचला हुआ लहसुन
- नमक स्वादानुसार

सर्विंग्स: 4 लोगों के लिए

विधि:
एक पैन में सारी सामग्री डालकर उबाल लें। धीमी आँच पर 20–25 मिनट के लिए गाढ़ी होने तक पकाएं। यदि थोड़े टुकड़े रह जाएं तो चिंता न करें, आम की चटनी में टुकड़े अच्छे लगते हैं। पके हुए चिकन, ग्रिल किये हुए पनीर या तले हुए अंडे और सलाद के पत्तों के साथ परोसें।

सफ़ेद चटनी

यह आमतौर पर इडली, डोसा जैसे दक्षिण भारतीय व्यंजनों के साथ परोसी जाती है, किंतु अन्य स्नैक्स के साथ भी स्वादिष्ट लगती है। मैंने इसमें हरी मिर्च का अधिक उपयोग नहीं किया है, यदि आपको पसंद हो तो आप इसी रेसिपी में मिर्च डाल सकती हैं।

सामग्री:

- ½ कसा हुआ ताज़ा नारियल
- 2 बड़े चम्मच धनिया के पत्ते
- 1 बड़ा चम्मच नींबू का रस या लाइम जूस
- ¼ छोटा चम्मच अदरक का पेस्ट
- नमक स्वादानुसार

विधि:

सारी सामग्री को एक ब्लेंडर में मिलाकर गाढ़ी हरी पेस्ट बनने तक पीस लें।

चावल के व्यंजनों के साथ परोसें। आप इसे पैनकेक्स के साथ भी परोस सकती हैं।

अम्बेर चटनी

इसके लिए पके हुए आलूबुखारे का प्रयोग करें। मैंने इसे बारबेक्यू के साथ परोसा है, ताकि मीट के साथ कुछ फल खाने में शामिल हो सकें। यह बचे–खुचे फलों, जब वे थोड़े नरम होने लगें, को उपयोग करने का भी एक अच्छा तरीका है।

सामग्री:

- 8–10 पके आलूबुखारे
- 1 छोटा प्याज पतला कटा हुआ
- छोटा चम्मच कलौंजी
- ½ छोटा चम्मच चीनी
- 1 चुटकी धनिया पाउडर
- 1 चुटकी हल्दी पाउडर
- ¼ छोटा चम्मच लाल मिर्च (वैकल्पिक)
- नींबू का रस (वैकल्पिक)
- नमक स्वादानुसार
- 1 छोटा चम्मच तेल

विधि:

एक पैन में उबलता गरम पानी लें और उसमें आलूबुखारे डाल दें। कुछ सेकंड्स में एक छलनी में निकालकर ठंडे पानी में डालें। ऐसा करने से उनका छिलका आसानी से उतर जाएगा। गुठली निकाल का गूदा एक ओर रखें।

एक छोटे पैन में तेल गरम करें, प्याज और मसाले डालकर हल्का हिलाएं। आलूबुखारे का गूदा मिलाकर धीमी आँच पर चटनी जैसी गाढ़ी होने तक पकाएं। यदि चाहें तो अंत में नींबू की कुछ बूँदें मिलाएं।

ग्रिल किये हुए सैंडविच (हैल्दी टिफ़िन्स से) या स्टिकी चिकन लॉलीपॉप के साथ परोसें।

रायता और डिप्स

पारम्परिक रूप से रायते को चावल के साथ परोसा जाता है जो फ़ेंटी दही और हल्के मसाले से बना स्वादिष्ट व्यंजन होता है। प्रयुक्त की जाने वाली सामग्री के अनुसार रायते कई प्रकार से बनाए जाते हैं, जैसे पुदीना, खीरा, टमाटर, आलू, बूंदी और अनन्नास। यहां कुछ ऐसे रायते हैं जो बच्चे चावल या परांठे के साथ खाना पसंद करते हैं। आप इन सबको बनाने के लिए घर में बने दही या सादे योगर्ट का उपयोग कर सकते हैं। ये सभी व्यंजन एक बच्चे के भोजन के लिए पर्याप्त हैं।

दूसरी तरफ डिप अधिकांशतः एक पश्चिमी अवधारणा है। डिप विभिन्न ग्रिल्ड और भुने हुए व्यंजनों की सहायक चटनी के रूप में इस्तेमाल किया जाता है। चिप्स और नाचोस जैसे अधिकांश पार्टी के खाद्य पदार्थों के साथ भी परोसा जाता है। दिलचस्प बात यह है कि अधिकतर भारतीय फास्ट फूड, जैसे समोसे, टिक्की और पकौड़े के साथ भी इसका इस्तेमाल किया जा सकता है। आप रोटी, पूरी और परांठा से बने रोल के लिए भी इसका लुत्फ़ ले सकते हैं।

पुदीना और सेब रायता

पुदीना एक ताजगी भरा पत्ता है जो आसानी से प्राप्य है और पारम्परिक रूप से हमारी दादी माँ द्वारा अपच के लिए इस्तेमाल किया जाता था। यदि छोटे बच्चों को इसका स्वाद थोड़ा तीखा लगता है तो पत्तियों को बारीक काट लें या अच्छी तरह रगड़ लें। कसा हुआ सेब इस रायते में अनोखे मीठेपन का स्वाद लाता है। सेंधा नमक पाचन के लिए अच्छा होता है और अधिक स्फूर्ति देता है।

सामग्रीः

- 1 कप योगर्ट/दही
- ½ छिला और कसा हुआ सेब
- कुछ बारीक कटे पुदीना पत्ते
- एक चुटकी नमक
- एक चुटकी जीरा पाउडर
- एक चुटकी सेंधा नमक

सर्विंगः 1 के लिए

विधिः

सारी सामग्री को बाउल में मिला लें, बीच में पुदीना पत्ता रख कर सजाएं।

यह चावल के सभी व्यंजनों और परांठे के साथ खाया जाता है।

खीरा और अंगूर रायता

खीरे का रायता मुझे अति प्रिय है। मेरे बच्चे भी इसे बहुत पसंद करते हैं। हरे और जामुनी अंगूर मिलाने से यह अधिक स्वादिष्ट एवं खुशबूदार बन जाता है। खीरा बच्चों के लिए अच्छा होता है, क्योंकि यह न केवल गर्मियों में ठंडा रहता है, अपितु विटामिन, खनिज और फ़ाइबर का भी अच्छा स्रोत है।

सामग्रीः

- 1 कप योगर्ट/दही
- 1 कसा हुआ छोटा खीरा
- 4–5 कटे हुए बीज निकले अंगूर
- एक चुटकी सेंधा नमक
- पिसी काली मिर्च
- सजाने के लिए कुछ अतिरिक्त अंगूर और खीरा स्लाइस

सर्विंगः 1 के लिए

विधिः

सारी सामग्री को बाउल में मिला लें, बीच में खीरा स्लाइस रखें, इसके आसपास आधे कटे अंगूरों से फूल का डिज़ाइन बनाएं।

हरी प्याज का रायता

अधिकांशतः भारतीय घरों में अधिकतर टमाटर और प्याज का रायता बनाया जाता है। मेरे दादा–दादी के घर और ससुराल में प्रायः यह भोजन का एक अंग होता था। हालांकि कच्चे प्याज का स्वाद बहुत तीखा होता है जिसे बच्चे कई कारणों से नापसंद करते हैं।

सामग्रीः

- 1 कप योगर्ट/दही
- 1 बारीक कटा हुआ छोटा टमाटर
- 1 छोटा कटा हुआ हरा प्याज
- ¼ कप उबला मीठा कॉर्न (थोड़ा सजाने के लिए रखें)
- नमक और काली मिर्च स्वादानुसार
- थोड़ा सा जीरा पाउडर के लिए

सर्विंगः 1 के लिए

विधिः

जीरा पाउडर को छोड़ कर सभी सामग्रियों को बाउल में मिला लें। जीरा पाउडर से गोल घेरा या क्रॉस बनाएं। रायते को बचे हुए कॉर्न से सजाएं।

अनन्नास और सेलेरी रायता

मेरी दोनों बेटियों को अनन्नास बहुत पसंद है। प्रायः मैं ताजा फेंटी क्रीम के साथ सादा किंतु स्वादिष्ट ट्रीट के लिए परोसती हूँ। मैंने रायते के लिए अनन्नास के साथ सेलेरी स्टिक का प्रयोग किया, जिसका परिणाम अच्छा रहा। यदि ताजा उपलब्ध नहीं है तो सिरप के अपेक्षा डिब्बाबंद अनन्नास का इस्तेमाल करें।

सामग्रीः

- 1 कप योगर्ट
- ½ कप बारीक कटा अनन्नास
- 3 सेलरी स्टिक/खीरा
- नमक और काली मिर्च स्वादानुसार
- कुछ अंगूर या कटा संतरा

सर्विंगः 1 के लिए

विधिः

सेलेरी स्टिक/खीरे को लंबाई में छोटा काट लें, फिर अर्ध वृत्त आकार में काट लें। सारी सामग्री के साथ बाउल में डाल कर मिला लें। बच्चों को आकर्षित करने के लिए रंग–बिरंगे बाउल में परोसें और फ़लों के टुकड़ों से सजाएं।

कीवी "एन" टमाटर रायता

कीवी एक सुंदर दिखने वाला फल है जिसमें छोटे काले बीजों के साथ हरे रंग का गूदा होता है। यह विटामिन सी, पोटैशियम और लौह का समृद्ध स्रोत है। कीवी का सुंदर डिज़ाइन देखने के लिए हमेशा चौड़ाई में काटें।

सामग्री:

- 1 कप योगर्ट/दही
- 1 छिला और छोटे टुकड़ों में कटा हुआ कीवी, एक टुकड़ा सजावट के लिए रखें।
- 1 बारीक कटा टमाटर
- नमक और काली मिर्च स्वादानुसार

सर्विंग: 1 के लिए

विधि:

सारी सामग्री को एक साथ बाउल में मिला लें, अद्भुत रायते का रूप देने के लिए कीवी का स्लाइस रख दें।

अनार और तुलसी रायता

अनार एंटीऑक्सीडेंट्स, खनिज और विटामिन से भरपूर होते हैं। तुलसी – ठीक घर के दरवाज़े पर एक उत्कृष्ट भोजन! पारम्परिक भारतीय घरों में अधिकतर इसका पौधा लगाया जाता है। इसके अनगिनत स्वास्थ्य लाभ हैं। मेरी माँ सदा गमले में तुलसी का पौधा लगाती थीं और हम बच्चों को सर्दी लग जाने पर तुलसी–शहद का काढ़ा पिलाती थीं। यह रायता दोनों उत्तम भोज्य पदार्थों से मिल कर बनता है।

सामग्री:

- 1 कप योगर्ट/दही
- 1 छोटा लाल अनार
- तुलसी के 3–4 साफ़ पत्ते
- नमक और काली मिर्च स्वादानुसार

सर्विंग: 1 के लिए

विधि:

अनार को चौपिंग बोर्ड पर दबाएं और घुमाएं। अनार को आधा काट लें। रसभरे अनार के दानों को निकाल लें। सजाने के लिए थोड़े दानों को अलग निकाल कर बाकी सारी सामग्री को बाउल में मिलाएं। दिल का आकार देते हुए अनार के दानों से रायते को सजाएं।

तिरंगा रायता

यह सुस्वादिष्ट, पौष्टिक तत्त्वों से भरपूर होने के साथ–साथ देशभक्ति का जोश भी देता है। संतरा विटामिन और चोकर प्रदान करता है। किसी भी प्रकार की पतली हरी बीन्स ले लीजिए। यह निश्चित कर लें कि बीन्स हल्की भाप में पकायी या उबाली गई हों जिससे उनका कड़ापन बना रहे। आप मीठे मटर या ब्रॉकोली के छोटे फ़्लॉरेट्स भी इस्तेमाल कर सकती हैं।

सामग्री:

- 1 कप योगर्ट/दही
- 1 छिला हुआ मीठा संतरा
- ½ कप लगभग 1 इंच के आकार में कटे हुए हरे बीन्स
- 1/8 चम्मच भुना पिसा जीरा
- 3–4 बारीक कटे साफ़ पुदीना पत्ते, कुछ पत्तियाँ सजाने के लिए
- नमक और काली मिर्च स्वादानुसार

सर्विंग: 1 के लिए

विधि:

संतरे के अंदर के हिस्से को निकाल फांकों को संतरे के आकार के अनुसार 2 या 3 टुकड़ों में काट लें। कुछ फांकें अलग रख दें। बाकी सभी सामग्रियों को बाउल में मिला लें।

सुंदर तिरंगा रायता बनाने के लिए संतरे की फांक और पुदीना पत्ती को बारी–बारी से रख कर सजाएं।

इज़ीचीज़ी डिप

यह पार्टियों में टॉर्टिला/मक्का चिप्स के साथ परोसा जा सकता है या आप गाजर, खीरा और हल्की भाप में बने बीन्स के साथ परोस कर एक स्वस्थ नाश्ता बना सकती हैं।

सामग्री:

- 1 कप कसा पनीर
- 2 बड़े चम्मच क्रीम चीज़
- 1 बड़ा चम्मच कसा प्याज
- ½ कप दूध
- 1 चुटकी लाल मिर्च पाउडर
- नमक और काली मिर्च स्वादानुसार
- 1 बड़ा चम्मच मक्खन
- 1 बड़ा चम्मच जैतून का तेल

सर्विंग: 1 के लिए

विधि:

एक छोटे सॉसपैन में तेल और मक्खन को सामान्य आँच पर गरम करें, प्याज डाल कर हल्का भूनें। दूध मिला कर तेज आँच में पकने पर दोनों प्रकार के पनीर और लाल मिर्च डाल दें। गाढ़ा मिश्रण बनने तक अच्छी तरह चलाते रहें। आप बचे हुए डिप का उपयोग उबले मटर के साथ बने पास्ता को परोसने में भी कर सकती हैं। यह डिप गाजर, खीरा, सेलेरी और उबले हुए फ्रेंच बीन्स के साथ बहुत स्वादिष्ट लगती है।

हम्मस

हम्मस मध्य पूर्वीय देशों की एक अद्भुत डिप है जो अब सार्वभौगिक रूग से लोकप्रिय है। मेरे दोनों बच्चों को इसे खाने में मज़ा आता है और हमारे परिवार को हम्मस खाना बहुत पसंद है।

मैं इसे कच्ची गाजर और खीरा या ब्रेड की स्टिकस् के साथ एक स्नैक के रूप में या मुख्य भोजन के भाग के रूप में परोसती हूँ। परम्परागत रूप से पिटा ब्रेड के साथ खाया जाता है। आप इसे किसी भी प्रकार की ब्रेड के साथ खा सकती हैं। यह एक बुनियादी विधि है। बड़ी उम्र के बच्चों के लिए इसमें पपरीका, मिर्च, धनिया या कार्मेलाइज़्ड प्याज को अपनी वरीयताओं के अनुसार मिला कर संशोधन कर सकती हैं। यह एक बहुत ही स्वस्थ और पौष्टिक डिप है। कभी–कभी एक विशेष स्वाद के लिए मैं हल्के भुने चिलगोज़े और अच्छी मात्रा में जैतून का तेल डाल कर मोहक डिप का रूप दे देती हूँ।

सामग्रीः

- 200 ग्राम डिब्बाबंद काबुली चने
- 2 लहसुन की कली, पिसी हुई
- 1 बड़ा चम्मच पिसा जीरा
- 1 बड़ा चम्मच नींबू का रस
- 2 बड़े चम्मच ताहिनी (वैकल्पिक)
- नमक स्वादानुसार
- 2 बड़े चम्मच जैतून का तेल
- 4 बड़े चम्मच पानी

ताहिनी के लिएः

- 2 कप तिल के बीज
- ¼ कप वनस्पति तेल

सर्विंग्सः 6–8

विधिः

ताहिनी के लिए पहले ओवन को 140 डिग्री सेल्सियस पर गरम कर लें। तिल के बीजों को एक कम गहरी बेकिंग ट्रे में फैला दें, बीच–बीच में हिलाते हुए 8–10 मिनट तक सेंकें जब तक खुशबू न आने लगे। इनका रंग भूरा न होने दें। आप तवे पर भी हल्की आँच पर थोड़ी–थोड़ी मात्रा में सूखा भून सकती हैं, बीच–बीच में तवे को धीरे–धीरे हिलाती रहें। थोड़ा ठंडा होने पर फूड प्रोसेसर में तेल के साथ डालें और पीस कर बारीक पेस्ट बना लें। यदि आवश्यकता हो तो गाढ़ेपन के लिए थोड़ा अधिक तेल डालें। इससे एक पूरा कप तैयार हो जाएगा। ताहिनी को जार में अच्छी तरह बंद करके फ्रिज में कई महीनों तक रखा जा सकता है।

हम्मस के लिए काबुली चने को पानी में भिगोएं, बाद में पानी निकाल दें। यदि पहले उबले डिब्बाबंद चनों का इस्तेमाल नहीं कर रही हैं तो भीगे चनों को पानी डाल कर गलने तक उबालें। चने, नींबू का रस, लहसुन, जीरा, नमक, ताहिनी, जैतून का तेल और पानी सबको फूड प्रोसेसर में डाल कर चिकना पेस्ट बनाएं। उचित स्वाद के लिए मसाले चखें।

लेबनीज स्प्रेड के लिए हम्मस को सब्जियों के घोल, कर्ली फिंगर्स या मसालेदार बीन्स पैटीज़ के साथ खाया जा सकता है।

चुस्त–मुस्त बच्चों के लिए मजेदार छुटपुट व्यंजन

बढ़ते बच्चों को दिनभर में बहुत अधिक ऊर्जा की आवश्यकता होती है। दिन के समय ऊर्जा में गिरावट के कारण एकाग्रता की कमी उनकी पढ़ाई एवं खेलों को प्रभावित कर सकती है। लंबे अवकाश की अवधि में, जब बच्चे घर के अंदर बंद रहते हैं तब उनके दिमाग को व्यस्त रखने के लिए और शारीरिक रूप से सक्रिय बनाने के कुछ विचार प्रस्तुत हैं।

अपने बच्चे को कटे या साबुत फल का नाश्ता करने के लिए प्रोत्साहित करें। छिलके सहित सेब, नाशपाती और आलूबुखारा खिलाने की कोशिश करें। फल खाने के बाद स्नैक्स और मिठाई की मांग कम हो जाती है। कई बच्चे टीवी या कंप्यूटर के सामने बहुत समय बिताते हैं और खाने की खराब आदतों और जंक फूड के कारण उनका वज़न बढ़ने लगता है। आमतौर पर भारत में तले समोसे, पकौड़े और इसी तरह के तेल से भरपूर व्यंजन स्नैक्स के रूप में प्रचलित हैं। कभी–कभी खाना ठीक है, लेकिन यह उनकी आदत नहीं बननी चाहिए। सूखे मेवे और बीज बहुत बढ़िया हैं – उन्हें नाश्ते, सलाद और स्नैक्स में शामिल करने का प्रयास करें। कुछ कच्ची सब्जियों के साथ पौष्टिक डिप एक उत्तम विचार है।

फलों की सतरंगी चाट

मौसम के फलों से बनी पौष्टिक और स्फूर्तिदायक चाट सायंकाल चाय के समय का प्रचलित स्नैक है। इसे एक बड़े बाउल में बनाएं और छोटे प्लास्टिक कटोरियों में परोसें और चटपटे फलों का मज़ा लें। हमारे घर में यह बहुत बनाया जाता था और सब इसे पसंद करते थे। इसके लिए आप कोई भी फल ले सकती हैं। छोटे बच्चों के लिए ध्यान रखें कि फल खूब अच्छी तरह धुला हो, बीज निकले हों और यदि आवश्यकता हो तो छिलका भी उतारा गया हो। इसके लिए केला, अमरूद, चीकू, पपीता और नाशपाती अच्छे फल हैं।

सामग्रीः

- 2 केले
- 2 सेब
- 2 बीज रहित संतरे/नारंगी/कीनु
- 10–15 धुले बीजरहित अंगूर
- 1 बड़ा चम्मच चीनी
- नमक और काली मिर्च स्वादानुसार
- नींबू के रस की कुछ बूंदें

सर्विंग्सः 4 लोगों के लिए

विधिः

केले को छील कर पतले गोल टुकड़ों में काट लें। सेब को छील कर टुकड़ों में काट लें। संतरे को छील कर फांकों को आधे टुकड़ों में काट लें। यह निश्चित कर लें कि आपने बीज निकाल दिए हैं। अंगूर भी आधे टुकड़ों में काट लें। एक बड़े बाउल में सारे फल और मसाले मिला दें, कुछ समय के लिए रखें और फिर परोसें।

फल–योगर्ट लॉलीज़

कृत्रिम रंगों से भरी अस्वच्छ बर्फ़ की लॉलीज़ खाने की अपेक्षा लॉली घर पर ही बनाएं और चटकारे लेकर खाएं। वास्तव में आपके निरीक्षण में बच्चा भी इन्हें बना सकता है। इसे बनाने के लिए आइसक्रीम मोल्ड का प्रयोग करें या छोटे गिलास में अर्ध–ठोस अवस्था में स्टिक लगा कर बनाएं।

सामग्रीः

- 1 कप सादा योगर्ट
- ½ कप आम का गूदा
- 2 बड़े चम्मच संघनित दूध
- 2 बड़े चम्मच चीनी

सर्विंग्सः 2 लोगों के लिए

विधिः

योगर्ट और चीनी को मिला कर एक दिशा में फेंटें जब तक चिकना और एकसार न हो जाए। आम का गूदा मिलाएं, यदि रेशे हों तो निकाल दें। अंत में संघनित दूध मिला कर बर्फ़ जमने के लिए रख दें। आप मसले हुए और बर्फ में अच्छी तरह जम सकने वाले फलों का भी इस्तेमाल कर सकती हैं, जैसे स्ट्रॉबेरी या पका कर ठंडा किया सेब या आलूबुखारा।

विब्बले–वोब्बले फ्रूट जैली

ताजे फलों को स्नैक्स में शामिल करें और बच्चों को फल या फलों के स्नैक्स की आदत डालें। उन्हें फल के टुकड़े चुनने और मिश्रण करने दें। फीका जिलेटिन पाउडर कई दुकानों पर पाउच में उपलब्ध है। वैकल्पिक रूप से, आप स्वाद वाले जेली पाउडर या क्रिस्टल का उपयोग कर सकती हैं, जो अधिक आसानी से उपलब्ध हैं और इन्हें ताजे फलों के साथ मिलाया जा सकता है। हमेशा बॉक्स के लेबल की जाँच करें ताकि पता चले कि कितना पाउडर और पानी की आवश्यकता है, क्योंकि अलग–अलग कंपनी के उत्पादों की अलग–अलग आवश्यकताएं हो सकती हैं। लीफ़ जिलेटिन या शीट भी कुछ दुकानों में मिलती हैं, जिनका उपयोग भी किया जा सकता है।

सामग्रीः

- 3 कप आपकी पसंद के फलों का रस (केवल प्राकृतिक फलों का रस)
- 3 बड़े चम्मच जिलेटिन पाउडर
- ¼ कप छोटे फ्रोज़न फल (आप की पसंद के ताजे मौसमी फल)

सर्विंग्सः 4 लोगों के लिए

विधिः

¼ कप फलों का रस लें और उस पर जिलेटिन छिड़कें। इसे एक छोटे पैन में उबलते पानी में रखें और जिलेटिन के पूरी तरह घुल जाने तक चलाते रहें। जिलेटिन के क्रिस्टल पूरी तरह पिघल गए हैं, यह जाँचने के लिए एक चम्मच डाल कर देख लें।

एक मध्यम आकार के बाउल या जैली मोल्ड में जिलेटिन मिश्रण और फलों के बचे रस को मिलाएं।

अच्छी तरह जमने तक फ्रिज में रखें।

कुछ उपयोगी सुझावः हमेशा जिलेटिन को तरल पदार्थ में मिलाएं, न कि तरल पदार्थ को जिलेटिन में। अच्छी तरह से घुल जाने तक लगातार चलाते रहें। यदि जिलेटिन घोलते समय पानी बहुत जल्दी ठंडा हो जाता है तो यह ठीक से नहीं घुलता, इसलिए इसे धीमी आग पर धीरे–धीरे गरम होते हुए पानी के पैन में रखें। जिलेटिन मिश्रण को कभी उबलने नहीं दें।

परोसने से पहले इसे मोल्ड से निकाल कर विभिन्न आकृतियों में काट कर अलग–अलग कप में परोसें। इसके लिए अपने बच्चे की सहायता ले सकती हैं। अगर आपके पास फैंसी आकृति वाले जेली मोल्ड हैं तो उनका उपयोग करें। आपको अतिरिक्त चीनी मिलाने की आवश्यकता नहीं है, क्योंकि रस आमतौर पर मीठा होता है। स्वाद की जांच कर लें, यदि कुछ चीनी डालना आवश्यक हो तो थोड़ा गरम रस में चीनी को घोल कर मिलाएं।

फंकी फ्रूटी फ़्लैपजैक

आप इस पौष्टिक स्नैक के लिए कटे हुए मिश्रित सूखे मेवे, जैसे अखरोट और बारीक कटे खजूर या सूखी खुबानी या किशमिश का इस्तेमाल कर सकती हैं। यह सर्दियों के लिए बहुत अच्छा है, क्योंकि यह आवश्यक ऊर्जा प्रदान करता है। मैं सर्दी के मौसम में बहुत अधिक मात्रा में बनाती हूँ और ये शीघ्र ही समाप्त भी हो जाते हैं!

सामग्रीः

- 1½ कप ओट्स
- 2 बड़े चम्मच शहद
- 2 बड़े चम्मच चीनी
- 2 बड़े चम्मच मिलेजुले सूखे मेवे
- 1 चुटकी अदरक पाउडर
- मुट्ठी भर बीज (सीताफल/सूरजमुखी)
- ½ कप बिना नमक वाला मक्खन
- तैलरोधक कागज़

सर्विंग्सः 10–12 लोगों के लिए

विधिः

ओवन को पहले से 180 डिग्री सेल्सियस पर गरम करें। तैलरोधक कागज़ को बेकिंग ट्रे में लगाएं। एक पैन में मक्खन, शहद और चीनी मिलाएं, सामान्य आँच पर पिघलने तक गरम करें। फिर ओट्स, सूखे फल और बीज को पैन के मिश्रण में डालें। कम आँच पर अच्छी तरह से मिश्रण को चलाते रहें। मिश्रण को बेकिंग ट्रे पर पलट दें और एक लकड़ी के चम्मच के पिछले भाग से समतल करते हुए दबाएं। अब सुनहरा होने तक 20–25 मिनट तक सेंकें। चाकू की सहायता से चौकोर आकृतियों में काट दें। थोड़ी देर ठंडा होने दें, फिर पेपर से चौकोर आकृतियों को अलग कर लें।

यह एक पौष्टिक डिश है जो बच्चों के स्कूल से आने के बाद दूध या गरम चॉकलेट के साथ खाने के लिए बहुत अच्छा है।

पॉप–टेस्टी सिनेमन पॉपकॉर्न

मुझे पॉपकॉर्न बहुत पसंद हैं। पॉपकॉर्न की खुशबू और स्वाद मुझे हमेशा अपने परिवार और दोस्तों के साथ सिनेमाघर में चलचित्र देखने की याद दिलाती है। और निश्चित रूप से मेडिकल कॉलेज में अपने अद्भुत और उत्साही मित्रों के साथ कक्षा छोड़ कर फिल्में देखने की खुशी–यह आपके लिए है मेरे दोस्तो!

सामग्री:

- 90 ग्राम मक्का के दाने
- 25 ग्राम मक्खन
- ½ चम्मच दालचीनी पाउडर
- 1 बड़ा चम्मच ब्राउन शुगर
- 1 बड़ा चम्मच खाना पकाने का तेल

सर्विंग्स: 2 लोगों के लिए

विधि:

सॉसपैन में तेल गरम करें और मक्का के दानों की एक परत डालें। पैन को ढक्कन लगा कर बंद कर दें और सारे पॉपकॉर्न फूलने तक धीमी आँच पर पकाएं। एक सॉसपैन में मक्खन को पिघला लें, चीनी और दालचीनी मिला दें। इस मिश्रण को बूंद–बूंद करके पॉपकॉर्न के ऊपर डालें और टॉस करके अच्छी तरह मिला लें।

ग्रिल्ड कर्ड एंड चीज़ फ़िंगर्स

हंग कर्ड बनाने के लिए मलमल के बैग में या एक अच्छी छलनी में दही डालें। कम से कम एक घंटे के लिए छोड़ दें ताकि सारा पानी निचुड़ जाए और एक नरम पनीर जैसा पदार्थ रह जाए। यह पैटीज, भरवाँ परांठे और सैंडविच में भरने के लिए बहु उपयोगी है। यह वजन का ध्यान रखने वाली माताओं लिए भी सही है क्योंकि, इसमें कैलोरी काफ़ी कम है!

सामग्री:

- 6 स्लाइस गेहूँ की ब्रेड
- 1 कप हंग कर्ड
- 1–2 चम्मच बारीक कटी पत्तागोभी
- 2–3 चम्मच कसी गाजर
- 3 बड़े चम्मच कसा पनीर
- चटनी / केचप
- नमक और काली मिर्च स्वादानुसार

सर्विंग्स: 4–5 लोगों के लिए

विधि:

एक कटोरे में हंग कर्ड को चिकनी और मलाईदार होने तक फेंटें। सब्जियाँ, नमक और काली मिर्च मिलाएं। ब्रेड के स्लाइस पर खूब अच्छी तरह लगाएं, और उसके बाद हल्की चटनी या केचप लगा कर ऊपर पनीर फैलाएं। दूसरे स्लाइस पर दही मिश्रण लगा कर दोनों को दबाएं। 10 मिनट के लिए सुनहरा होने तक ग्रिल करें। पतले और लंबे फिंगर्स काट कर परोसें।

बच्चों की पसंद के एक छोटा गिलास स्मूदी के साथ परोसें।

तिलवाले पोटैटो फिंगर्स

यह पूरे परिवार के लिए चाय के समय का एक बढ़िया नाश्ता है। आप वयस्कों के लिए थोड़ी बारीक कटी हरी मिर्च डाल कर परोस सकती हैं।

सामग्री:

- 6 स्लाइस गेहूँ की ब्रेड
- 1 बड़ा चम्मच तिल
- 2 उबले मसले हुए आलू
- नमक और काली मिर्च स्वादानुसार
- चाट मसाला छिड़कने के लिए (वैकल्पिक)

सर्विंग्स: 2–3 लोगों के लिए

विधि:

मसले हुए आलू, नमक और काली मिर्च मिलाएं। इस मिश्रण को प्रत्येक स्लाइस पर अच्छी तरह से फैलाएं। इसके ऊपर तिल डालें, ग्रिल में कुरकुरा और सुनहरा होने तक 10 मिनट तक सेंकें। प्रत्येक स्लाइस को लंबाई में तीन भागों में काट लें। ऊपर से कुछ चाट मसाला छिड़कें।

टमाटर चटनी के साथ गरम–गरम परोसें।

चीज़ फिंगर्स

यह घर पर और घर से बाहर भी कहीं यात्रा के लिए एक आदर्श स्नैक है। आप इसे अधिक मात्रा में बना कर लोगों को खिला सकती हैं और बचे हिस्से को दो से तीन दिन तक हवाबंद डिब्बे में रख सकती हैं।

सामग्री:

- ½ कप मैदा (आप इसमें पोषण के लिए 1 बड़ा चम्मच आटा मिला सकती हैं, लेकिन अधिक नहीं)
- ¼ कप मक्खन
- ½ कप बारीक कसा हुआ पनीर
- 1 अंडा
- नमक और काली मिर्च स्वादानुसार
- थोड़ा जीरा पाउडर

सर्विंग्स: 2 लोगों के लिए

विधि:

ओवन को पहले से 160 डिग्री सेल्सियस पर गरम करें। मक्खन और मैदे को मिला कर उसमें पनीर, अंडे और मसाले डालें। मैदा मिलाने के लिए शुरू में एक लकड़ी के चम्मच का उपयोग करें, बाद में अपने हाथों से गूँध लें। इस आटे से 4–5 इंच लंबी और 1 सेमी. चौड़ी कुछ स्टिक्स बना लें और लगभग 10 मिनट के लिए सेंकें। स्टिक्स के आकार के आधार पर यदि आवश्यक हो तो 12–15 मिनट के लिए भी सेंक सकती हैं। सुनहरा भूनने के लिए बीच–बीच में पलट भी सकती हैं। एक छोटे पॉट में घर पर बनी हम्मस या टमाटर चटनी के साथ परोसें।

कर्ली फ़िंगर्स

मेरी माँ अक्सर चाय के समय में यह बनाती थीं और मैंने अपने घर में इस परम्परा को बनाए रखा है। यह स्वस्थ, सरल और स्वादिष्ट है। मेरी माँ इसे कुछ स्वादिष्ट बनाने के लिए आटा गूँधते समय मलाई मिलाती थीं, लेकिन मैंने इसे सादा ही रखा है। यह अपने आप में एक पूर्ण स्नैक हैं, लेकिन मैं इन्हें प्लेट में फैला कर बीच में हम्मस डिप या टमाटर की चटनी की कटोरी रख कर परोसना पसंद करती हूँ। मैं आमतौर पर मैदा या परिष्कृत आटे का उपयोग करना पसंद नहीं करती हूँ, क्योंकि यह आसानी से नहीं पचता है।

सम्पूर्ण गेहूँ के आटे से बनी चपाती बच्चों को आवश्यक खुराक और पोषक तत्व प्रदान करती है। मैं तला हुआ भोजन अधिक पसंद नही करती हूँ, लेकिन कभी–कभी नाश्ते के लिए ठीक है, क्योंकि इसमें तेल की मात्रा कम होती है। यह बच्चों के समूह को परोसा जा सकता है, खासकर जब बारिश के कारण वे घर के अंदर बंद होकर बैठे रहते हैं।

सामग्रीः

- 1 कप सादा आटा
- 1 छोटा चम्मच जीरा
- ½ चम्मच जीरा पाउडर
- नमक स्वादानुसार
- 1 बड़ी चम्मच खाना पकाने का तेल
- तलने के लिए तेल
- आटा गूँधने के लिए पानी

सर्विंग्सः 4–5 लोगों के लिए

विधिः

एक चौड़े बाउल में आटा लेकर सूखी सामग्री डालें और फिर तेल मिलाएं। तेल मिलाने से आटा में दरदरापन आ जाता है। धीरे–धीरे पानी मिला कर सख़्त, लेकिन लचीला गूँध लें। कुछ देर के लिए ढंक कर छोड़ दें।

रोलिंग बोर्ड पर सूखा आटा छिड़क कर पतली चपाती की आकृति बनाते हुए बेलें (यदि किनारे टेढ़े–मेढ़े या अनियमित बने हैं तो चिंता न करें)। एक चाकू का उपयोग करते हुए आड़ी लंबी धारियाँ काट लें, फिर हीरे के आकार बनाने के लिए तिरछा काट लें। सावधानी से एक एक लाईन को उठा कर अलग प्लेट में तलने के लिए रख लें।

कढ़ाही में तेल को खूब गरम करें। आटे का एक छोटा टुकड़ा छोड़कर जाँच कर लें कि तेल पर्याप्त गरम है या नहीं। यदि यह फूल कर ऊपर आ जाता है, तो तेल तलने के लिए तैयार है। एक–एक टुकड़ा कर तेल में छोड़ते जाएं और सुनहरा तलें। खाँचेदार या छलनी वाली कलछी से निकाल लें, अतिरिक्त तेल को सावधानी से छान दें। फिर इन्हें प्लेट में तेल सोखने वाला पेपर बिछा कर रखें।

चोकर चिक चोक्स

आटे को छानने से ऊपर रह जाने वाले पदार्थ को भूसी कहा को जाता है। अधिकतर स्वास्थ्य संबंधी समान बेचने वाली दुकानों पर आसानी से उपलब्ध होता है। यह विटामिन और प्राकृतिक फ़ाइबर का एक महत्त्वपूर्ण स्रोत है जो अतिरिक्त लाभ प्रदान करता है। चूंकि यह आटे के समान नरम नहीं होता है, इसलिए मैंने इसमें पूर्ण वसायुक्त दूध का प्रयोग किया है ताकि इसे गूँध सकें। दूध के ऊपर की मलाई या क्रीम का प्रयोग आमतौर पर पकवान को स्वादिष्ट बनाने के लिए किया जाता है। यह भी मेरी माँ की रसोई से एक अद्भुत भेंट है। यह अधिक सख़्त होता है, इसे काटने के लिए कुकी कटर का उपयोग करना एक अच्छा विचार है जिससे अलग–अलग आकृतियाँ बना कर तल सकती हैं। आकृतियों को काटने में अपने बच्चों की सहायता लें। आप 50:50 के अनुपात में सादा आटा और चोकर का भी उपयोग कर सकती हैं और इसे अधिक मात्रा में बना सकती हैं।

सामग्री:

- 60 ग्राम चोकर
- 3 बड़े चम्मच पूर्ण वसायुक्त दूध
- एक चुटकी नमक
- एक चुटकी अजवायन
- तलने के लिए तेल

सर्विंग्स: 2 लोगों के लिए

विधि:

तेल को छोड़कर सारी सामग्रियों को मिलाकर सख़्त आटा गूँध लें और चकले पर बेल लें।

लगभग 3 से 4 मिलीमीटर मोटी कुकी कटर के साथ फैंसी आकृतियों में काट लें। एक कांटे की सहायता से छोटे–छोटे छेद करें जिससे यह तलते समय फूलें नहीं। सुनहरा होने तक तलें और निकाल कर तेल सोखने वाले कागज पर रखें। ये जैम या डिप के साथ बहुत अच्छे लगते हैं, जैसे हम्मस या इज़ीचीज़ी डिप।

पेय

मैंने जो पेय सम्मिलित किए हैं वे बहुत सरल हैं और उनको बनाने एवं पीने में मज़ा आता है। बड़े बच्चे इनको बनाने में सहायता कर सकते हैं और आपको इनके दुष्परिणाम के बारे में चिंता करने की आवश्यकता नहीं है। स्मूदी एक अद्‌भुत आविष्कार हैं और बच्चों के बीच बहुत लोकप्रिय हैं। यदि आपके बच्चे ने इसे पहले कभी नहीं पिया तो एक सादी स्मूदी की थोड़ी मात्रा के साथ शुरू करें। आप आश्चर्यचकित होंगे कि टोकरी में रखे इसी फल की तुलना में यह कितनी आसानी से समाप्त हो जाएगी। यह पोषण से परिपूर्ण हैं और कहने की आवश्यकता नहीं है कि स्वाद और रंग से भी भरी हैं! परिवार और दोस्तों के साथ हमने कई गरमी की दोपहर और सर्दी के दिनों में भी इन्हें बनाने और पीने का लुत्फ़ उठाया है और आशा है कि आप भी करेंगी!

खरबूजा लस्सी

लस्सी गरमी के मौसम का ताजगी भरा पेय है जो गरम दोपहर के लिए उत्तम है। अधिकांशतः आम के अतिरिक्त मौसम के दूसरे फलों का भी इस्तेमाल कर सकती हैं। मैंने पेय में खरबूजे की स्वाभाविक मिठास को ही रहने दिया है। कुछ लोग इस में चीनी मिला सकते हैं, लेकिन मैं अधिक मीठा मिलाने के पक्ष में नहीं हूँ।

सामग्री:

- 1 छोटा पका हुआ खरबूजा
- 1 कप योगर्ट
- $2\frac{1}{2}$ कप ठंडा पानी

सर्विंग्स: 4 लोगों के लिए

विधि:

खरबूजे को छील कर छोटे टुकड़ों में काट लें। बाकी सारी सामग्री के साथ मिक्सी में 10–15 सेकंड के लिए चलाएं, जब तक अच्छी तरह पिस न जाए। बड़े बच्चों को फंकी प्लास्टिक गिलास में बर्फ़ डाल कर परोसें। घर की बनी ओट्स कुकीज़ के साथ एक ताजगी भरा स्नैक!

पुदीना नींबू–पानी

यह विश्व भर में लोकप्रिय स्फूर्तिदायक एवं शीतल पेय बनाना आसान है जिसे उद्यान, पार्क या पिकनिक में पिया जा सकता है। इसे आपका बच्चा भी बना सकता है।

सामग्री:

- 1 नींबू का रस
- 3 बड़े चम्मच गरम पानी में घुली हुई शहद या चीनी स्वादानुसार
- 2 गिलास ठंडा पानी
- कुछ पुदीने के पत्ते

सर्विंग्स: 2 लोगों के लिए

विधि:

एक जग में पुदीने की पत्तियों को छोड़ कर सारी सामग्री को मिला लें। पारदर्शी प्लास्टिक के गिलास में परोसें, कुछ नयेपन के लिए धुली पुदीने की पत्तियों के साथ सजाएं। पहले से ही कुछ पुदीने की पत्तियों को बर्फ़ की ट्रे में जमा दें और पुदीने की पत्तियों वाले बर्फ़ की टुकड़ियाँ भी डाल सकते हैं।

कुछ रोचक विकल्प:

गुलाबी नींबू–पानी: एक बड़ा चम्मच गुलाब का सिरप/क्रेनबरी रस/अनार का रस मिलाएं।

बैंगनी नींबू–पानी: एक बड़ा चम्मच फॉल्सा शर्बत या ब्लूबेरी (नीलबदरी) के छोटे–छोटे टुकड़े मिलाएं।

संतरे और नींबू: संतरे के कुछ हिस्सों को छील कर आधा करें और फ्रीज कर लें (बीज और सफेद छिलका निकाल लें) बर्फ़ के टुकड़ों की तरह डालें।

बहुत गरमी के दिन में फलों के सलाद के साथ परोसें।

बनाना शेक शेक

केले बच्चों के लिए अति उत्तम फल है– जो न केवल विटामिन, पौटेशियम और आवश्यक पोषक तत्त्व प्रदान करते हैं, वे ऊर्जा से भी भरपूर होते हैं। यह छोटे चंचल बच्चों के लिए बहुत अच्छा होता है। आप इसी प्रकार से ही आम और चीकू का इस्तेमाल कर सकती हैं।

सामग्रीः

- 1 पका छिला और कटा हुआ केला
- 100 मिलीलीटर पूर्ण वसायुक्त दूध
- 1 स्कूप वनिला आइसक्रीम
- कुछ स्ट्रॉबेरी सजाने के लिए (वैकल्पिक)

सर्विंग्सः 1 के लिए

विधिः

पहली तीनों सामग्रियों को गाढ़ा और चिकना बनाने के लिए 20 सेकंड तक ब्लेंड करें।

रंग–बिरंगे प्लास्टिक के गिलास में स्ट्रॉबेरी के स्लाइस को रिम पर लगा कर मजेदार बनाएं।

बच्चों के स्कूल से वापिस लौटने पर पीनट बटर कुकीज के साथ देने के लिए एक उत्तम स्नैक है।

स्ट्रॉबेरी और पपीता स्मूदी

अपने बच्चे को ताज़े फल खिलाने के लिए स्मूदी एक बढ़िया तरीका है, क्योंकि वे अभी आराम से बैठ कर फल खाने की अपेक्षा मजेदार पेय को पीना अधिक पसंद करते हैं। पपीते में विटामिन और फ़ाइबर प्रचुर मात्रा में होते हैं जो आंतों की कार्यक्षमता को सुचारू एवं नियमित बनाए रखते हैं। स्ट्रॉबेरी को प्रायः सुपरफूड कहा जाता है, ये न केवल विटामिन से भरपूर हैं, बल्कि स्वादिष्ट भी हैं।

सामग्रीः

- 5–6 धुली हुई स्ट्रॉबेरी
- पके पपीता का 1 टुकड़ा (लगभग हथेली के आकार का)
- $1\frac{1}{2}$ कप सेब का रस

सर्विंग्सः 2 लोगों के लिए

विधिः

पपीता छीलकर छोटे टुकड़ों में काट लें। स्ट्रॉबेरी भी काट कर एक या दो सजावट के लिए अलग रख लें। अब पपीते और स्ट्रॉबेरी को सेब के रस में मिलाकर एक मिनट के लिए ब्लेंड करें। स्ट्रॉबेरी स्लाइस के साथ सजा कर परोसें।

ग्रिल्ड दही–पनीर फिंगर्स के साथ यह एक अच्छा पेय है।

ट्रॉपिकल आइलैंड स्मूदी

यह ट्रॉपिकल स्वाद की यादें ताज़ा करती है और बच्चे इस अद्भुत पेय के ताज़ा और रोमांचक स्वाद को पसंद करेंगे। यह थोड़ी बड़ी उम्र के बच्चों के लिए है, लेकिन आपके छोटे बच्चों के लिए भी अच्छा होगा। स्मूदी में अलग–अलग रंग के फलों का उपयोग इसके पोषक मूल्य को बढ़ाता है और बहुत आकर्षक भी लगता है।

सामग्री:

- 400 मिलीलीटर अनन्नास का रस
- 1 बड़ा चम्मच नारियल का दूध
- 6–7 लीची
- पके हुए पपीते का एक मोटा छिला और कटा हुआ टुकड़ा
- 2 चम्मच शहद

सर्विंग्स: 3 लोगों के लिए

विधि:

लीची को छील कर आधे–आधे टुकड़ों में काट लें। उन्हें ब्लेंडर में बाकी सामग्री के साथ डालें और 40 सेकंड तक चलाकर गाढ़ा पीस लें।

कागज़ की छतरियों से गिलास को सुंदर बनाते हुए सजाएं।

छोटी पार्टी या जब बच्चों के दोस्त घर खेलने आते हैं, तो उसके लिए यह एक अच्छा पेय है।

बनाना नटी स्मूदी

एक पौष्टिक स्मूदी जो नाश्ते में या स्वस्थ और सक्रिय बच्चों के लिए खेल के बाद पीया जाने वाला बहुत अच्छा पेय है। यदि आपके बच्चे को अखरोट से एलर्जी है तो उन्हें इस पेय में न मिलाएं।

सामग्री:

- 1 कटा केला
- 1 टुकड़ों में कटा पपीता
- ½ कप कप दही
- ½ कप दूध
- 1 बड़ा चम्मच बारीक पिसे हुए अखरोट/बादाम
- 1 बड़ा चम्मच शहद

सर्विंग्स: 1 के लिए

विधि:

एक ब्लेंडर में सभी सामग्री मिलाएं और एक मिनट तक गाढ़ा पेय बनाने के लिए चलाएं। अखरोट के टुकड़ों के साथ सजा कर एक लंबे गिलास में परोसें।

घर में बने गाजर मफ़िन के साथ यह एक उत्कृष्ट स्नैक है।

गुड मॉर्निंग, सनशाइन!

यह एक स्वस्थ, किंतु हल्की स्मूदी स्वाद और पोषक तत्वों से भरपूर है। विभिन्न रंगों के फल अच्छे होते हैं, क्योंकि वे स्मूदी में पोषक मूल्यों को बढ़ाते हैं। यह नाश्ते के समय, विशेष रूप से सुबह स्कूल के समय दौड़–भाग करने वाले बच्चों के लिए एक विशेष पेय है।

सामग्री:

- 1 मध्यम आकार का केला
- 5–6 स्ट्रॉबेरी कटी हुई
- 1 कटा हुआ पका आड़ू
- ½ कप दही
- 1 कप संतरे का ठंडा रस

सर्विंग्स: 1 के लिए

विधि:

एक ब्लेंडर में सभी सामग्री डालें और गाढ़ा होने तक चलाएं।

सुबह की सुस्ती को दूर करने के लिए चमकते रंग–बिरंगे गिलास में परोसें। अनाज के नाश्ते या टोस्ट के साथ यह बहुत अच्छा लगता है।

टॉप केला स्मूदी

एक स्फूर्तिदायक आसानी से बनने वाली स्मूदी! इसे बनाते समय डिब्बाबंद जूस का इस्तेमाल करके आप बच्चों की सहायता भी ले सकती हैं। ये जूस मीठे होते हैं, इसलिए अतिरिक्त चीनी की आवश्यकता नहीं होती है।

सामग्री:

- 2 केले
- 1 कप संतरा जूस
- ½ कप अनन्नास जूस
- ½ कप योगर्ट
- बर्फ़ के कुछ टुकड़े

सर्विंग्स: 2 लोगों के लिए

विधि:

केले छील कर सारी सामग्री को ब्लेंडर में डालें। 30 सेकंड के लिए ब्लेंड कर लें। दोस्त के साथ इस सुपर स्मूदी का लुत्फ़ लें। मज़ेदार पार्टी के लिए फ़ेयरी केक के साथ परोसें।

चॉकलेटी केला स्मूदी

अगर आपको चॉकलेट सिरप नहीं मिलती है, तो थोड़ा गर्म पानी में चार बड़े चम्मच रूखे चॉकलेट पाउडर को मिलाएं और इस्तेमाल करने से पहले इसे ठंडा करें। यह एक अच्छी ट्रीट बन जाता है जिसे खाने के लिए जिद्दी बच्चों को भी फुसलाना नहीं पड़ता है।

सामग्री:

- 2 केले
- 1 कप दही
- 1 कप ठंडा दूध
- 1 कप चॉकलेट सिरप
- 1 बड़ा चम्मच बादाम या अखरोट पाउडर

सर्विंग्स: 2 लोगों के लिए

विधि:
एक ब्लेंडर में अच्छी तरह चलाएं और ठंडा परोसें।

एक विशेष दावत के लिए थोड़ा चॉकलेट पाउडर छिड़क कर घर के बने पिज़्ज़ा स्लाइस के साथ परोसें।

दालचीनी सेब–खरबूजा स्मूदी

स्वर्गीय सुगन्ध और अद्भुत स्वाद! किसी भी किस्म के मीठे लाल सेब और पके हुए खरबूजे का इस्तेमाल करें। मैं व्यक्तिगत रूप से खरबूजे को शहद जैसे मीठे स्वाद और खुशबू के लिए पसंद करती हूँ। खरबूजा काटने से पहले परोसने के लिए कुछ सुझाव देखें!

सामग्री:

- 1 कप दही
- ½ कप सेब का रस
- 1 छिला और कटा हुआ सेब
- पके खरबूजे के 2–3 मोटे कटे हुए स्लाइस
- 2 बड़े चम्मच शहद
- एक मोटा टुकड़ा दालचीनी का
- कुछ बर्फ के क्यूब्स

सर्विंग्स: 2 लोगों के लिए

विधि:
सारी सामग्री का मिश्रण बनाएं और एक मिनट ब्लेंड करें।

परोसने के लिए सुझाव: एक विशेष रूप देने के लिए, खरबूजे को समानांतर काटकर गूदा बाहर निकाल लें। इस स्मूदी के लिए कुछ फलों का उपयोग करें। खोल के आकार में कटे खरबूजे में सावधानी से पेय को डालें और एक छोटे मजबूत कटोरे के ऊपर रखकर सुरक्षित करें (इस तरह से पेय के गिरने की कम संभावना होती है)। स्मूदी में एक स्ट्रॉ रखें और मजेदार शुरुआत करें।

वॉटरमेलन वन्डर

बच्चों को तरबूज खाना पसंद है, हालांकि यह खाने में थोड़ी गंदगी फैलाने और थकाने वाला है। आप बचे हुए तरबूज को एक ताजा और स्फूर्तिदायक ठंडे पेय में बदल सकती हैं।

सामग्रीः

- 2 कप कटा हुआ तरबूज (बीज हटा कर)
- 1 बड़ा चम्मच चीनी
- 1 कप संतरे का रस

सर्विंग्सः 2 लोगों के लिए

विधिः

एक ब्लेंडर में सभी सामग्री डालें और गाढ़ा होने तक पीसें। परोसने से पहले यदि आवश्यक हो, तो छलनी में छान लें। एक पारदर्शी प्लास्टिक के गिलास में परोसें ताकि उसके आकर्षक रंग दिखाई दे सकें। कुछ रंगीन मुड़ी स्ट्रॉ से सजाएं। गरमी की दोपहर को बच्चे जब पार्क से खेलकर आयें तो विब्बले–वोब्बले फ्रूट जेली के साथ परोसें। मचलते हुए बच्चों को इसके मज़े लेते हुए देखें।

मैंगो टैंगो

भारतीय फलों में विविधता के लिए प्रसिद्ध आम स्मूदी और शेक के लिए अति उत्तम हैं। फिर आप किस किस्म का उपयोग करना चाहते हैं वह पूरी तरह आप पर निर्भर है, लेकिन वह पूरी तरह से पका हुआ होना चाहिए। आम और अमरूद के साथ मेरे बचपन की बहुत सारी यादें जुड़ी हैं। घर के बाहर लगे पेड़ों से अमरूद तोड़ कर खाना और बगीचों से आमों को तोड़ने का मज़ा ही कुछ और था। गुलाब का सिरप इस पेय के पारम्परिक स्वाद को बढ़ाता है और बगीचे में फलों से लदे पेड़ों से घिरी हुई सुगंधित गुलाब की झाड़ी की याद दिलाता ळै।

सामग्रीः

- 1 बड़ा छिला और कटा हुआ पका आम
- 2 पके छिले, बीज रहित, कटे हुए अमरूद
- 1 कप संतरे का रस
- 2 बड़े चम्मच गुलाब सिरप, ½ कप ठंडे पानी के साथ मिश्रित
- कुछ बर्फ़ के टुकड़े

सर्विंग्सः 3–4 लोगों के लिए

विधिः

सारी सामग्री को एक साथ मिला कर ब्लेंड करें।

इस सुंदर पेय के लिए रंगीन गिलास का उपयोग करें और कुछ घर के बने कर्ली फिंगर्स के साथ परोसें।

चेरी चेरी स्मूदी

मैं चेरी बहुत पसंद करती हूँ! वे मुझे कश्मीर में बचपन की छुट्टियों की याद दिलाते हैं, जहां हम खरीद कर लाए ताजा चेरी के बैग के साथ बैठते थे और पहाड़ों पर सूरज की रोशनी के बदलते स्वरूप को लगातार निहारते रहते थे। सौभाग्य से भारत में चेरी प्रचुर मात्रा में होती है। यह स्मूदी को आकर्षक रंग और स्वाद देती है।

सामग्री:

- 1 कप चेरी
- 1 कप योगर्ट
- 1 छिला केला
- 8–10 बीजरहित काले अंगूर

सर्विंग्स: 2 लोगों के लिए

विधि:

सारी सामग्री को इकट्ठा ब्लेंडर में डाल कर अच्छी तरह ब्लेंड करें।

इस स्फूर्तिदायक स्मूदी को रंगीन गिलास में रिम पर चेरी लगा कर परोसें। तिलवाले पोटैटो फ़िंगर्स के साथ यह बहुत अच्छा लगता है।

इलायची हॉट चॉकलेट

दुनियाभर के बच्चों को सर्दियों की सुबह और शाम को गरम चॉकलेट पीना पसंद है। मैंने इलायची मिला कर इस लोकप्रिय पेय को भारतीयता का स्वरूप दे दिया है। प्रायः इलायची का प्रयोग मिठाइयों और दूध से बनने वाले पेय पदार्थों में किया जाता है।

सामग्री:

- 2 कप दूध
- 1 इलायची की फली
- 1 छोटी मिल्क चॉकलेट (लगभग 100 ग्राम)
- चीनी स्वादानुसार

सर्विंग्स: 2 लोगों के लिए

विधि:

इलायची से बीज निकालें, उन्हें बारीक पीस लें और दूध के साथ पैन में उबाल लें। फिर चॉकलेट के टुकड़े मिलाएं, धीरे–धीरे हिलाते हुए पिघला लें। अब स्वादानुसार चीनी मिलाएं और आग से नीचे उतार लें। झाग बनने तक उछालें। तुरंत मग में डालें। सर्दी को दूर करने के लिए घर में बनी अदरक–ब्रेड के साथ परोसें।

स्वीट ड्रीम्स

यह गरमाहट और प्यार से भरा पेय दादी–नानी से राजा और परियों की कहानी सुनने जैसा सुखद है। अदरक में कई प्रसिद्ध औषधीय गुण हैं और यह ठंड से बचाव के लिए बहुत अच्छा है। शहद भी इसी तरह पुराने जमाने से एक औषधि के रूप में जाना जाता है। बादाम के मिश्रण से यह न केवल पौष्टिक, बल्कि बहुत स्वादिष्ट भी बनता है।

सामग्री:

- 1 कप दूध
- ¼ छोटा चम्मच बारीक कसा ताज़ा अदरक
- 1 छोटा चम्मच बादाम पाउडर
- 1 छोटा चम्मच शहद

सर्विंग्स: 1 के लिए

विधि:

एक सॉसपैन में दूध, शहद और अदरक मिला कर गरम करें। उबाल आने पर 2–3 मिनट धीमी आँच पर पकाते रहें। एक गिलास में छान लें, बादाम पाउडर मिला लें।

एक छोटे मग में सिर्फ़ इसे या काजू–किशमिश कुकीज़ के साथ परोसें।

समर रिट्रीट

यह एक बहुत ताजा और स्वादिष्ट फलों से बना पेय है। मुझे याद है कि मेरी दादी गरमियों में नियमित रूप से इसे बनाती थी। बेरीज़ विटामिन, खनिज और एंथोकायनिन में समृद्ध हैं, इसलिए ब्लूबेरी को "सुपरफूड" कहा जाता है। ध्यान रखें कि बीज के साथ में न पिस जाएं, इसलिए उन्हें पहले से ही अलग करना बेहतर होगा।

सामग्री:

- 1 कप अच्छी तरह से धुले फाल्से
- 2 बड़े चम्मच चीनी
- 1 छोटा चम्मच शहद
- 2½ कप ठंडा पानी
- बर्फ के क्यूब्स
- गुलाब की पंखुड़ियाँ (वैकल्पिक)

सर्विंग्स: 2–3 लोगों के लिए

विधि:

फाल्सों के ऊपर खूब अच्छी मात्रा में चीनी छिड़कें और 30–40 मिनट के लिए छोड़ दें। एक कांटे के साथ मसलें और एक छलनी के माध्यम से बीजरहित गूदा निकाल लें। शहद मिला कर अलग–अलग गिलासों में सिरपी पल्प थोड़ा–थोड़ा डालें। इसके बाद ठंडा पानी मिला कर चम्मच से हिलाएं। प्रत्येक गिलास में कुछ बर्फ के क्यूब डालें और ठंडा करके परोसें।

यह बड़े बच्चों और पार्टियों में परोसने समय कुछ विशेष स्वाद और सुगंध के लिए प्रत्येक गिलास की सतह में कुछ गुलाब की पंखुड़ियाँ डालें। ट्रे को भी गुलाब की पंखुड़ियों से सजाएं।

पौष्टिक टिफ़िन्स

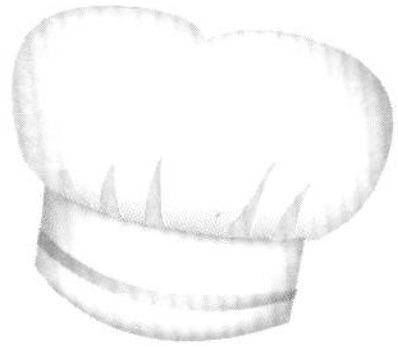

बच्चे रोज़–रोज़ वही पुराने, एक जैसे और पसंद ना आने वाले लंच के साथ ऊब जाते हैं। माताएं भी यह सोच–सोच करके थक जाती हैं कि बच्चों के टिफिन में रोज़–रोज़ क्या नया पैक किया जाए। उनके लिए इस भाग में कुछ सरल किंतु स्वस्थ और स्वादिष्ट रेसिपीज़ दी गई हैं। इन व्यंजनों को बनाकर आप अपने बच्चों के टिफ़िन में पैक कर सकती हैं। इनमें से कुछ सुझावों के अनुसार भोजन बनाने का प्रयास करें। इससे बच्चे के द्वारा अधूरा खाया हुआ लंच, जंक फूड और ऊर्जा को कम करने वाले भोजन की समस्या से आपको छुटकारा मिल सकता है। बढ़ते बच्चों को पेट भरने के लिए बहुत अधिक स्टार्चयुक्त खाद्य पदार्थों की आवश्यकता होती है जिससे उन्हें ऊर्जा मिलती है। पौष्टिक भोजन में फ़ाइबर, प्रोटीन, कार्बोहाइड्रेट और विटामिन प्रचुर मात्रा में होते हैं। स्वस्थ आहार बढ़ते बच्चे की हड्डियों को मजबूत बनाने में सहायक होते हैं और प्रत्येक दिन शरीर और मस्तिष्क को नई ऊर्जा प्रदान करते हैं। इसके साथ–साथ फल और सब्जियाँ भी आपके बच्चे के भोजन का मुख्य अंश होना चाहिए।

यदि आप अधिकतर रोटी या परांठा पैक करती हैं, तो साथ ही साथ कुछ पकी या कच्ची सब्जियाँ, पनीर का एक टुकड़ा और एक फल भी दे सकती हैं। यदि आपके बच्चों को नूडल्स पसंद हैं, तो इसमें बहुत सारे मटर, गाजर, लाल–पीली शिमला मिर्च, मीठी मकई या ब्रॉकोली डाल सकती हैं। बाज़ार के तुरंत बनने वाले नूडल्स अच्छा विकल्प नहीं हैं, क्योंकि उनमें कृत्रिम स्वाद और नमक की मात्रा अधिक होती हैं। इसकी अपेक्षा सादे नूडल्स हल्की तली सब्जियों और सॉस के साथ दें।

स्वस्थ पैक्ड लंच के लिए कुछ सुझावः

- विविधता और पोषण बढ़ाने के लिए सैंडविच में साबुत अनाज, बीज युक्त, मल्टीग्रेन आदि विभिन्न प्रकार की ब्रेड का प्रयोग करें। सैंडविच को ताजा रखने के लिए फॉयल या चिपकने वाली प्लास्टिक शीट में पैक करें।

- ताजगी बनाए रखने के लिए छोटे–छोटे हिस्सों में पैक करें ताकि बच्चे खा सकें। टिफिन में ताज़ा फल के कुछ टुकड़े या फल और सब्जी का सलाद अवश्य दें।
- मिठाई और पार्टी का सामान कम रखें।
- सुनिश्चित करें कि गरम मौसम में लंच–बॉक्स ठंडा हो। गर्मियों में भोजन को ठंडा रखने के लिए या रेफ्रिज़ेबल आइसपैक का उपयोग करें। पानी की एक छोटी बोतल फ्रीज करें (याद रखें कि बोतल ऊपर तक ना भरी हो)। रात भर फलों के रस के छोटे डिब्बों को फ्रीज कर सुबह दोपहर के भोजन के लिए साथ रख सकते हैं।
- अधिक तेलयुक्त और अधिक गंध वाले खाद्य पदार्थ या करी न दें, क्योंकि यह फैल सकता है।
- आवश्यकता के अनुसार एक पेपर नैपकिन या प्लास्टिक कटलरी अवश्य रखें।
- डिप और कटे फल छोटे–छोटे हवाबंद ढक्कन वाले डिब्बों में ही रखें।
- सुबह सवेरे की भागदौड़ से बचने के लिए अपने बच्चे के भोजन की योजना रात को ही बना लें। बच्चे के टिफिन में विविधता लाने के लिए बचा हुए पास्ता, पकी सब्जियाँ या पिज़्ज़ा का टुकड़ा भी इस्तेमाल कर सकती हैं।
- बच्चे को मुख्य भोजन के अतिरिक्त एक छोटी मुट्ठी मेवा और बीज देना भी उपयोगी हो सकता है। बच्चे स्कूल से घर वापस आते समय रास्ते में या मध्य–अवकाश के समय खा सकते हैं। खेल की अवधि के बाद तुरंत ऊर्जा के लिए भी चबा सकते हैं।
- अगर आप दोपहर के भोजन में परम्परागत खाना, जैसे चपाती या परांठे को पैक करना चाहती हैं, तो कुछ अलग करें, कुछ स्वस्थ और पौष्टिक सामग्री भर कर अच्छी तरह संभाल कर खाया जाने वाला रैप या रोल बनाएं।
- अंत में, अपने बच्चों के लिए दोपहर का भोजन पैक करते हुए उनकी प्राथमिकताओं को ध्यान में रखें। अगर यह उनकी पसंद का होता है तो पूरा खाने की संभावना अधिक होती है!

सैंडविच, रैप्स एंड यम्मी ट्रीट्स

सैंडविच और रैप्स स्कूल के दोपहर के भोजन का एक बढ़िया विकल्प हैं, क्योंकि यह चलते–फिरते खाया जाने वाला, स्वादिष्ट और पौष्टिकता की दृष्टि से संतुलित हैं। भोजन के प्रति अरुचि और नीरसता से बचने के लिए आप भरने की सामग्री में परिवर्तन करके कई अलग–अलग प्रकार के सैंडविच और रैप्स बना सकते हैं। वे बच्चों के लिए सही विकल्प हैं, क्योंकि यह साफ–सुथरे और अपने आप में पूरा भोजन हैं। ये आसानी से पैक किया जाने वाला पार्सल कार्बोहाइड्रेट, प्रोटीन और पोषक तत्वों को एकसाथ प्रस्तुत करता है।

रैप्स विशेष रूप से एक पश्चिमी अवधारणा है, लेकिन मुझे कहना है कि हमारी माँ बचपन में अक्सर मीटबॉल्स, बचे हुए तंदूरी चिकन या शमी कबाब जैसे कुछ मज़ेदार टिटबिट्स चपाती में रख कर रोल बना कर देती थीं जिन्हें खाने में बहुत मजा आता था। पारम्परिक रूप से रैप्स के लिए टोर्टिला रोटी का उपयोग किया जाता है, जो एक रोटी की तरह चपटी गोल ब्रेड है। आप इस अद्भुत घूमत–फिरते खाये जाने वाले भोजन के लिए रोटी, परांठा या गुजराती ढेपले का भी इस्तेमाल कर सकती हैं।

जॉएन द क्लब!

यह सबके मनपसंद क्लब सैंडविच की मेरी रेसिपी है। अंगूर और गाजर मिला कर आप इसे अधिक स्वस्थ बना सकती हैं। मुझे विश्वास है कि बच्चों को यह अच्छा लगेगा।

सामग्री:

- 3 स्लाइस होलग्रेन ब्रेड
- 1 छोटा कटा हुआ टमाटर
- 1 छोटी कसी हुई गाजर
- 4–5 बीजरहित आधे कटे काले या हरे अंगूर
- कुछ कटे सलाद के पत्ते
- 1 चीज़ स्लाइस
- नमक और काली मिर्च
- परत पर लगाने के लिए मक्खन

सर्विंग्स: 1 के लिए

विधि:

स्लाइस की ऊपरी परत पर मक्खन लगाएं और उस पर चीज़ स्लाइस रख कर कसी हुई गाजर फैला दें, फ़िर दूसरे स्लाइस पर दोनों तरफ़ मक्खन लगा रखें। उस पर टमाटर लगा कर सलाद के पत्ते लगाएं, स्वादानुसार नमक और काली मिर्च डालें। ऊपर अंगूर रख कर तीसरे स्लाइस से अच्छी तरह दबाएं। दबा कर तिकोने आकार में काट लें।

एप्पल एंड मेयो सैंडविच

चाहे यह सुनने में कुछ अलग सा लगता है, लेकिन सेब और मायो के मिश्रण से एक अच्छा सैंडविच बनता है। बच्चे को प्रतिदिन एक सेब खिलाने का यह अच्छा तरीका है।

सामग्री:

- 2 स्लाइस होलग्रेन ब्रेड/ब्राउन ब्रेड
- 1 मध्यम आकार का कसा हुआ सेब
- ½ बारीक कटा हुआ हरा प्याज
- 2 बड़ा चम्मच कसा हुआ चीज़
- 1 बड़ा चम्मच मेयोनीज़
- नींबू के रस की कुछ बूंदें
- थोड़ा मक्खन परत पर लगाने के लिए

सर्विंग्स: 1 के लिए

विधि:

कसे हुए सेब पर कालेपन से बचाने के लिए उस पर नींबू के रस की कुछ बूंदें डालें, कसा हुआ चीज़, मेयोनीज़, और हरा प्याज मिलाएं। इस मिश्रण से एक क्रंची मसाला बनाएं, दो मक्खन लगे स्लाइस के बीच में भरें।

रेज़ल डेज़ल रैप

मैंने शाकाहारी रेसिपी का इस्तेमाल इसलिए किया है, क्योंकि गर्मियों में दोपहर के भोजन के लिए खाने के डिब्बे में पका हुआ मांस रखना स्वास्थ्य के लिए अच्छा नहीं है और हमेशा व्यावहारिक भी नहीं है। लेकिन मेरा सुझाव है कि आप कम सर्दी में ठंडा रखने वाले टिफ़िन में पके हुए चिकन ब्रेस्ट की स्ट्रिप्स, कटा हुआ उबला अंडा, बचे हुए चिकन या मीट करी (सूखे टुकड़े, मोटे कटे हुए) या बारबेक्यू से बचे हुए कबाब रख सकती हैं। ठीक उसी तरह बची हुई पुदीना चटनी का उपयोग भी कर सकती हैं।

सामग्रीः

- 4 चपाती या टोर्टिला
- ½ कप मिक्स सलाद के पत्ते (रॉकेट, बेबी पालक, अन्य कुछ भी)
- ½ कप छोटा कटा हुआ खीरा
- 1 बड़ी चम्मच किसी भी रंग की कटी हुई शिमला मिर्च
- 1 कप पनीर (कॉटेज़ चीज़) ½ इंच के टुकड़ों में कटा हुआ
- 1 मुट्ठी सलाद के पत्ते
- 1 मुट्ठी ताज़ा पुदीने के पत्ते
- 1 मुट्ठी ताज़ा धनिये के पत्ते
- कुछ बूंदें नींबू की रस
- नमक और काली मिर्च स्वादानुसार
- 1 बड़ा चम्मच जैतून का तेल
- 1 बड़ा चम्मच तेल, तलने के लिए

सर्विंग्सः 4 लोगों के लिए

विधिः

एक ब्लेंडर में पुदीना और धनिया पत्ते, नींबू का रस, नमक और काली मिर्च के साथ मिला कर अच्छी तरह पीस लें, आवश्यकता पड़ने पर थोड़ा पानी डालें। एक बड़ी चम्मच चटनी को अलग रख लें। एक कटोरे में पनीर के टुकड़े को पुदीना चटनी के साथ मिला लें और इसे 10 मिनट के लिए मेरिनेड होने के लिए रख दें (यह आसानी से पहले दिन रात को भी बनाया जा सकता है), फिर इन पनीर के टुकड़ों को नॉन–स्टिक पैन में बीच–बीच में हिलाते हुए 4–5 मिनट के लिए हल्का तलें, जब तक पनीर अच्छा और कुरकुरा न हो जाए। कुछ देर तक ठंडा होने दें।

इस बीच रैप्स तैयार करने की विधिः

- चपाती या टोर्टिला को फैला लें।
- एक कटोरी में नमक, काली मिर्च के साथ सलाद पत्ते, बची हुई चटनी, जैतून का तेल, मिर्च और खीरा मिलाएं।
- चपाती पर सलाद के पत्ते फैलाएं। पनीर और सलाद को चपाती के आधे हिस्से पर रखें। नीचे की तरफ़ से थोड़ा मोड़ दें और इस तरह लपेटना शुरू करें कि एक रोल बन जाए और सामग्री गिरे नहीं। इसे तुरंत फ़ॉयल में लपेटें। यह साथ ले जाने के लिए अच्छा है!

पॉवरपैक्ड पैनकेक्स

दुनिया भर के बच्चे पैनकेक्स खाना बहुत पसंद करते हैं। इनमें कई प्रकार की सामग्री भरी जा सकती है, इसलिए ये मीठे और नमकीन दोनों स्वाद में मिलते हैं। मुझे याद है कि जब हम बच्चे थे तो हमारी माँ रविवार को एक विशेष ट्रीट के रूप में मीठे पैनकेक्स बनाती थीं और हम उनके ऊपर शहद या जैम लगा कर खाते थे। पैनकेक्स मेरी बेटियों को भी बहुत पसंद हैं और वे अक्सर मुझे इन्हें बनाने के लिए अनुरोध करती हैं। स्कूल में कुछ अच्छा करने के पुरस्कार के रूप में मैं उन्हें बना कर खिलाती हूँ। मैं अपनी मां की रेसिपी का उपयोग करके चीनी, दूध, और चावल का आटा मिलाकर पैनकेक्स बना देती हूँ। रविवार की सुबह के इस नाश्ते में वेनिला मिलाने से यह अत्यंत सुगंधित, स्वादिष्ट और शानदार हो जाता है। मेरे पैनकेक्स पर चॉकलेट का लेप अवश्य लगाते हैं और पलक झपकते ही ये ख़त्म हो जाते हैं!

ये पैनकेक्स स्वस्थ और पौष्टिक होते हैं, क्योंकि वे परिष्कृत आटे के अपेक्षा चावल से बनते हैं और सब्जियों से भरे होते हैं–खाने में नखरे करने वाले बच्चों को खिलाने का एक बढ़िया तरीका है। इस रेसिपी को मेरी बेटियों से भी एक बड़ी शाबाशी मिलती है!

सामग्रीः

- 1 फैंटा हुआ अंडा
- 3 बड़े चम्मच चावल का आटा
- ½ कप अंकुरित थोड़ी मसली हुई मूंग दाल
- 2 बड़े चम्मच कसी हुई गाजर
- 1 बारीक कटा हुआ हरा प्याज
- नमक और काली मिर्च स्वादानुसार
- तलने के लिए तेल
- 1 बड़ा चम्मच पानी

सर्विंग्सः 4 लोगों के लिए

विधिः

पानी और चावल के आटे को मिला कर एक अच्छा पेस्ट बनाएं। एक कटोरी में अंडे, सब्जियाँ, अंकुरित दाल, चावल का पेस्ट और नमक और काली मिर्च मिलाएं।

नॉन–स्टिक पैन में तलने के लिए पर्याप्त तेल गरम करें। अब ध्यान से एक चौथाई मिश्रण को पतले गोल आकार में फैलाएं। दूसरी तरफ पलटें और अच्छा सुनहरा होने तक पकाएं। परोसने से पहले अतिरिक्त तेल को हटाने के लिए शोषक कागज पर रखें। तीन और सुपर स्वस्थ पैनकेक्स बनाने के लिए इसी प्रक्रिया को दोहराएं। आप उन्हें अपने बच्चे की मनपसंद डिप के साथ पैक कर सकती हैं।

सेमोलिना सुपरस्टार

एक विशेष प्रकार के गेहूँ (durum) से बनने वाली सेमोलिना या सूजी मोटी, दरदरी और फाइबर से भरपूर होती है। हलवा, दलिया और इडली बनाने के लिए व्यापक रूप से इसका प्रयोग किया जाता है। कार्बोहाइड्रेट और खनिजों में समृद्ध होने के कारण यह बच्चों के टिफिन के लिए अच्छा विकल्प है। उपमा एक सुबह का या शाम की चाय के समय का लोकप्रिय नाश्ता है। यह रेसिपी विशेष रूप से बच्चों के लिए अनुकूल है, जिसमें बहुत अधिक ऊर्जा और सहनशक्ति प्रदान करने के लिए आवश्यक तत्त्वों का सम्मिश्रण है।

सामग्री:

- 1 कप सूजी
- 2 हल्के उबले, बीज रहित और कटे हुए टमाटर
- ½ कप अंकुरित दरदरी पिसी हुई मूंग दाल
- 1 बड़ा चम्मच मिले–जुले मेवा
- 1 बड़ा चम्मच किशमिश
- 1 छोटा चम्मच सरसों
- नमक और काली मिर्च स्वादानुसार
- नींबू का रस
- कटा हुआ धनिया
- 1 बड़ा चम्मच खाना पकाने का तेल
- 1½ कप पानी

सर्विंग्स: 4 लोगों के लिए

विधि:

एक तवे या पैन में सूजी को सूखा भूनें, जब तक इसका रंग बदलना शुरू नहीं हो जाता और भीनी सुगंध नहीं आने लगती है। भुन जाने के बाद एक तरफ़ रखें।

एक कढ़ाही में तेल गरम करें और सरसों डालें। जैसे ही सरसों चटकने लगे उसमें कटे हुए टमाटर, सूखे मेवा, किशमिश और अंकुरित दाल डालें। दो मिनट के लिए भूनें। पानी, नमक और काली मिर्च मिलाएं और उबाल लें। थोड़ी–थोड़ी सूजी डाल कर लगातार चलाते रहें। अंत में नींबू के रस की कुछ बूंदें डालें।

सूजी को सूखने तक पकाएं। मिश्रण को दलिया जैसा नहीं दिखना चाहिए, लेकिन सूजी के दाने अलग–अलग रहने चाहिए। कच्ची गाजर और पकी हुई हरी मटर के साथ पैक करें।

स्नैज़ी स्क्वेयर

बच्चे चाहे छोटे हों या बड़े – फ्रेंच टोस्ट हमेशा से ही पसंद करते हैं। यह एक अन्य रविवार की सुबह का विशेष नाश्ता था जो हमारी माँ ने बनाया था। उन्होंने अति स्वादिष्ट फ्रेंच टोस्ट्स चीनी लगा कर बहुत प्यार से अधिक मात्रा में बनाये थे और हमने झटपट ख़त्म कर दिये थे। इस परम्परा को बनाए रखने के लिए मैं उन्हें छुट्टियों में अक्सर बना देती हूँ, लेकिन अभी कुछ समय से इसे नमकीन बनाने का प्रयोग करना आरम्भ किया है जिसके परिणाम बहुत अच्छे रहे हैं। इस वर्षों पुरानी रेसिपी को मैंने कुछ नयापन दिया है। मैंने इसे सरल और स्वस्थ बनाने के लिए चीनी और मेपल सिरप की अपेक्षा कुछ जड़ी–बूटियों का मिश्रण किया है। जब आपके पास समय की कमी हो, लेकिन आप भरपूर भोजन पैक करना चाहती हैं तो यह एक आदर्श स्नैक है। यह एक नाश्ते की तरह लगता है, लेकिन वास्तव में इसकी मात्रा काफ़ी होती है। सम्पूर्ण गेहूँ से बनी ब्रेड का उपयोग करने की कोशिश करें, क्योंकि इसमें प्राकृतिक फ़ाइबर होता है जो आंतों की प्रक्रिया को सामान्य बनाने में सहायता करता है। बच्चों के लिए चौकोर टुकड़ों को पकड़ना और खुद से खाना भी आसान है। आमतौर में तला हुए भोजन नहीं देना चाहती हूँ, लेकिन बच्चों की पसंद होने के कारण इसे शामिल किया है।

सामग्रीः

- 2 अंडे
- 2 स्लाइस ब्रेड, क्रस्ट्स हटा कर
- 2 बड़े चम्मच पूर्ण वसायुक्त दूध
- एक चुटकी सूखे मिश्रित हर्ब्स
- नमक और काली मिर्च स्वादानुसार
- 2 चम्मच तेल तलने के लिए

सर्विंग्सः 8 छोटे चौकोर टुकड़े

विधिः

स्लाइस को चार वर्गों में काटें और एक ओर रखें। एक कटोरे में सारी सामग्री को डालें और अंडों के अच्छी तरह मुलायम होने कर मिक्स करें। नॉन–स्टिक फ्राईंग पैन में थोड़ा तेल गरम करें, एक टुकड़े को अंडे के मिश्रण में डुबो कर दोनों तरफ से सुनहरा होने और अच्छी तरह पकने तक तलें। तले हुए चौकोर टुकड़े को तेल सोखने वाले पेपर पर रखें। बाकी बचे चौकोर टुकड़ों को भी इसी तरह तल लें।

चौकोर टुकड़ों को फ़ॉयल में लपेटें और उन्हें टिफ़िन बॉक्स में कुछ बेक्ड बीन्स और सलाद के साथ रखें।

सलाद

सलाद खाना जल्दी ही आरम्भ करें और अपने बच्चों को भी सलाद खाने के लिए प्रोत्साहित करें। रुचिकर ड्रेसिंग और रंग–बिरंगी एवं आकर्षक सजावट के साथ ताज़ी सामग्री का प्रयोग करें। सलाद बनाने और सजाने में अपनी कल्पना के साथ–साथ उनके विचारों का भी प्रयोग करें!

यह प्रमाणित हो चुका है कि सामान्यतः कच्ची सब्जियों में विटामिन की मात्रा पकी हुई सब्जियों की तुलना में अधिक होती है। पकाने की प्रक्रिया में उनके विटामिन (विशेष रूप से विटामिन सी और बी) नष्ट हो जाते हैं। किंतु यह महत्त्वपूर्ण है कि आप फलों और सब्जियों को अपने बच्चे को देने से पहले अच्छी तरह धो लें, क्योंकि रोगाणु सतह पर पूरी तरह से चिपके होते हैं। अक्सर मिट्टी के कण ज़मीन पर उगने वाली सब्जियों, जैसे कि गाजर आदि में अणु रूप में फंसे होते हैं–ये परजीवी और कीड़े का रूप ले सकते हैं। ये इतने सूक्ष्म होते हैं कि आप वास्तव में खुली आंखों से नहीं देख सकते हैं।

बॉस्केट में अंडे

अंडे अपने आप में एक पूर्ण भोजन हैं। बच्चों के लिए किसी भी रूप में अंडा खाना महत्त्वपूर्ण है। कुछ बच्चों को अंडे खाने से नफ़रत होती हैं। लेकिन हिम्मत न हारें और बच्चे के आहार में अंडे को शामिल करने के लिए नये–नये प्रयोग करती रहें। कई बच्चे तले हुए अंडे पसंद नहीं करते, लेकिन उबले हुए या केक और पेस्ट्री में अंडे खा सकते हैं।

साल्मोनेला की विषाक्तता के किसी भी जोखिम से बचने के लिए अंडे को अच्छी तरह उबला हुआ होना चाहिए। मैंने टमाटर और खीरे का इस्तेमाल किया है, लेकिन आप अन्य सब्जियों का इस्तेमाल भी कर सकती हैं, जैसे कि गाजर की पतली फांकें, या फलों के स्लाइस जैसे आलूबुखारा, नाशपाती या पपीता। इससे यह रंग–बिरंगा और आकर्षक दिखाई देगा। यह एक स्वस्थ विकल्प है, जिससे बच्चों का पेट भरा जा सकता है।

सामग्री:

- 1 पूरा उबला हुआ और चार टुकड़ों में कटा अंडा
- 2–3 आधे कटे चेरी टमाटर
- 2–3 फ़ांकें खीरा
- 1 पत्ता सलाद

सर्विंग्स: 1 के लिए

विधि:

एक मध्यम आकार के बाउल में सलाद के पत्ते को टोकरी की आकृति बना कर रखें। बीच में चेरी टमाटर सजाएं। अंडा स्लाइस और खीरा बारी–बारी से बाहर की तरफ सजाएं। पनीर डिप/चटनी या हंग कर्ड के छोटे से पॉट के साथ पैक करें। आप इसे पके हुए पास्ता या बचे हुए पिज़्ज़ा के साथ खाने के लिए भी पैक कर सकती हैं।

कूल कोलस्लॉ

कोलस्लॉ अमेरिकी फ़ास्ट फूड में प्रयोग किया जाता है (तला हुआ कैलोरी से भरा जंक फूड तैयार करने के लिए)। यह मूलतः एक सलाद है जिसमें कटी हुई गोभी और कसी हुई गाजर सरसों और मेयोनेज की ड्रेसिंग में होती है। यहां इस भोजन को स्वस्थ और लंच बॉक्स के योग्य बनाने के लिए एक स्वस्थ और पौष्टिक संशोधन है।

सामग्री:

- ½ कप बारीक कटी हुई बंदगोभी
- 1 कसा हुआ सेब
- 2 इंच कसा हुआ मूली का टुकड़ा
- 1 मध्यम आकार की कसी हुई गाजर
- ½ कप कटा हुआ अखरोट

ड्रेसिंग के लिए:

- 1 बड़ा चम्मच मेयोनीज़
- 1 बड़ा चम्मच दही
- 1 बड़ा चम्मच अंग्रेज़ी सरसों
- 1 छोटा चम्मच शहद
- 1 छोटा चम्मच नींबू का रस
- 1 छोटा चम्मच संतरे का रस
- नमक और काली मिर्च स्वादानुसार

सर्विंग्स: 1 के लिए

विधि:

ड्रेसिंग के लिए सामग्री को मिलाएं। सभी सब्जियों और फलों को एक साथ ड्रेसिंग में मिलाएं। देखिए! आपके बच्चे के दोपहर के खाने के लिए यह पैक तैयार है।

टेस्टी ट्रीट्स

अब तक सभी बहुत अच्छा और पौष्टिक खाना पेश किया गया, लेकिन! बच्चे तो बच्चे ही हैं। उन्हें कभी–कभी कुछ ऐसा चाहिए जो स्वस्थ नहीं भी हो सकता। कुछ ऐसा जिसे देखकर वे वाह, वाह कह उठें और उन्हें एक ट्रीट की तरह लगे। चुप......उन्हें बताइए मत! ये स्वादिष्ट उपहार उनके लिए वास्तव में अच्छे हैं। मिठाई या कृत्रिम रूप से स्वादिष्ट ट्रीट की अपेक्षा बच्चों को अपना प्यार दिखाने का यह एक बेहतर विकल्प है। एक छोटा सा संदेश, हंसते चेहरे/स्माइली, एक चुटकला या एक छोटा स्टीकर बच्चों का मन जीत लेता है। प्रत्येक दिन मेरी बेटी अपने लंच बॉक्स को खोलने के लिए उत्सुक रहती थी कि मैंने बॉक्स में क्या विशेष चीज खाने के लिए रखी है।

गाजर मफ़िन्स

मफ़िन बच्चों में बहुत लोकप्रिय हैं, क्योंकि वे देखने में आकर्षक लगते हैं और इन्हें खाना आसान होता है। आप अलग–अलग सब्जियों और फल जैसे जामुन और चेरी तथा बीज जैसे कद्दू के बीज के साथ नये–नये प्रयोग करके अपने बच्चे के मनपसंद स्वाद की खोज कर सकती हैं। बच्चे अपने मनपसंद मफ़िन को लंचबॉक्स में रखने के लिए आपसे अनुरोध करेंगे। आप पहले से कुछ मफिन बना सकती हैं और रेफ्रिजरेटर में दो से तीन दिनों के लिए हवाबंद डिब्बे में रख सकती हैं।

सामग्री:

- 2 कप खमीरा आटा
- 1 कप ब्राउन शुगर
- 1 कप कसी गाजर
- 2 बड़े चम्मच सूरजमुखी के बीज
- 2 अंडे
- 2 बड़े चम्मच दूध
- ¾ कप पकाने का तेल

सर्विंग्स: 15–16 लोगों के लिए

विधि:

आपको इस विधि के लिए मफ़िन बनाने के सांचे और एक बेकिंग ट्रे की आवश्यकता होगी।

ओवन को पहले से 180 डिग्री सेल्सियस तक गरम करें। एक कटोरे में, आटा, चीनी, सूरजमुखी के बीज और तेल को एक साथ मिलाएं। एक बाउल में अंडा फेंटें और दूध के साथ आटे के मिश्रण में डालें। इसमें कसा हुआ गाजर मिलाएं और सब कुछ अच्छी तरह मिक्स करें। मिश्रण को आवश्यकता से अधिक न हिलाएं, इससे मफ़िन नरम बनेंगे और इनमें नमी भी बनी रहेगी।

इस मिश्रण का चम्मच भर के मफ़िन के सांचे में डालें। इसे सांचे में तीन चौथाई क्षमता तक भरें। इसे आसानी से करने के लिए आइसक्रीम स्कूप या फिर तेल लगी चम्मच का उपयोग करें।

मफ़िन 20 मिनट या सुनहरे भूरे रंग का होने तक सेंकें। हवाबंद डिब्बे में संरक्षित करने से पहले उन्हें एक जाली पर ठंडा होने के लिए रखें।

टिफ़िन टाइगर्स

अनाज की चिक्की (cereal bar) एक अप्रत्याशित खजाना है। ने दुकानों में आसानी से मिलते हैं, लेकिन मैं समय–समय पर उन्हें कुछ मात्रा में घर पर ही बनाना पसंद करती हूँ। इनमें न केवल बने–बनाये अनाज युक्त नाश्ते के गुण हैं (वह भी कटोरे और दूध की परेशानी के बिना), अपितु ये सूखे मेवे, फल, ओट्स, शहद बीज और पीनट बटर से भी समृद्ध हैं।

इसमें ऊर्जा को बढ़ाने वाली सभी पौष्टिक चीजों का एक भंडार है जो आपका बच्चा संभवतः खा सकता है। विशेष रूप से ओट्स लंबे समय तक ऊर्जा स्तर को कायम रखते हैं। एक छोटी चॉकलेट के आकार वाली चिक्की में इतना पोषण! और इससे अधिक एक माँ को क्या चाहिए! मैं अपने बच्चों के बैग में कुछ एनर्जी बार रख देती हूँ – जब उनका खेलकूद का अतिरिक्त सत्र होता है, या कोई स्कूल ट्रिप – उस समय यह उनकी थकान को दूर करता है और ऊर्जा को बनाए रखता है। इनके लिए मैं कभी कभी स्वार्थी भी हो जाती हूँ और भूख मिटाने के लिए कुछ अपने बैग में भर कर रखती हूँ। इनको बनाना बहुत आसान है, आप इन्हें बनाने में अपने बच्चों की सहायता भी ले सकती हैं।

सामग्री:

- 1 कप ओट्स दलिया
- ¾ कप अपने बच्चे का पसंद का नाश्ता अनाज
- 4 बड़े चम्मच शहद
- 4 बड़े चम्मच पीनट बटर
- ½ कप ब्राउन शुगर
- 1 कप मिश्रित कटा हुआ सूखा मेवा
- 1 छोटा चम्मच कसा हुआ नारियल
- 2 बड़े चम्मच सूरजमुखी के बीज
- 1 छोटा चम्मच दालचीनी पाउडर
- 2 बड़े चम्मच मक्खन

सर्विंग्स: 12–15 लोगों के लिए

विधि:

ओवन को पहले से 180 डिग्री सेल्सियस पर गरम करें। बेकिंग ट्रे पर तेलरोधक कागज़ लगाएं। एक पैन में मक्खन, पीनट बटर और चीनी डाल कर धीमी आँच पर घुलने तक गरम करें।

फिर ओट्स, अनाज, सूखे मेवा, बीज, दालचीनी, नारियल और शहद को पैन के मिश्रण में डालें। इस मिश्रण को बेकिंग ट्रे में पलट दें और समतल करने के लिए दबाएं।

25–30 मिनट तक सुनहरा होने तक सेंकें, फिर ओवन से बाहर निकालें।

एक तेज चाकू के साथ निशान बनाएं, ठंडा होने दें और टुकड़ों में काट लें। प्रत्येक टुकड़े को एक–एक फ़ॉयल में लपेटें ताकि बच्चे खेलने के बाद उनका लुत्फ़ उठा सकें।

पिकनिक के लिए व्यंजन

एक बच्चे के रूप में पिकनिक पर जाना मुझे बहुत पसंद था। आज भी जब मैं दिल्ली में अपने परिवार के पास जाती हूँ, जब सर्दियों की दोपहर में हम सब मिल कर पिकनिक पर जाते हैं तो पेड़ों से छन कर आती हुई धूप और खुली जगह पर भरपूर ताज़ा हवा का आनंद लेते हैं।

अधिकतर सार्वजनिक उद्यान और पार्क पिकनिक के लिए आदर्श होते हैं। बच्चे एक सुरक्षित वातावरण में घूम–फिर कर मस्ती कर सकते हैं, जबकि बड़े लोग अच्छी तरह से बिछी चादरों और कुशन पर आराम से बैठकर बातचीत और गपशप का आनंद ले सकते हैं।

पिकनिक बास्केट पारंपरिक के साथ–साथ आधुनिक भी हैं, उदाहरण के लिए आलू–पूरी अथवा आधुनिक, सुविधाजनक और साफ–सुथरा विकल्प, जैसे सैंडविच, दुकान से खरीदे गए स्नैक्स, चिप्स और बिस्कुट के पैकेट इत्यादि। हमारी पिकनिक की रेसिपीज़ में दोनों का ही मिश्रण है, लेकिन बाज़ार में मिलने वाले बने बनाये पैकिट्स के बिना। आप अन्य भागों से कुछ रेसिपीज़ लेकर पिकनिक की मिली–जुली टोकरी बना सकती हैं। सैंडविच हमेशा एक अच्छा विकल्प है। **स्वस्थ टिफ़िन** अनुभाग में से कुछ चुन सकती हैं या सबको पसंद आने वाले खीरा, पनीर या जैम के सैंडविच बना सकती हैं। अधिक पिकनिक व्यंजनों के लिए हैल्दी टिफ़िन्स या **स्नैक्स** अनुभाग देखें।

छोटी–छोटी रंग–बिरंगी प्लेटों पर बच्चे कई चीजों का लुत्फ़ लेते हैं (अपने साथ कुछ प्लास्टिक के या डिस्पोज़ेबल पेपर प्लेट्स ले जाएं)। कुछ प्लास्टिक की कटलरी ले जाना बहुत उपयोगी होता है। निश्चित रूप से साफ–सफाई के लिए बहुत सारे पेपर नैपकिन्स रखना आवश्यक है (क्योंकि पिकनिक का उत्साह,

एक साथ मिलकर स्वादिष्ट भोजन खाना ... संभावनाएं अनंत हैं)। कुछ फल, पानी और सबसे महत्वपूर्ण भुनी हुई मूँगफली रखना ना भूलें। बड़ों के लिए एक फ्लास्क में गरम–गरम चाय और बिना किसी काम के, मस्ती भरे एक खुले वातावरण में लंबे समय तक हरियाली का आनंद लेने वाले बच्चों के लिए कुछ सरल नाश्ता रख लें।

पिकनिक पर बच्चों का मन लगाए रखने के लिए गेंद या बाहर खेलने के लिए उपयुक्त कुछ खिलौने अवश्य ले जाएं।

एक बड़ी मोटी चादर या चटाई साथ लेकर जाएं और पिकनिक से लौटने के बाद साफ करने का ध्यान रखें ताकि दूसरे लोग भी आपकी तरह उसका आनंद ले सकें। कचरे को इकट्ठा करने के लिए अपने साथ कुछ प्लास्टिक की थैली ले जाएं और पिकनिक से लौटने से पहले इन्हें कचरे के डिब्बे में डाल दें।

पूरी

पूरी मेरे लिए हमेशा मजेदार, रोमांचक, पिकनिक और परिवार के साथ बैठकर ब्रंच करने से जुड़ी है, जब रविवार दोपहर को सब मिल कर बातचीत और गपशप का मज़ा लेते हैं। परम्परागत रूप से स्वादिष्ट आलू या सीताफल और कुछ चटपटे अचार के साथ खायी जाती है। ये विविधता से भरी हैं और इसे तले हुए अंडे और छोले आदि किसी के साथ भी खा सकते हैं। इसे कभी–कभी सूजी हलवे के साथ परोसा जाता है। एक मजेदार खाना! इन्हें दबाकर अच्छी तरह से एक टिफिन बॉक्स के अंदर रखा जा सकता है। यात्रा करते समय इन्हें नरम और ताजा रखने के लिए फ़ॉयल में लपेटें।

सामग्रीः

- ½ कप गेहूँ का आटा
- ½ कप सादा आटा
- एक चुटकी अजवायन
- 1 बड़ा चम्मच तेल आटे के लिए
- 4 बड़ा चम्मच पानी
- तलने के लिए तेल

सर्विंग्सः 6 लोगों के लिए

विधिः

एक कटोरी में आटा, अजवायन, तेल मिलाएं और धीरे–धीरे थोड़ा–थोड़ा पानी डालते हुए सख़्त गूँधें। लगभग 5 मिनट तक अच्छी तरह गूँध कर 10 मिनट के लिए नम कपड़े से ढंक कर रख दें। फिर आटे को छह बराबर भागों में बांट कर छोटी–छोटी एक लोई लें। आँच तेज कर दें। इसके लिए आपको एक लंबी हैंडल वाली कलछी की भी आवश्यकता होगी। जब तेल गरम हो जाए तो धीरे से एक–एक पूरी को तेल में डालते जाएं लेकिन ध्यान रखें कि इस प्रक्रिया में आपकी उंगलियाँ नहीं जलें। गरम तेल में पूरी पहले सतह में डूब जाती है, फिर फूल कर ऊपर आ जाती है। कलछी के प्रयोग से तेल को पूरी के ऊपर डालें जिससे पूरी अच्छी तरह फूल कर तैरने लगे, इसे पलट कर कुछ सेकेंड तक सुनहरा होने तक तलें। कढ़ाही से पूरी निकाल कर तेल शोषक पेपर लगी थाली में निकाल लें। इसी तरीके से बाकी पूरियां भी तल लें। उन्हें इकट्ठा कर लें और पन्नी में लपेट कर ले जाएं।

चालू आलू

ये बच्चों और वयस्कों दोनों में ही बहुत लोकप्रिय हैं और सूखे होने के कारण, पूरियों के साथ सुविधाजनक संयोजन बनाते हैं। पिकनिक और ब्रंच (नाश्ता और दोपहर का खाना एक साथ) के समय खाने का इनका अपना अलग ही आनंद है। अपने बच्चे को मसालों से परिचय कराने का स्वादिष्ट और आसान तरीका है। इस रेसिपी में प्रयुक्त विभिन्न मसाले पाचन में सहायक होते हैं और भूख को बढ़ाते हैं। कोई बच्चा इसके लिए मना नहीं करेगा!

सामग्री:

- 4–5 छिले और कटे हुए मध्यम आकार के आलू
- 1 कटा हुआ टमाटर
- ½ छोटा चम्मच जीरा
- ¼ छोटा चम्मच धनिया पाउडर
- ¼ छोटा चम्मच हल्दी पाउडर
- एक चुटकी कलौंजी
- एक चुटकी लाल मिर्च पाउडर
- नमक स्वादानुसार
- 2 बड़े चम्मच तेल
- ¾ कप पानी

सर्विंग्स: 4 लोगों के लिए

विधि:

पैन में तेल गरम करें, जीरा और कलौंजी डालें। जब जीरा चटकने लगे तब हल्दी और धनिया पाउडर डाल कर एक मिनट के लिए चलाएं। टमाटर और मिर्च पाउडर डाल कर पेस्ट बनने तक भूनें। आलू के साथ नमक और पानी मिलाएं। उबाल आने के बाद लगभग 10 मिनट तक धीमी आँच पर उबालें जब तक पानी काफी सूख नहीं जाता और आलू मसाले के साथ अच्छी तरह से लिपट नहीं जाते, तब तक धीरे–धीरे पकने दें। ये चपाती, पूरी, ब्रेड का सादा स्लाइस आदि किसी के साथ सरलता से खाया जा सकता है।

बल्ले बल्ले छोले

उत्तर भारत की एक क्लासिक डिश है जिसे अनगिनत घरों में विभिन्न प्रकार की ब्रेड के साथ खाया जाता है, जैसे भटूरा, कुलचा या पूरी। मैंने इसे ब्रेड स्लाइस या गरम पिटा के साथ भी सजाया है। मेरे पति को यह बहुत पसंद है, इसलिए प्रायः मैं इन्हें बना देती हूँ, विशेष रूप से डिब्बाबंद चनों से मिनटों में इस स्वादिष्ट डिश को बनाना संभव हो पाता है। इसके स्वाद और बनावट में बहुत विविधता पाई जाती है और भिन्न–भिन्न प्रकार के मसालों के साथ बनने पर यह दावत का व्यंजन बन जाता है। आप अपने स्वाद के अनुसार जितना चाहे मसालेदार बना सकते हैं, किंतु मैं कटी हुई हरी मिर्च, पतला लंबा कटा अदरक और प्याज के छल्ले मिला कर कम मसालेदार बनाती हूँ और प्लेटर के साथ स्वयं परोस कर खाने के लिए रख देती हूँ।

सामग्रीः

- 2 कप धुले हुए पानी निकले हुए उबले चने
- 1 कटा हुआ प्याज
- 2 बड़े चम्मच टमाटर प्यूरी
- 1 छोटा चम्मच जीरा पाउडर
- 1 छोटा चम्मच धनिया पाउडर
- ½ छोटा चम्मच अमचूर पाउडर
- ½ छोटा चम्मच चना मसाला (वैकल्पिक)
- ½ छोटा चम्मच अदरक का पेस्ट
- नमक स्वादानुसार
- ½ कप पानी
- 2 बड़े चम्मच सूरजमुखी का तेल
- कटा हुआ हरा धनिया

सर्विंग्सः 4 लोगों के लिए

विधिः

एक पैन में तेल डाल कर गरम करें, प्याज डाल कर नरम होने तक भूनें। फिर अदरक का पेस्ट, टमाटर प्यूरी और बाकी सारे मसाले (अमचूर पाउडर को छोड़ कर) डालें। तब तक भूनते रहें जब तक तेल मसाले से अलग न होने लगे। फिर उसमें चने डालें और अच्छी तरह मसाले में मिलाएं। अंत में पानी डाल कर उबालें, फिर 15 मिनट तक धीमी आग पर पकाएं जब तक चने नरम हो जाएं और पानी सूखने लगे। वैकल्पिक रूप से आप कुछ समय के लिए प्रेशर कुकर में भी पका सकते हैं। फिर अमचूर पाउडर डाल कर आँच बंद करने से अच्छी तरह मिलाएं। कटे हुए धनिया पत्तों से सजाएं।

नोटः

यदि आप नियमित रूप से पकाना चाहते हैं तो 1½ चने रात भर भिगो कर रखें, अन्यथा आप डिब्बाबंद चनों का भी इस्तेमाल कर सकती हैं।

सेमोलिना डायमंड्स

मेरी माँ प्रायः उत्सव के अवसरों पर पड़ोसियों और परिवारों के बीच बांटने के लिए डायमंड आकृति के चाय स्नैक्स बनाती है। यह नरम सूजी हलवे के समान है, लेकिन चीनी की चाशनी में तैयार किया जाता है और फिर प्लेट में फैला कर पारम्परिक रूप से हीरे के आकार में काटा जाता है।

यह एक पौष्टिक और स्वस्थ आहार है, बच्चों के लिए इसको हाथों में पकड़ कर इधर–उधर घूमना आसान है – कटोरे या चम्मच की कोई आवश्यकता नहीं है! जब मेरी माँ प्लेट भर बना कर मेज पर छोड़ दिया करती हैं, तो आस–पास से निकलते हुए लोग स्वयं ही एक–दो टुकड़े ले कर खा लेते हैं और थोड़ी ही देर में यह समाप्त हो जाता है। आप इसे 2–3 दिन के लिए हवाबंद डिब्बे में स्टोर कर सकते हैं।

आजकल घी के विषय में यह धारणा बन गई है कि ये स्वास्थ्य के लिए अच्छा नहीं है। लेकिन यदि उचित मात्रा में डाला जाये तो इससे भारतीय मिठाइयों का स्वाद बढ़ता है। यह जानना महत्त्वपूर्ण है कि हाइड्रोजनीकृत वनस्पति तेलों में ट्रांस–वसा होता है, जो उचित मात्रा में प्रयोग किये गये मक्खन और शुद्ध घी की तुलना में स्वास्थ्य के लिए अधिक हानिकारक होते हैं। यदि आप किसी भी घी का उपयोग नहीं करना चाहते तो भी ठीक है। शुद्ध घी में संतृप्त वसा होती है, इसलिए यह खाना पकाने का स्वस्थ माध्यम नहीं है, लेकिन कभी–कभी अपनी पसंद की दाल में या विशेष अवसरों पर इसे ऊपर से डालकर खा सकते हैं।

सामग्रीः

- 1 कप सूजी
- ½ छोटा कप चीनी
- ¼ छोटा चम्मच पिसी हुई इलायची
- ½ कप वनस्पति तेल
- ½ छोटा चम्मच घी (वैकल्पिक)
- ½ कप पानी, उबला हुआ
- 2 बड़ा चम्मच किशमिश
- 1 बड़ा चम्मच बारीक कटा बादाम सजाने के लिए

1 बड़ा चम्मच सूखा नारियल

सर्विंग्सः 4 लोगों के लिए

विधिः

सॉसपैन में सूजी को धीमी आँच पर लगातार चलाते हुए एक अच्छी सुगंध आने तक भूनें, लेकिन ध्यान रहे कि जले नहीं। एक सूखी प्लेट में एक तरफ निकाल कर रखें। खाली पैन में तेल, घी और इलायची डालें, चीनी मिला कर धीमी आँच में चलाते रहें। किशमिश डालें और बहुत सावधानी से पानी डालें और चीनी को घोलने के लिए लगातार चलाते रहें और एक गाढ़ा सिरप बना लें। भुनी हुई सूजी को मिलाकर तब तक चलाते रहें जब तक सिरप नहीं सूख जाता है और सूजी पक नहीं जाती है। पैन को आग से हटा दें और एक तेल लगी थाली या बड़ी चपटी प्लेट में पलट दें। चाकू की सहायता से तिरछी समानांतर रेखाएं बनाएं, फिर पिछली रेखाओं पर सही कोण बनाते रहें जब तक डायमंड की आकृति नहीं बन जाती। थोड़ी देर सूखने दें। नारियल और बादाम से सजाएं। आप सजाने के लिए कुछ अतिरिक्त किशमिश भी रख सकती हैं। सूख जाने के बाद एक चपटी चम्मच के साथ एक–एक टुकड़े को ऊपर उठाएं और अपने पिकनिक पर ले जाने के लिए हवाबंद बॉक्स में रख दें।

काला दिलवाला

बैंगनी गाजर में न केवल नारंगी गाजर में पाए जाने वाले सभी गुण होते हैं, इनमें एंथोकायनिन नाम का पदार्थ भी पाया जाता है जो इन्हें सुपरफूड की श्रेणी में डालता है। एंथोकायनिन फलों और सब्जियों के चमकदार लाल, नीले और बैंगनी रंगों के लिए उत्तरदायी हैं और बेरीज में प्रचुर मात्रा में मिलता हैं, विशेष रूप से ब्लूबेरीज जिसमें असाधारण उच्च एंटीऑक्सीडेंट गतिविधि है।

काली गाजर का हलवा हमारे परिवार की पुरानी यादों के रूप में एक विशेष मूल्य है, क्योंकि यह हमारे दादाजी को बहुत पसंद था जो एक प्रसिद्ध कवि थे। उन्होंने इस हलवे को बहुत ही मजे से खाया और एक पुराने लोकगीत का भी सुनाया–काला लाया रे काली गाजर का हलवा। मेरी माँ इस मौसम में कई बार विशेष रूप से उनके लिए बनाती थीं और निश्चित रूप से हम सब भी इसका लुत्फ़ उठाते थे। जैसा कि पिकनिक परिवारों को एक साथ लाते हैं, मुझे लगता है कि इस परिवारिक रेसिपी को यहां शामिल करना उपयुक्त होगा। यदि आप वसा सामग्री के बारे में चिंतित हैं तो आप वनस्पति तेल का उपयोग कर सकती हैं।

सामग्री:

- 1 किलो बैंगनी/काली गाजर, छिली और कसी हुई
- 1 लीटर पूर्ण वसायुक्त दूध
- 1½ कप चीनी
- ½ कप खोया/मावा
- 1 बड़ा चम्मच घी
- 2–3 छोटी इलायची
- 2 बड़े चम्मच किशमिश
- 2 बड़े चम्मच मोटे कटे सूखे मेवा

सर्विंग्स: 6–7 लोगों के लिए

विधि:

गाजर को भारी तले वाले पैन में डालें। दूध मिलाएं, एक उबाल आने दें और धीमी आँच पर दूध को धीरे–धीरे उबालते रहें जब तक सूखने न लगे। घी, चीनी, इलायची और खोये का अधिकांश भाग मिलाएं और अंत में सूखे मेवा और किशमिश डालें। आँच से नीचे उतार कर बचे हुए खोये और कटे सूखे मेवा से गार्निश करें।

मम्मा मियां! पिज़्ज़ा पिज़्ज़ा

अंत में, एक डिश जो कल्पना से परे किसी भी तरह भारतीय नहीं है, लेकिन जिसे पूरे विश्व में बच्चों द्वारा बहुत पसंद किया जाता है। यह बच्चों को शामिल करने का एक अच्छा तरीका है और जिससे उनकी सब्जियां खाने में दिलचस्पी हो सकती है। वे इन घरों में बने पिज़्ज़ा को अपनी पसंद की टॉपिंग के साथ सजाने में सहायता कर सकते हैं। प्रायः हम रविवार की आलसी दोपहर में इसे बनाते हैं और फिर इन सादा, लेकिन पौष्टिक और अविश्वसनीय स्वादिष्ट पिज़्ज़ा बहुत चाव से खा जाते हैं। अचानक पार्क में पिकनिक का प्रोग्राम बनने पर इन्हें पन्नी में लपेट कर ले जाया जा सकता है।

पिज़्ज़ा का बेस (रोटी) बाज़ार और बेकरियों में आसानी से उपलब्ध हैं। आप स्वयं भी बना सकती हैं, लेकिन मुझे लगता है कि बच्चों को लचीला बेस मूल प्रामाणिक पतले परत वाले से बेहतर लगता है, जिसे मैंने भी एक या दो बार बहुत मेहनत करके बनाया था। एक छोटे कटोरे में अलग–अलग रंगों की शिमला मिर्च, मशरूम, टमाटर आदि को काट कर एक दुकान से खरीदे गये पिज़्ज़ा बेस पर टोमैटो सॉस लगा कर उन्हें पैटर्न – एक चेहरा, एक वर्ण या, फूल बनाने दें। फिर आप पिज़्ज़ा को ओवन में बना सकते हैं! देखना, बाहर आते ही कैसे गायब हो जाता है!

सामग्रीः

- 4 तैयार पिज़्ज़ा बेस

टमाटर सॉस के लिएः

- 5–6 टमाटर
- 1 बारीक कटा हुआ प्याज
- 2 कली बारीक कटा हुआ लहसुन
- ¼ चम्मच मिश्रित हर्ब्स या सूखे अजवायन की पत्ती/ऑरगनो
- नमक और काली मिर्च स्वादानुसार
- ½ छोटा चम्मच मक्खन
- 1 छोटा चम्मच जैतून का तेल
- 3 कप पानी

टॉपिंगः

- 1 कप कसा हुआ पनीर
- 1 कप शिमला मिर्च (लाल/पीली/हरी)
  ½ कप कटा हुआ मशरूम
- ½ कप कटा हुआ बीज रहित टमाटर
- ½ कप मीठी मकई
- 1 छोटा कटा हुआ हरा प्याज
- 1 कप छोटी फूलों में कटी हुई ब्रॉकोली या फूलगोभी
- ½ कप पका हुआ मसालेदार पालक
- बड़े बच्चे अपनी मनपसंद जैतून, पका हुआ मांस, अनानास के टुकड़े, प्याज और मिर्च के साथ खाने का साहस कर सकते हैं।

सर्विंग्सः 4 लोगों के लिए

विधिः

उबलते हुए पानी में टमाटर डालें, 10–12 सेकंड के बाद बाहर निकालें और ठंडे पानी के नीचे रखें। छिलका आसानी से छील कर काट लें और एक तरफ रख दें।

एक पैन गरम करें और जैतून का तेल डालें। प्याज मिलाएं और हल्का भूनें। लहसुन और टमाटर डालें, धीमी आँच पर धीरे–धीरे हिलाते हुए भूनते रहें जब तक पेस्ट जैसा न दिखने लगे और पानी न सूख जाए। मक्खन, हर्ब्स और अंत में मसाला मिलाएं। आँच से उतारने से पहले स्वाद चख लें। प्रत्येक बेस के उपर समान रूप से फैला कर लगाने से पहले इसे थोड़ा ठंडा कर लें। इच्छानुसार टॉपिंग डालें। कुछ ताजी सब्जियां, जैसे लाल, पीली, हरी शिमला मिर्च, प्याज और मशरूम को थोड़े तेल या मक्खन में हल्का भून लें, मसाले मिला कर उन्हें स्वादिष्ट और सुपाच्य बनाएं।

एक मध्यम ओवन में 160° सेल्सियस पर पनीर पिघलने और सुनहरा होने तक सेंकें (लगभग 12–15 मिनट का समय लगता है)।

सुनिश्चित करें कि आप पन्नी में पैक करने से पहले पिज़्ज़ा ठंड़ा कर लें ताकि यह पिकनिक के लिए गीला न हो।

फेयरी केक्स

पिकनिक और पार्टियों के लिए फेयरी केक आदर्श होते हैं, जो न केवल आकर्षक दिखते हैं, बल्कि स्वाद के साथ–साथ खुशी भी देते हैं। बच्चों और वयस्कों में बहुत लोकप्रिय होते हैं! कभी–कभी हम अपने घर में फेयरी केक बनाते हैं–कभी सिर्फ एक प्लेट में निकाल कर बगीचे में पिकनिक मनाते हुए खाते हैं। परंपरागत मलाईदार केक के विपरीत इन्हें ले जाना आसान है, खाने के समय भी कम गन्दा होता है। मेरी बेटी के जन्मदिन पर हमने "अपना केक आप बनाएं" की पार्टी रखी थी, जहां उसके सभी दोस्तों ने अपने छोटे एप्रिन पहने थे और उनके लिए ये सुंदर–सुंदर छोटे केक बेक करने, सजाने और खाने के लिए अद्भुत समय था। ये कुछ घर ले जाने के लिए पर्याप्त थे।

सामग्रीः

- 1 कप खमीरा आटा बनाने के लिए
- ¾ कप नरम–नमक रहित मक्खन
- ¾ कप महीन सफेद चीनी
- 2, हल्के फेंटे हुए अंडे
- 1 छोटा चम्मच वेनिला अर्क
- 1 चॉकलेट बार (150 ग्राम)

टॉपिंग के लिएः

- एक कटोरे में सामान्य चॉकलेट के 150 बार उबलते पानी वाले पैन में रखें। जब तक चॉकलेट पिघल नहीं हो जाता है तब तक चलाते रहें और एक बड़ा चम्मच संघनित दूध का मिलाएं। केक को ठंडा होने दें, चम्मच से लेप करें। आधी कटी चेरी डालें या छिड़कें और जमने के लिए छोड़ दें।
- ¾ कप अपने बच्चे की पसंद की जेगरा लें। एक चम्मच पानी के साथ इसे धीरे से गरम करें, इसे केक पर ब्रश करें और कटे हुए सूखे मेवा या कटे हुए ताजा फल के साथ सजाएं।
- 100 ग्राम बारीक चीनी लें। एक चिकनी सफेद पेस्ट बनाने के लिए नींबू के रस के कुछ बूंदें और लगभग 1 बड़ा चम्मच पानी मिलाएं। सफेद पेस्ट को कवर करें और रंगीन चीनी के फूल फैलाएं।

24 छोटे और 12 बड़े केक के लिए

विधिः

मफिन ट्रे और 12 पेपर के साँचे लें। ओवन को पहले से 180° सेल्सियस (इलेक्ट्रिक ओवन/इलेक्ट्रिक पंखा ओवन 160° सेल्सियस/गैस मार्क 4½ पर गरम करें और 12 पेपर साँचों को एक मफिन टिन में रखें।

एक बाउल में मक्खन और चीनी को नरम और फूलने तक फेंट लें। आप इलेक्ट्रिक बीटर या लकड़ी की मथानी का उपयोग कर सकती हैं।

एक समय में थोड़ा–थोड़ा फेंटा अंडा डालें, फेंटते रहें और फिर वेनिला में मिक्स करें। इस मिश्रण में आटा को छान लें और दूध डाल कर सभी को मिलाकर रखें। यदि पेपर के साँचों का उपयोग करना है तो चम्मच से मिश्रण को साँचों में डालें या तेल लगी टिन ट्रे में डाल कर लगभग 12 मिनट तक सेंकें या जब तक वे फूल न जाएं और ऊपर से रंग बदलने लगे। साँचे और टिन से निकालने से पहले तक 10 मिनट अच्छी तरह ठंडा होने दें।

पीनट बटर कुकीज़

मुझे पीनट बटर बहुत पसंद है। यह सचमुच मुझमें छिपे बच्चे को बाहर लाता है और जब मेरा दिन वास्तव में लंबा और तनावपूर्ण होता है तो पीनट बटर और शहद का सैंडविच मुझे उत्साह देता है और रात का खाना तैयार होने तक शक्ति बनाए रखता है। यह आसानी से बनने वाले कुकीज बहुत पौष्टिक होते हैं जिन्हें आलमारी में आवश्यक श्रद्धांजलि स्वरूप आप विनम्रता से रखते हैं। यदि आपको दरदरा पीनट बटर नहीं मिलता है तो चिकने पीनट बटर का उपयोग करें और उसमें कुछ भुनी नमकरहित मोटी कटी हुई मूंगफली मिलाएं। पीनट बटर विविधतापूर्ण भोजन है जो पोषण से भरपूर है जिसे चलते–फिरते भी खाया जा सकता है और नाश्ते के लिए बहुत उत्तम है। इसमें वसा, प्रोटीन, आवश्यक विटामिन और खनिज के अतिरिक्त विटामिन ई, नियासिन, फोलिक एसिड और मैग्नीशियम भी होते हैं। यह त्वरित ऊर्जा और सहनशक्ति का स्रोत है और इसलिए खेलने वाले बच्चों के लिए बहुत अच्छा होता है। यह बच्चों के लिए एक शानदार भोजन है, हालांकि वजन के उतार–चढ़ावों को ध्यान में रखने वालों को इसे कम से कम इस्तेमाल करने की आवश्यकता है!

सामग्री:

- $1\frac{1}{2}$ कप सादा आटा
- $1\frac{1}{2}$ कप चंकी पीनट बटर
- 1 कप चीनी
- 1 बड़ा चम्मच शहद
- 1 अंडा
- $\frac{1}{2}$ चम्मच सोडा बाईकार्बोनेट
- एक चुटकी नमक
- आधा कप नमकरहित मक्खन
- 1 छोटा चम्मच वनिला अर्क

20 कुकीज़ बनाने के लिए

विधि:

मक्खन और चीनी को एक साथ मिलाएं। एक छोटे कटोरे में वनिला के साथ अंडे को फैंट कर इसे मक्खन के मिश्रण के साथ मिला लें। शहद और पीनट बटर में मिलाएं। आटा, सोडा और नमक में छान कर बाकी सबके साथ मिलाएं। चिकना आटा बनने तक अच्छी तरह मिलाएं और 30 मिनट के लिए फ्रिज में रख दें।

ओवन को पहले से 180° सेल्सियस/350F सेल्सियस इलेक्ट्रिक पंखा ओवन/गैस मार्क 4 गरम कर लें। दो बेकिंग ट्रे में ग्रीसप्रूफ पेपर लगाएं। आटा फ्रिज से बाहर निकाल लें और बीस पिंग–पोंग के आकार की 20 गेंद बना लें। गोलाई में दबाएं और बेकिंग ट्रे में लगाएं। लगभग 12–15 मिनट तक सुनहरा होने तक सेंकें। इन कुकीज को एक तार रैक में ठंडा करने के लिए रखें। स्थानांतरण करें और यदि तुरंत नहीं खाये जाते हैं तो हवाबंद डिब्बे में रख कर पिकनिक में फ्लास्क की चाय के साथ स्वाद का आनंद लें।

आओ मनाएं, त्योहार की अपार खुशियाँ

त्योहार भारतीय संस्कृति का एक महत्त्वपूर्ण हिस्सा हैं जिन्हे बच्चे अपने परिवारों के साथ मनाना पसंद करते हैं। सभी त्योहारों का धार्मिक और सांस्कृतिक महत्त्व हैं जो विशेष अनुष्ठानों, रीति–रिवाजों, परिधान और भोजन से जुड़े होते हैं। त्योहार बच्चों को न केवल अपनी सांस्कृतिक पहचान और परम्पराओं की याद दिलाते हैं, अपितु उनके लिए उल्लास और मस्ती से नये–नये पकवान खाने का अवसर होते हैं। भारतीय उपमहाद्वीप में अनेक त्योहार मनाए जाते हैं। उन सभी का विस्तृत वर्णन संभव नहीं है। हालांकि मैंने विभिन्न क्षेत्रों के कुछ प्रमुख त्योहारों का उल्लेख किया है और प्रत्येक के साथ जुड़े विशेष पकवानों का वर्णन किया है। यह अनुभाग माता–पिता को इन त्योहारों के महत्त्व को बच्चों को सिखाने और पारम्परिक किंतु व्यावहारिक रूप से उन्हें मनाने में सहायक होगा। त्योहारों के अवसर पर मिठाई की दुकानों में अनेक प्रकार की मिठाइयाँ और व्यंजन बड़ी मात्रा में उपलब्ध होते हैं (पुराने हलवाई भी अब आधुनिकीकरण और स्वच्छता को अधिक महत्त्व देते हैं) और ऐसे में मिठाई के डिब्बे खरीदना आम बात है। दुकान से मिठाइयाँ खरीदना सुविधाजनक होता है। चमकीले रंगों और सुगंध के कारण ये आकर्षक होती हैं, लेकिन वे अधिक मीठी होने के कारण इनको पचाना मुश्किल होता है। इन मिठाइयों में मिलाये जाने वाले खाने के कृत्रिम रंगों की गुणवत्ता भी काफी संदिग्ध होती है, क्योंकि इन रंगों की सुरक्षा से संबंधित कोई सूचक या लेबल नहीं होता।

त्योहार कभी–कभी आते हैं, इसलिए बच्चे इन मिठाइयों को खाने के लिए उत्सुक रहते हैं और इन्हें कभी–कभी खाया भी जा सकता है। फिर भी कुछ मिठाइयाँ आप घर पर अधिक स्वस्थ और पौष्टिक तरीके से बना सकती हैं। बहुत सी मिठाइयाँ एक–दो दिन पहले बनाकर भी रखी जा सकती हैं, जिससे त्योहार के दिन आपको पूरा दिन रसोई में ही न बिताना पड़े। बड़े बच्चे इन स्वादिष्ट मिठाइयों को बनाने में

आपकी सहायता कर सकते हैं। ये व्यंजन मज़ेदार हैं और आप इन्हें बच्चों की पार्टियों और अन्य अवसरों पर भी परोस सकती हैं।

आओ मनाएं, त्योहार की अपार खुशियाँ अनुभाग में बच्चों के विचारों को भी लिया गया है। वे खाना बनाने और परोसने में सहायता कर सकते हैं। यह न केवल उनकी रचनात्मक गतिविधियों के प्राकृतिक उत्साह को बढ़ाता है, अपितु कुछ नया सीखने का अवसर भी प्रदान करता है।

यह अनुभाग कुछ अत्यंत लोकप्रिय भारतीय त्योहारों के बारे में बताता है। यह उत्साह और उमंग से भरे त्योहार भारतीय परिवारों का अभिन्न अंग है। ये त्योहार परिवारों को एक साथ जोड़ कर रखने में महत्वपूर्ण भूमिका निभाते हैं और आने वाली पीढ़ियों के लिए अपनी परम्पराओं को आगे बढ़ाने में भी सहायक होते हैं।

जैसा कि मैंने उल्लेख किया है, सभी त्योहारों का उल्लेख करना संभव नहीं है, इसलिए मैंने अधिकांश धर्मों और क्षेत्रों से कुछ चुनिंदा त्योहारों के रीति–रिवाज और उनसे संबंधित व्यंजनों का वर्णन करने का प्रयास किया है। जिन पर्वों का उल्लेख मुझसे छूट गया है, उनके लिए क्षमा चाहती हूँ।

आवश्यक नहीं कि ये रेसिपीज़ परम्परागत और प्रामाणिक हों, लेकिन इन्हें बनाना सरल और रोचक है। छोटे बच्चे इन्हें आपकी देखरेख में और बड़े बच्चे स्वतंत्र रूप से भी बना सकते हैं। मेरी बेटियां छोटी उम्र से ही खाना पकाने में मेरी सहायता कर रही हैं। जब सामग्री को मापने और मिश्रण की बात आती है तब उनका आत्मविश्वास और रचनात्मक योग्यता अलग ही झलकती है। छोटे–छोटे हाथों से थोड़ा फैलता जरूर है, लेकिन उनका प्रयास निश्चित रूप से सराहनीय है। यह न केवल उनके लिए रोचक और रचनात्मक कार्य है, अपितु समन्वय और गणित (वजन और मापतौल) की योग्यता को बढ़ाने में भी सहायक होता है।

त्योहार न केवल परिवार के साथ, बल्कि पास–पड़ोस, स्कूल या बच्चों के छुट्टियों में खेलकूद के साथियों के साथ मिलजुल कर मनाएं। इससे विभिन्न समुदायों में परस्पर सहयोग और सद्भाव की भावना बढ़ती है।

मैंने सभी को समान महत्त्व देते हुए कैलेंडर के क्रम में त्योहारों और उनसे संबंधित व्यंजनों का वर्णन किया है। सभी त्योहारों का अपना विशेष महत्त्व है किंतु उनका मुख्य उद्देश्य प्रियजनों के साथ मिलजुल कर खुशियाँ मनाना है। प्रत्येक त्योहार को उसे मनाये जाने के महत्त्व और उससे जुड़े रीति–रिवाज के साथ वर्णित किया है। इसके बाद प्रत्येक त्योहार से संबंधित दो व्यंजन विधियाँ दी गई हैं। इनमें से एक बड़ों के द्वारा बनायी जाने वाली पारम्परिक और दूसरी एक सरल व्यंजन विधि है जिसे छोटे बच्चे आपकी देखरेख में आसानी से बना सकते हैं।

बसंत पंचमी

बसंत पंचमी उत्तर भारत में पीली सरसों के लहलहाते खेतों के साथ बाँहें फैला कर बसंत ऋतु का स्वागत करती है। यह उन कुछ त्योहारों में से एक है जिसे सभी धार्मिक समुदायों के लोग समान रूप से उत्साहपूर्वक मनाते हैं। इस दिन लोग पीले कपड़े पहनते हैं, पीले रंग के व्यंजन खाते हैं। बागानों में झूले झूलते और बसंत ऋतु के गाने गाते हुए इसे हर्षोल्लास से मनाते हैं। बसंत का सुहावना मौसम पिकनिक और परिवार के साथ घूमने के लिए उपयुक्त है। यह विभिन्न राज्यों में अलग–अलग तरह से मनाया जाता है, लेकिन अंतर्निहित समानता यह है कि प्रकृति के सौंदर्य का स्वागत करना। यह विभिन्न राज्यों में अलग–अलग तरह से मनाया जाता है, लेकिन सभी का मुख्य उद्देश्य है – प्रकृति के सौंदर्य का समान रूप से स्वागत!

यह त्योहार देवी सरस्वती की पूजा से भी जुड़ा है, जो विद्या, संगीत, नृत्य और काव्य की अधिष्ठात्री देवी हैं।

ज़रदा पुलाव

आमतौर पर पुलाव मुख्य भोजन का एक हिस्सा होता है, लेकिन यह फलों वाला पुलाव वास्तव में एक मीठा पकवान है। यह नियमित रूप से बनने वाली खीर से अलग है, क्योंकि यह फलों और केसर के गुणों से परिपूर्ण है।

सामग्री:

- 1 कप 30 मिनट भीगे हुए बासमती चावल
- 10–12 किशमिश
- 6–7 बारीक कटी हुई खुबानी
- 1 बड़ा चम्मच चीनी
- एक चुटकी इलायची पाउडर
- ¼ छोटा चम्मच केसर
- 2 बड़े चम्मच गरम दूध
- 1 बड़ा चम्मच खाना पकाने का तेल
- 3 कप पानी
- अंगूर (बीज रहित) और स्ट्रॉबेरी सजावट के लिए

सर्विंग्स: 3 लोगों के लिए

विधि:

एक पैन में तेल गरम करें और धीमी आँच पर 2–3 मिनट के लिए चावल भूनें। चावलों को बहुत सावधानी से भूनें ताकि चावल टूटे नहीं। 2 कप पानी और इलायची पाउडर मिलाएं। चावलों के नरम होने तक पकाएं।

इस बीच केसर को थोड़े गरम दूध में मिला कर किशमिश, खुबानी और चीनी के साथ चावल में डालें। 3 बड़े चम्मच पानी डालें, चलाएं और 5 मिनट तक पकने दें जब तक यह चमकीला पीला और नरम न हो जाए।

चावलों के आसपास कटी हुई स्ट्रॉबेरी और अंगूर बारी–बारी से रखें और चमकीले पीले रंग के फूलों से सजी मेज पर पीले–थीम वाले कटलरी में परोसें। एक पार्टी का आयोजन करने के लिए अपने बगीचे या पार्टी–स्थल को पीले रंग के फूलों, चमकीली झंडियों और कागज़ की रंगीन लड़ियों से सजाएं। वास्तव में बहुत रंगीन! बच्चे पीले कपड़े पहन सकते हैं। संगीत, गीत और कविताओं का आनंद ले सकते हैं।

क्रंची नटीज़

अधिकांश भारतीय त्योहारों में मित्रों और परिजनों के बीच मिठाइयों का आदान–प्रदान किया जाता है। क्यों न कुछ अलग किया जाए! इस साल सभी के लिए क्रंची नटीज़ बनाये जाएं।

सामग्री:

- 2 कप कॉर्नफ़्लेक्स या आपके बच्चे की पसंद का अन्य अनाज
- ½ कप कटे हुए मिश्रित सूखे मेवे
- 2 बड़े चम्मच शहद
- 2 बड़े चम्मच चीनी
- 3 बड़े चम्मच पीनट बटर
- वनिला अर्क की कुछ बूंदें

सर्विंग्स: 5–6 लोगों के लिए

विधि:

एक कटोरे में कॉर्नफ्लेक्स और सूखे मेवे डालें। एक छोटे सॉसपैन में चीनी और शहद को डाल कर धीमी आँच पर उबाल आने तक गरम करें। दो मिनट तक चलाते रहें, फिर पीनट बटर और वनिला अर्क मिलाएं। अब कॉर्नफ्लेक्स और मेवों को हिलाएं (मेवों को एक जिप–लॉक या स्वच्छ प्लास्टिक बैग में बांध कर बेलन से दरदरा करने के लिए बच्चों को दें, बच्चों को यह करने में बड़ा आनंद आता है)।

इन सब को अच्छी तरह मिलाएं। एक चिकनाई लगी थाली या चौड़ी डिश में डालें और जमने के लिए रेफ्रिजरेटर में रख दें। अच्छी तरह जमने के बाद टुकड़ों में काट लें।

पीले क्राफ़्ट पेपर के कुछ चौकोर टुकड़े काट लें (लगभग 20 × 20 सेमी)। दो तिरछे विपरीत छोरों को पकड़कर एक शंकु बनाएं और चिपकने वाला टेप लगा कर सुरक्षित कर लें।

बच्चे शंकु बनाने से पहले उन्हें सजा सकते हैं या शंकु बनाने से पहले कागज पर अपना नाम लिख सकते हैं। प्रत्येक शंकु में क्रंची नटीज़ के कुछ हिस्से रखें और सबको खिलाएं।

होली

होली देश के सबसे लोकप्रिय त्योहारों में से एक है, जो सबको रंगों से सराबोर कर देता है। यह बसंत ऋतु में एक–दूसरे पर गुलाल (सूखा रंग) लगा कर मनाया जाता है। लोग एक–दूसरे पर पिचकरियों से सादा या रंगीन पानी डालकर भिगो देते हैं। सड़कों पर लोग ढोल बजा कर होली के पारम्परिक गाने गाते हैं। यह त्योहार विभिन्न किंवदंतियों के साथ जुड़ा हुआ है, लेकिन सबसे लोकप्रिय कहानी होलिका और राजा हिरण्यकश्यप नामक दुष्ट राक्षस की है। होली को बुराई पर अच्छाई की जीत के त्योहार के रूप में मनाया जाता है। आज भी होली से पहले दिन बुराई के प्रतीक के रूप में होलिका को जलाने की प्रथा चली आ रही है।

उत्तर भारत में होली पारम्परिक रीति–रिवाजों, उत्साह और हर्षोल्लास के साथ मनायी जाती है। भारतीय लोकसंगीत और अनेक फिल्मों के गानों में इसे दर्शाया गया है। यह खूब मौजमस्ती और हुड़दंग मचाने का त्योहार है और इसके रंग में रंगे लोग होली खेलने के बाद अंत में राक्षस जैसे भी दिखने के लिए तैयार होते हैं और बच्चों द्वारा पानी के गुब्बारे फेंकने पर कोई बुरा नहीं मानता है! हम भी बचपन में अपने दोस्तों के साथ एक समूह बना कर तरह–तरह के रंगों और रंगीन पानी से भरे गुब्बारों से मस्तीभरी होली खेलते थे और दोपहर तक लगभग पहचानने योग्य नहीं रह जाते थे। दोपहर का समय स्नान और स्वादिष्ट पकवानों की दावत का होता था।

इस त्योहार की पारम्परिक मिठाई गुझिया है जिसे मैदा के अर्ध–गोलाकार में खोया, मेवे और नारियल भरकर तला जाता है। विभिन्न प्रकार की मसालेदार चाट खाई जाती है और एक विशेष भारतीय आइसक्रीम, कुल्फी के साथ इस त्योहार की दावत ख़त्म होती है।

कुल्फ़ी

भारत एवं आस–पास के क्षेत्रों में घर, ईटींग ज्वाइंट्स और शादी–समारोह सभी जगह कुल्फ़ी अत्यंत लोकप्रिय है जो सामान्यतः दावत के अंत में परोसी जाती है। यह आइसक्रीम के समान है, लेकिन अपेक्षाकृत उससे गाढ़ी होती है। आमतौर पर इसमें कटे काजू और खुशबूदार छोटी इलायची और केसर आदि होते हैं।

सामग्रीः

- चार कप सम्पूर्ण मलाईयुक्त दूध
  1 टिन संघनित दूध
- ½ छोटा चम्मच छोटी इलायची पाउडर
- ½ छोटा चम्मच केसर 1 बड़े चम्मच गरम दूध में भीगा हुआ
- 2 बड़े चम्मच कार्नफ़्लोर
- 2 छोटे चम्मच रूह केवड़ा
- अपनी पसंद के ताज़े फल

सर्विंग्सः 6 लोगों के लिए

विधिः

एक मोटी तली वाले पैन में दूध को उबाल लें। इसमें संघनित दूध मिला कर आँच को धीमा करें और नियमित रूप से चलाती रहें। छोटी इलायची का पाउडर मिला कर 20 मिनट तक और पकाएं। अंत में केसर और केवड़ा डाल दें। मिश्रण को ठंडा होने दें और फिर कुल्फ़ी मोल्ड में भरें। 5–6 घंटे के लिए फ़्रीज़र में रखें।

ठंडा हो जाने पर ताज़े कटे हुए फल, जैसे आम, कीवी या मेपल या चॉकलेट सिरप आदि के साथ परोसें।

चोको केला

यह रेसिपी इतनी सरल है कि बच्चे भी बहुत कम देखरेख में बना सकते हैं। आपको या तो बांस की तेज किनारे वाली सींखे या आइसक्रीम–स्टिक्स की आवश्यकता होगी।

सामग्रीः

- 2 केले
- 200 ग्राम सादा मिल्क चॉकलेट बार
- रंगीन चीनी की स्ट्रेन्ड्स

सर्विंग्सः 10 लोगों के लिए

विधिः

केले को छील लें और पाँच लंबे अंडाकार स्लाइस बनाने के लिए तिरछे काटें। दोनों किनारे काट कर अलग कर दें। अब प्रत्येक स्लाइस के एक छोर से बाँस की सींख को ध्यान से अंदर पिरोएं और एक प्लास्टिक ट्रे पर रख कर 30 मिनट तक फ़्रीज़ करें।

इस बीच चॉकलेट बार को छोटे टुकड़ों में तोड़ कर एक बाउल में रखें और लगभग 20–30 सेकंड के लिए माइक्रोवेव में गरम कर लें ताकि चॉकलेट पिघल जाए या फिर आप पुराने तरीके से इसे एक कटोरे में डाल कर उबलते पानी के ऊपर रख कर पिघलाएं। यह ध्यान रखें कि कटोरा पानी को छुए नहीं। आग से उतार कर ठंडा होने दें।

30 मिनट के बाद फ़्रीज़र से केले के स्लाइस को निकाल लें। पिघली चॉकलेट में एक स्टिक को पूरी तरह से डुबोएं। सजावट के लिए रंगीन चीनी की स्ट्रेन्ड्स को तुरंत छिड़क दें, क्योंकि जमे हुए केले पर चॉकलेट जल्दी से जम जाती है। बाकी बचे केलों के साथ भी यही प्रक्रिया दोहराएं और फिर से फ्रीज करें जब तक खाने के लिए तैयार न हो जाएं।

उन्हें बाहर निकालें और देखें, वे कैसे ख़त्म होते हैं! होली है!!

बैसाखी

बैसाखी उत्तर भारत का त्योहार है जो मुख्य रूप से पंजाब में मनाया जाता है। यह फसल की कटाई के मौसम के आरम्भ और पारम्परिक नए वर्ष के आगमन का प्रतीक है। यह त्योहार अप्रैल मास में आता है और पूरे वर्ष खेतों में कठिन परिश्रम करने वाले किसानों के लिए पुरस्कार स्वरूप है। बैसाखी पर पंजाब के लोग अपने सुंदर–सुंदर कपड़े पहनते हैं और अपने आनंद को व्यक्त करने के लिए पारम्परिक भांगड़ा नृत्य करते हैं। महिलाएं विशेष गिद्दा करती हैं और हर तरफ गीत, संगीत, मस्ती, मेले और उत्सव का माहौल होता है। सिक्ख लोग इस दिन गुरुद्वारों में जाते हैं, धार्मिक पुस्तकें पढ़ते हैं और कड़ा प्रसाद–पवित्र भेंट का वितरण करते हैं। अमृतसर का स्वर्ण मंदिर इनका सबसे पवित्र तीर्थस्थल है।

बच्चे मिठाइयाँ खाते हैं, अपने परिवारों के साथ मेलों में जाते हैं और खूब मजा लेते हैं। आप क्या कर सकते हो? सूजी का हलवा बनाएं और अपने बच्चों को किशमिश और मेवों के साथ सजाने के लिए कहें। बच्चे पारम्परिक रंगीन पंजाबी पोशाक पहन सकते हैं और गाने गा सकते हैं। भांगड़ा संगीत के साथ एक पार्टी करें जिसमें बच्चे नृत्य भी कर सकते हैं।

सूजी हलवा

यह एक अत्यंत लोकप्रिय मिष्ठान्न है जिसे नारियल और छोटी इलायची से सजाया जा सकता है। छोटी इलायची की खुशबू बहुत सी भारतीय मिठाइयों को और अधिक स्वादिष्ट बनाती है।

सामग्रीः

- एक कप सूजी
- 3 बड़े चम्मच चीनी
- ¼ छोटा चम्मच छोटी इलायची पाउडर
- 2 बड़े चम्मच घी
- 2½ कप गरम पानी
- 1 छोटा चम्मच कसा नारियल
- थोड़ी किशमिश

सर्विंग्सः 4 लोगों के लिए

विधिः

सूजी को एक पैन में धीमी आँच पर लगातार चलाते हुए खुशबू आने तक या हल्का भूरा होने तक सूखा भून लें। घी डाल कर अच्छी तरह मिलाएं। छोटी इलायची व चीनी डालने के बाद पानी डालें और सावधानीपूर्वक चलाती रहें ताकि गाँठ न पड़े। सूजी के पानी सोखने और अर्धठोस (semi-solid) होने तक चलाती रहें। पैन को आँच से हटायें, ठंडा होने पर एक सर्विंग डिश में डालें और कसे हुए नारियल और किशमिश से सजाएं।

काजू किशमिश कुकीज़

इन कुरकुरे कुकीज़ को बनाना बहुत आसान है। आप अपनी पसंद और उपलब्धता के अनुसार सूखे मेवे या फल मिला सकते हैं। सामग्रियों का प्रचुर मात्रा में होना अच्छी फसल का द्योतक है जिसके उपलक्ष्य में यह त्योहार मनाया जाता है। जो लोग अंडे नहीं खाते, उन लोगों के लिए भी अच्छा व्यंजन है।

सामग्री:

- 1 कप मैदा
- 1 कप ओट्स दलिया
- ½ कप धुली, सूखी और कटी हुई किशमिश
- ½ कप नमकरहित मक्खन
- ¼ कप ब्राउन शुगर
- 2 बड़े चम्मच शहद
- 1 बड़ा चम्मच दूध
- एक मुट्ठी किशमिश
- एक मुट्ठी कटे हुए काजू

सर्विंग्स: लगभग 20 लोगों के लिए

विधि:

ओवन को पहले से 170 डिग्री सेल्सियस पर गरम कर लें। एक छोटे सॉसपैन में मक्खन पिघलाएं। बहुत धीमी आँच पर रखते हुए शक्कर और शहद मिलाएं। इस बीच एक कटोरे में आटा छान लें, फिर दलिया ओट्स और कटी हुई किशमिश डालें। एक लकड़ी के चम्मच का उपयोग करते हुए इन सब को मिलाएं और इसमें चीनी–मक्खन मिश्रण अच्छी तरह मिक्स करें। फिर गूँधने के लिए अपने हाथों का उपयोग करें। यदि यह थोड़ा सूखा लगता है, तो दूध की कुछ बूंदें डालें।

गुँधे हुए आटे से छोटे नींबू के आकार के गोले बना लें और उन्हें बेलन से लगभग 2 इंच के व्यास में बेल लें। आधे काजू और किशमिश के साथ सजाएं और धीरे से इन्हें दबाएं। फिर चाकू का उपयोग करके आधी कुकीज़ को चिकनाई लगी बेकिंग शीट पर रखें।

पहले से गरम ओवन के मध्य शेल्फ पर 15 मिनट के लिए सेंकें। शेष कुकीज के साथ यही प्रक्रिया दोहराएं। जब कुकीज तैयार हो जाते हैं, तो उन्हें 10 मिनट के लिए बेकिंग शीट पर रहने दें और फिर इन्हें ठंडा करने के लिए जाली वाली ट्रे में रख दें।

इन कुकीज़ को चमकीले ढंग से सजाए गए बॉक्स (बैसाखी के प्रतीक या संदेश के साथ) में या एक चमकीले रंगीन कपड़े से सजी छोटी बाँस की टोकरी में रखें।

ईद–उल–फ़ितर

ईद–उल–फ़ितर सबसे महत्त्वपूर्ण और लोकप्रिय मुस्लिम त्योहार है और यह रमजान के समय उपवास के महीने की लंबी अवधि के अंत का प्रतीक है। नए चाँद के दिखने की घोषणा के साथ ही इस उत्सव का रंग, दावत और जश्न शुरू हो जाता है। यह एक खुशी का अवसर है जिसमें लोग अपने परिजनों और मित्रों को बधाई देते हैं, गले मिलते हैं और शानदार ईद के उपहारों को साझा करते हैं। बच्चे सचमुच इस दिन का आनंद लेते हैं, क्योंकि उनके बड़ों द्वारा उन्हें ईदी और उपहार दिये जाते हैं। लोग एक–दूसरे को गले लगाते हैं और नए कपड़े पहनते हैं। लड़कियाँ हाथों में मेहंदी लगाती हैं और चूड़ियाँ पहनती हैं, जबकि लड़के सजावटी गोल टोपी और पारम्परिक परिधान पहनते हैं। प्रार्थना और दान भी इस त्यौहार का एक अभिन्न हिस्सा हैं। यह दिन खुशी और उत्सव का है, गरीबों और जरूरतमंदों को दान (ज़कात) देकर भगवान का आशीर्वाद लेने, भोजन की प्रचुरता और अच्छे स्वास्थ्य के लिए उनका धन्यवाद देने का है।

एक और ईद (ईद–उल–जुहा) या बकरा–ईद भी है जो मक्का में हज तीर्थयात्रा के बाद होती है और इसी तरह दान और उत्सवों के साथ मनाई जाती है। यह पैगंबर इब्राहिम द्वारा किये गये बलिदान को याद करने के लिए मनाई जाती है, अल्लाह द्वारा जिनके विश्वास की परीक्षा ली गयी थी। ईद–ए–मिलाद–उन्नाबी अल्लाह के दूत पैगंबर मोहम्मद के जन्मदिन के रूप में मनाया जाता है।

आप बच्चों के लिए "ईद मिलन" पार्टी का आयोजन कर सकते हैं, जहाँ लड़कियों को चूड़ियाँ और लड़कों को रंगीन टोपी या छोटे खिलौने उपहार में दिए जा सकते हैं। वे एक–दूसरे को गले लगा कर ईद मुबारक कह सकते हैं। आप एक ऐसा शो भी आयोजित कर सकते हैं जो मोहम्मद पैगंबर की जीवन की कहानी के विषय में बताता है। अन्य गतिविधियाँ और खेल इत्यादि भी आयोजित किये जा सकते हैं।

सेवईयाँ

यह एक लोकप्रिय मिष्ठान्न है जिसे सभी समुदाय और क्षेत्र के लोग खाना पसंद करते हैं। किसी भी धार्मिक आस्था या त्योहार से अलग यह एक मिठाई के रूप में तैयार किया जाता है और इसे सभी लोग बहुत स्वाद से खाते हैं। गेहूँ से बनी सूखी, लंबी और पतली सेवई के पैकेट बाज़ार में आसानी से उपलब्ध होते हैं। इस रेसिपी में रुह केवड़ा (खस का अर्क) का प्रयोग किया गया है, लेकिन यह आमतौर पर बाजार में छोटी बोतलों में बेचा जाने वाला पानी मिश्रित नहीं होना चाहिए। यदि यह स्थानीय दुकानों पर सरलता से उपलब्ध नहीं है तो सेवईयों को इसके बिना भी बनाया जा सकता है। जो लोग बिना दूध के सूखी सेवई खाना पसंद करते थे, मेरी माँ हमेशा उन लोगों के लिए बिना दूध के ही बनाती थीं। सेवई मुझे बहुत अधिक पसंद है और मैं ईद के अवसर पर शमी कबाब और मेरी माँ के विशेष दही–फुल्की के साथ–साथ खुशी से सेवई के कई कटोरे खा सकती हूँ।

सामग्री:

- 50 ग्राम सेवईयाँ
- 500 ग्राम पूर्ण वसायुक्त दूध
- 3 बड़े चम्मच संघनित दूध

- ½ कप चीनी
- 2 बड़े चम्मच किशमिश
- 1 बड़ा चम्मच बादाम का पाउडर
- 1 चुटकी छोटी इलायची पाउडर
- कुछ रूह केवड़ा की बूँदें
- 3 कप पानी
- 2 बड़े चम्मच सूखा नारियल
- 5–6 बारीक कटे बादाम

सर्विंग्स: 6 लोगों के लिए

विधि:

एक बड़े पैन में पानी उबालें। उबलते पानी में सेवई डालें और नरम होने दें। नरम होने के बाद आँच से हटा दें, लेकिन इसे पानी में लगभग 30 सेकंड के लिए हिलाते रहें। फिर इसे छलनी या कोलंडर में छान लें। इसे एक तरफ रख दें। इसी पैन में दूध, चीनी और छनी हुई सेवई डालें। एक उबाल आने दें और फिर लगभग 15–20 मिनट के लिए धीमी आँच पर बीच–बीच में चलाते हुए क्रीम की तरह गाढ़ा होने तक उबालें। फिर संघनित दूध, बादाम पाउडर, किशमिश और इलायची पाउडर और रूह केवड़ा मिलाएं। यह अच्छी तरह से मिक्स करें और एक–दो मिनट के लिए पकने दें। इसे ठंडा होने दें। चम्मच के साथ छोटी कटोरियों में परोसें। थोड़ा सूखा नारियल छिड़कें और कटे बादाम लगा कर सजाएं।

बनाना कपकेक्स विद टॉफ़ी आइसिंग

केले और टॉफ़ी से मिल कर स्वादिष्ट व्यंजन बनता है। ये सुंदर केक मेरी मनपसंद डेज़र्ट बैनोफी पाई (Banoffee pie) से प्रेरित हैं।

सामग्रीः

कपकेक्स

- 1 मसला हुआ केला
- 125 ग्राम सादा आटा
- 125 ग्राम नमकरहित मक्खन, कमरे के तापमान के हिसाब से
- 125 ग्राम बारीक पिसी चीनी
- 2 अंडे
- 2 छोटे चम्मच बेकिंग पाउडर

टॉफ़ी आइसिंग

- 25 ग्राम नमकरहित मक्खन
- 25 ग्राम हल्के ब्राउन शुगर
- 2 बड़े चम्मच संघनित दूध
- 100 ग्राम छनी हुई आइसिंग शुगर
- सजावट के लिए आइसिंग पैन्स या सिल्वर बॉल्स

सर्विंग्सः 4 लोगों के लिए

विधिः

ओवन को पहले से 160 डिग्री सेल्सियस पर गरम कर लें। टिन की पतली शीट के ऊपर बारह कप केक साँचों को एक लाइन में रखें। एक बाउल में क्रीम, मक्खन और शक्कर को अच्छी तरह मिलाएं। अंडे डाल कर धीरे–धीरे मिश्रण के गाढ़ा होने तक फेंटे। आटा, बेकिंग पाउडर और केला मिलाएं। इस मिश्रण को कपकेक्स के साँचों में डाल कर 20–25 मिनट तक सेंकें। उन्हें ठंडा होने दें। केक को सजाने से कुछ देर पहले ही आइसिंग तैयार करें। एक छोटे सॉसपैन में मक्खन और ब्राउन शुगर पिघला लें। एक उबाल आने दें, संघनित दूध मिला कर धीमी आँच पर 5 मिनट के लिए उबालते रहें। आँच से उतार लें, बारीक पिसी चीनी के साथ गाढ़ा होने तक फेंटते रहें। यदि आइसिंग गाढ़ी हो जाए तो गर्म पानी की कुछ बूंदें मिलाएं। आइसिंग कोण या एक चम्मच की सहायता से केक्स पर मोटी सतह लगाएं। बच्चे कपकेक्स को रंगीन आइसिंग पैन लगा कर सजाने में सहायता कर सकते हैं। इसे अधिक आकर्षक बनाने के लिए सिल्वर बॉल्स से अर्ध चंद्र और तारे की आकृति बनाएं या ईद (EID) लिखें।

स्वतंत्रता दिवस

इस दिन राष्ट्रीय अवकाश होता है, जिसे धर्म, क्षेत्र, जाति और निवासस्थान के भेद–भाव के बिना सभी भारतीयों द्वारा उत्साहपूर्वक मनाया जाता है। राष्ट्रीयता के प्रति गौरव का अनुभव करें और भारतीय संस्कृति को आगे ले जानी वाली भावी पीढ़ी के मन में भी राष्ट्रप्रेम की भावना जागृत करें। यही पीढ़ी खेल, संस्कृति, विज्ञान एवं आर्थिक विकास की उपलब्धियों और सफलता की मशाल से भारत को विश्व में शीर्ष पर ले जाएगी।

कुछ आसान और तिरंगे झंडे के रंगों वाले व्यंजन बनाना – इस दिन को मनाने का इससे अच्छा तरीका क्या हो सकता है? बच्चे इन्हें थोड़ी सी देखरेख में बना सकते हैं और सबसे अधिक महत्त्वपूर्ण – ये स्वास्थ्य के लिए अच्छे हैं, क्योंकि इन्हें बनाने के लिए कृत्रिम रंगों की अपेक्षा ताज़ा मौसम के फल और प्राकृतिक खाद्य पदार्थों का उपयोग किया गया है।

देशभक्ति की भावना को उजागर करने के लिए प्लेट में केसर लड्डू, मलाई लड्डू और पिस्ता बरफ़ी परोसें। एक विशेष ट्रीट के रूप में, बच्चे दो स्वादिष्ट व्यंजन बना सकते हैं। ये अन्य धार्मिक त्योहारों से अलग हैं जिनमें खाद्य पदार्थ पारम्परिक रीति–रिवाज से संबंधित होते हैं।

तिरंगे आइस लॉलिज़

बच्चे लॉलिज़ खाना बहुत पसंद करते हैं। ये मजेदार हैं, ये रंग–बिरंगी हैं और गर्मियों के दिनों में बहुत स्वादिष्ट लगती हैं। मेरी यह रेसिपी आम, दही और पिस्ता की पौष्टिकता से परिपूर्ण और देशभक्ति की भावनाओं से ओतप्रोत है।

सामग्रीः

- 1 छिला, बारीक कटा, पका हुआ आम
- ½ कप चीनी
- 1½ कप योगर्ट
- ½ कप नमकरहित कटे हुए पिस्ते, छिल्के महीन पिसे हुए

सर्विंग्सः 8 लोगों के लिए

विधिः

आम में एक बड़ा चम्मच चीनी और थोड़ा पानी डाल कर धीमी आँच पर पका लें। इसे चलाते रहें जब तक प्यूरी की तरह गाढ़ा नहीं हो जाता। इस मिश्रण की मिठास की जाँच करें, यह सामान्य से थोड़ा मीठा होना चाहिए, क्योंकि जम जाने के बाद इसकी मिठास थोड़ी कम हो जाती है। यदि कुछ रेशे हों तो छलनी के माध्यम से निकाल दें। ठंडा करने के लिए इसे एक तरफ रखें।

इस बीच, एक कटोरे में दही लें और बची हुई चीनी के साथ मिलाकर गाढ़ा होने तक तेजी से चलाएं। यदि आपके पास प्लास्टिक के लॉली मोल्ड हैं, तो उसे एक तिहाई स्तर तक ठंडे आम से भरें। फिर 1 cm का ऊपरी भाग खाली छोड़ते हुए बीच के भाग में दही डालें।

लॉली को ठोस रूप देने के लिए फ्रीजर में रखें। जब ये अच्छी तरह जम जाएं (लगभग 2 घंटे लगते हैं), उन्हें फ्रीजर से बाहर निकाल लें। एक कम गहरी (shallow) डिश में पिसा हुआ पिस्ता फैलाएं और एक तरफ रखें। बर्फ़ की लॉलिज़ को मोल्ड से बाहर निकालें और सफेद भाग के ऊपरी हिस्से को धीरे–धीरे, लेकिन दृढ़ता से हरा रंग देने के लिए पिस्ता पाउडर में लपेटें। एक आश्चर्यजनक और स्वादिष्ट तिरंगी ट्रीट के लिए तुरंत परोसें।

तिरंगे फ्रूट कबाब

अधिकतर बच्चे प्राकृतिक रूप में फल खाना पसंद नहीं करते हैं। आप बच्चे को एक फल दें और आप जल्द ही देखेंगे कि उसने थोड़ा सा खाने के बाद छोड़ दिया है। क्यों नहीं इस समय उन्हें फल को कबाब के रूप में परोसा जाये? आप अपनी पसंद के अनुसार भारतीय राष्ट्रीय ध्वज के हरा, सफेद और नारंगी रंगों वाले किसी भी फल का उपयोग कर सकते हैं।

सामग्री:

नारंगी फल:

- छिली हुई संतरे की फाँकें
- टुकड़ों में कटा पका आम
- टुकड़ों में कटा पका पपीता

सफेद फल

- छिली और टुकड़ों में कटी नाशपाती,
- छिला और मोटे गोल टुकड़ों में कटा केला
- बीज निकली लीची
- छिला हुआ खरबूजा

हरे फल

- कीवी फल
- हरे अंगूर
- हरे सेब
- गूदे वाले अंगूर
- 1 मिल्क चॉकलेट बार (लगभग 200 ग्राम)
- बेकिंग ट्रे में लगाने वाला पेपर

सर्विंग्स: जितना चाहें बनाएं

विधि:

परोसने से पहले प्रयोग में आने वाले सभी फल तैयार रखें। रोचक आकारों में फलों को काट लें, जैसे क्यूब्स, पिरामिड, केले के गोल मोटे टुकड़े, या स्कूप से निकाला गया खरबूजे का अंदरूनी गोल हिस्सा। इन सबको तिरंगे के रंगों के अनुसार व्यवस्थित करें।

एक कटोरी में चॉकलेट बार को पिघला लें। आप इसे माइक्रोवेव कर सकते हैं या एक कटोरे में चॉकलेट के टुकड़ों को एक उबलते पानी के पैन में भी रख सकते हैं। चॉकलेट में आंशिक रूप से फल के प्रत्येक टुकड़े को इस प्रकार डुबोएं कि फल का रंग भी दिखाई दे। फिर जल्दी से राष्ट्रीय ध्वज के रंग के अनुसार सीख में पिरो दें।

वैकल्पिक रूप से, आप सादा फल कबाब भी बना सकती हैं और एक छोटी कटोरी में चॉकलेट डिपिंग सॉस के साथ परोस सकती हैं। इस बात का ध्यान रहे कि बच्चे इसे फैला भी सकते हैं।

प्रत्येक तैयार सींख को पार्चमेंट पेपर पर रखें और चॉकलेट को जमाने के लिए कुछ मिनट तक फ़्रिज में रख दें।

ठंडा होने पर परोसें और देखें कि बच्चे इन्हें कितनी जल्दी खत्म करते हैं!

रक्षाबंधन

रक्षाबंधन का त्योहार भाई और बहन के बीच के स्नेहबंधन का प्रतीक है। इस दिन बहनें अपने भाइयों की कलाई पर एक विशेष रंगीन धागा बांधती हैं और बदले में भाई उनकी रक्षा करने का वचन देते हैं। भाइयों द्वारा अपनी बहनों को विशेष उपहार देने की भी प्रथा है। धागा, जिसे राखी कहा जाता है, मिठाई के साथ एक थाली में रखा जाता है, जिसे भाई–बहन मिलकर खाते हैं। राखी एक सादा रेशमी धागा या फिर तरह–तरह के डिजाइन वाली हो सकती है। राखी सितारे और जवाहरात से जड़ी हुई भी हो सकती है। कपड़े के गोलाकार टुकड़े के दोनों तरफ धागा लगाकर भी राखी बनायी जा सकती है। यह एक ऐसा त्योहार है जो परम्परागत रूप से धर्म और रक्त संबंधों की सीमाओं से परे चला गया है। ऐतिहासिक रूप से मराठा राजाओं की रानियाँ प्रायः अपने राज्यों पर आक्रमण को रोकने के लिए मुगल सम्राटों को राखी भेजा करती थी, जो इस बंधन को सम्मानित करते हुए उनकी रक्षा किया करते थे।

एडिबल राखी ब्राउनीज़

क्यों न इस वर्ष आपके भाई के लिए आकर्षक खाने वाली राखी बनाए? सार्वभौमिक रूप से पसंद की जाने वाली चॉकलेट ब्राउनीज़, एक भारतीय पारम्परिक मिठाई नहीं हैं, हालांकि बच्चों को इन्हें खाना बहुत अच्छा लगता है। और निश्चित रूप से चॉकलेट ब्राउनीज़ को पसंद करता है, उसकी प्रशंसा करने का इससे बेहतर तरीका क्या हो सकता है! इन्हें बनाना बहुत सरल है और स्वाद भी अद्भुत है!

सामग्री:

ब्राउनीज़ के लिए

- 120 ग्राम सादा आटा
- 100 ग्राम सादा चॉकलेट
- 100 ग्राम नमकरहित मक्खन
- 2 अंडे
- 200 ग्राम चीनी
- ½ छोटा चम्मच बेकिंग पाउडर
- ½ छोटा चम्मच वेनिला अर्क
- ½ कप कटा हुआ अखरोट

खाने वाले धागे के लिए

- रोल करने के लिए 1 पैकेट मर्जिपण (marzipan) (कम मात्रा की आवश्यकता है) या
- 2 बड़े चम्मच संघनित दूध
- 2 बड़े चम्मच सूखा नारियल
- खाने वाले हरे या लाल रंग की कुछ बूंदें (वैकल्पिक)

विधि:

चॉकलेट और मक्खन को एक बड़े कटोरे में डालें। कटोरे को उबलते पानी के ऊपर रख कर पिघला लें, इस बात का ध्यान रखें कि कटोरे की सतह पानी को छूनी नहीं चाहिए। वैकल्पिक रूप से आप कुछ सेकंड के लिए चॉकलेट को माइक्रोवेव कर सकते हैं। चॉकलेट पिघल जाने दें, फिर गाढ़ा होने तक हिलाते रहें। एक अच्छा मिश्रण बन जाने पर आँच से उतार लें। अन्य सारी सामग्री को डाल कर सावधानी से अच्छी तरह मिलाएं।

एक चिकनाई लगे बेकिंग टिन में 20–25 मिनट के लिए 180 डिग्री सेल्सियस या गैस अंक 4 पर सेंक लें। केक की तुलना में ब्राउनीज़ बाहर से थोड़ी कुरकुरी होती हैं लेकिन भीतर से नरम, नम और चर्वण होती है। ऐसा बनाने के लिए इस बात का ध्यान रखें कि वे अधिक न सिंकें। ठंडा होने दें, ध्यान से बाहर निकालें और बारह समान हिस्सों में काट लें। अपनी इच्छानुसार राखी के प्रत्येक वर्ग को जैम्स, स्प्रिंकल्स, खाने योग्य फूलों, या आइसिंग से अपने भाई का नाम लिख कर सजाएं।

धागे बनाने के लिए एक रंगीन रिबन या एक सोने या चांदी का धागा लें और इसे राखी के नीचे रखें। इसे पूरी तरह से खाने योग्य बनाने के लिए मर्जिपण को रोल करके पतली स्ट्रिंग बनाएं और ब्राउनी राखी के साथ धागे की तरह जोड़ दें।

आप कुछ लचीला बना सकते हैं। आप संघनित दूध, सूखा नारियल और कुछ खाने योग्य रंगों से मुलायम आटा बनाएं। इससे एक पतली तार की तरह रोल करें, राखी के साथ जोड़ दें। थाली पर विशेष राखी रखें और अपने भाई की आंखों में प्रसन्नता की चमक देखें।

ओणम

ओणम केरल का सबसे बड़ा त्योहार है जो महान राजा महाबली की घर वापसी का प्रतीक है। ओणम का उत्सव दस दिन तक चलता है और कई महत्त्वपूर्ण रीति–रिवाजों और परम्पराओं के द्वारा मनाया जाता है। ओणम के दिन एक विशेष प्रकार का भोजन "सद्य" परोसा जाता है, भव्य स्नेकबोट दौड़ और विशेष कथकली नृत्य आयोजित किए जाते हैं। यह भी एक फसल का उत्सव है और खेतों में कड़ी मेहनत के लंबे महीनों का खुशियों से भरा समापन है। बच्चे बहुत उत्साह से इस त्योहार की प्रतीक्षा करते हैं और इससे जुड़े विभिन्न परम्परागत खेलों और सांस्कृतिक गतिविधियों में भाग लेते हैं। महिलाएं प्राचीन राजा महाबली के स्वागत के लिए फूलों से अपने घरों को सजाती हैं जो अपनी प्रजा को आशीर्वाद देने के लिए इस दिन घर वापस लौटे थे।

ओणसद्या नाम की दावत बहुत विशाल होती है– 9 भागों में विभाजित भोजन परम्परागत रूप से केले के पत्ते पर परोसा जाता है। इसमें अवियल, सांभर, रसम, पेरिप्पु, पायसम और निश्चित रूप से चावल जैसे शाकाहारी व्यंजन परोसे जाते हैं।

खीर

जितना मैं केरल के व्यंजनों को पसंद करती हूँ, उतना ही इस अद्‌भुत जगह का भ्रमण करना, जिन्हें मुझे भ्रमण करते समय उनका स्वाद लेने का अवसर मिला। मैं यह नहीं जानती कि इन स्वादिष्ट व्यंजनों को कैसे पकाया जाता है। हालांकि पायसम खीर जैसा है जिसे पश्चिमी देशों में चावल का पुडिंग कहा जाता है और मैं इसे अक्सर अपने बच्चों के लिए बना देती हूँ। खीर बनाने की कई अलग–अलग रेसिपीज़ और विविधताएं हैं। कुछ लोग चावल के पाउडर या कच्चे चावल के उपयोग से शुरू करते हैं और कुछ केसर, गुलाबजल और केवड़ा भी मिलाते हैं। यह एक बहुत ही आसान रेसिपी है, जो मैंने अपने एक प्यारे दोस्त से सीखा है। मैंने विशेष रूप से केरल के अद्‌भुत व्यंजनों को श्रद्धांजलि के रूप में इनमें नारियल मिलाया है।

सामग्री:

- 1 कप सादा पका हुआ चावल (बिना नमक)
- 2 कप दूध
- 1 कप चीनी
- आधा कप संघनित दूध
- 1/8 चम्मच इलायची पाउडर
- 3 बड़े चम्मच किशमिश (कुछ सजावट के लिए रखें)
- 1 बड़ा चम्मच लंबे कटे हुए बादाम
- 1 छोटा चम्मच सूखा नारियल

सर्विंग्स: 4 लोगों के लिए

विधि:

एक बड़े भारी तले वाले पैन में पके हुए चावल, दूध और संघनित दूध को एक साथ डालें और 10–12 मिनट तक धीमी आँच पर लगातार उबालते रहें। जब दूध गाढ़ा मलाईदार होने लगे तब चीनी, इलायची पाउडर और किशमिश मिलाएं। सूखे नारियल, बादाम के टुकड़ों और अतिरिक्त किशमिश के साथ सजाएं।

बनाना ऑन द बीच

नौका दौड़ ओणम उत्सवों का एक महत्त्वपूर्ण हिस्सा हैं। स्नेकबोट के नाम से प्रसिद्ध ये विशेष नौकाएं आकार में लम्बी होती हैं और बहुत शक्तिशाली और कुशल लोगों द्वारा संचालित की जाती हैं। यह रेसिपी रेस के लिए तैयार समुद्रतट पर खड़ी प्रसिद्ध नौकाओं की कल्पना को पुनः साकार करती है! केले बच्चों के लिए उत्कृष्ट होते हैं। दूध से बनी आइसक्रीम बढ़ते बच्चों की हड्डियों के लिए कैल्शियम का एक अच्छा स्रोत है। सूखे मेवे पोषक तत्त्वों में बढ़ोतरी करते हैं। बचपन की मनपसंद डेज़र्ट बनाना स्प्लिट (banana split) की यह मेरी रेसिपी है। बनाने और आनंद लेने के लिए एक अद्भुत व्यंजन!

सामग्रीः

- 2 केले
- 2 स्कूप आपके बच्चे की मनपसंद आइसक्रीम (वेनिला या चॉकलेट इस रेसिपी के साथ अच्छी तरह से जाता है)

समुद्र तट बनाने के लिए

- 1 छोटा चम्मच मक्खन
- 2 बड़े चम्मच ब्राउन शुगर
- 2 बड़े चम्मच शहद
- 2 बड़े चम्मच संघनित दूध

सजावट के लिए

- जैम्स या सजावट की रेडीमेड कन्फेक्शनरी जैसे चीनी फूल, तारे आदि
- 1 मुट्ठी कटे हुए सूखे मेवे
- कुछ चॉकलेट स्ट्रैन्ड्स
- प्लास्टिक की लम्बी चम्मच
- 1 इंच स्ट्रिप्स में कटा ग्रीन क्राफ़्ट पेपर
- सेलोफ़ेन टेप

सर्विंग्सः 2 लोगों के लिए

विधिः

एक सॉसपैन में मक्खन, चीनी और शहद बहुत धीमी आँच पर रखें और चीनी को घुलने दें। इसमें लगभग 10 मिनट का समय लगेगा। अच्छी तरह हिला कर मिश्रण बनाएं। आँच से उतारें, उसमें संघनित दूध डालें। अच्छी तरह हिलाएं और ठंडा होने दें।

इस बीच में केले छील लें। बच्चों को केले पर कुछ जैम्स इत्यादि लगा कर सजाने दें। चॉकलेट स्ट्रैन्ड्स को किनारों पर लगाएं। यदि आपको चॉकलेट स्ट्रैन्ड्स नहीं मिलती हैं तो निराश न हों। कुछ सादी चॉकलेट को कस कर उपयोग करें।

एक परोसने वाली डिश में ठंडा सॉस डालें, एक किनारे पर आइसक्रीम रखें और साथ में केला रखें। आइसक्रीम पर कटे हुए मेवे इस तरह डालें कि वह समुद्रतट पर चट्टानों और बिखरी सीपियों जैसा दिखाई दें। यदि आपके पास एक लम्बी चम्मच है, तो उसके ऊपरी छोर पर कागज के कुछ छोटी हरे रंग की पट्टियों को ताड़ के पेड़ के समान लगाकर उसे आइसक्रीम में एक किनारे पर अटकाएं।

गणेश चतुर्थी

यह त्योहार हाथी के सिर वाले देवता भगवान गणेश के जन्मोत्सव के रूप मे मनाया जाता है। यह दस दिन का होता है जो उनके जन्म से लेकर विसर्जन के अंतिम दिन तक चलता है।

भगवान गणेश सौभाग्य और सफलता के प्रतीक है, यही कारण है कि प्रत्येक शुभ कार्य के आरम्भ में उनकी पूजा की जाती है, जैसे विवाह आदि। भारत के कई राज्यों, विशेषकर महाराष्ट्र में इस पर्व के अवसर पर अलग–अलग आकार में भगवान गणेश की मिट्टी की मूर्तियां बनाई जाती हैं। हिंदू पौराणिक कथाओं के अनुसार भगवान गणेश को मिठाई बहुत पसंद है और इसलिए खीर, फल और मिठाइयां और विशेष रूप से मोदक (चावल के आटे के साथ बनाई गई पीली मिठाई) उनको अर्पित की जाती है और बाद में उन्हें प्रसाद के रूप में वितरित किया जाता है।

विसर्जन पूजा के दिन लोग मूर्ति को लेकर जुलूस में चलते हैं, नाचते, गाते और गणपति बप्पा मोरिया मंत्र का जाप करते हुए मूर्ति को पानी में विसर्जित करते हैं। मुंबई शहर की सड़कें जुलूस में चलनेवाले लोगों से भरी होती हैं, अरब सागर में सैकड़ों मूर्तियों के विसर्जन के साथ पर्व समाप्त होता है।

बेसन का हलवा

यह नरम भूरा दिव्य स्वाद से परिपूर्ण मिश्रण मुझे बहुत पसंद है। मुँह में घुल जाने वाला घी का लड्डू या पतीसा, जिसे मेरे चाचा एक विशेष दुकान से लाया करते थे और उत्कृष्ट मैसूर पाक, जिसे मेरे दोस्त की माँ बनाया करती थीं, जैसी बेसन की मिठाइयाँ मैं बहुत पसंद करती हूँ।

यह मेरी माँ की हलवा बनाने की विधि है, हालांकि इसकी कई क्षेत्रीय भिन्नताएं और इसे अलग–अलग नामों से जाना जाता है। मैंने हल्के स्वाद के लिए खाना पकाने के तेल और घी का एक मिश्रण इस्तेमाल किया है, लेकिन आप केवल घी का उपयोग कर सकती हैं।

सामग्रीः

- 2 कप बेसन
- 1 कप चीनी
- 2 बड़े चम्मच खाना पकाने का तेल
- 1 बड़ा चम्मच शुद्ध घी
- 2 कप उबला हुआ पानी
- 1 छोटा चम्मच इलायची पाउडर
- 1 बड़ा चम्मच सूखा नारियल
- 2 बड़े चम्मच धोकर सुखाया किशमिश
- थाली में लगाने के लिए थोड़ा सा तेल

सर्विंग्सः 5–6 लोगों के लिए

विधिः

एक नॉन–स्टिक पैन में धीमी आँच पर बेसन को लगातार 10–12 मिनट चलाते हुए सोंधी सुगंध आने तक सूखा भूनें, ध्यान रखें कि यह जले नहीं। चीनी मिलाएं और लगातार हिलाते हुए लगभग 10 मिनट तक भूनते रहें।

तेल और घी डालें और अच्छी तरह मिलाएं। इसे कुछ मिनट के लिए चलाते हुए पकाते रहें। इलायची पाउडर डालें और फिर बहुत सावधानी से पानी डालें, जब तक यह हलवे जैसा गाढ़ा नहीं हो जाता, इसे तह में लपेटते हुए चलाते रहें। बड़ी थाली या चपटी प्लेट में तेल लगा कर चिकना कर लें। हलवे को पलट कर चम्मच के पिछले भाग से अच्छी तरह से दबा कर फैला दें। चाकू की सहायता से हीरे के आकृति में निशान बनाएं और काट लें। कसा हुआ नारियल अच्छी तरह छिड़कें और प्रत्येक आकृति के केंद्र में किशमिश को हल्के से दबा कर लगाएं। इसे ठंडा होने दें, इस बनी हुई हीरे की आकृति को ऊपर उठायें और एक अच्छी तरह से सजी थाली में परोसें।

बेरी बेरी योगर्ट

यह मेरी पारम्परिक श्रीखंड की रेसिपी है, जो परम्परागत रूप से दही और आम के साथ बनाया जाता है और भारत की एक बहुत लोकप्रिय मिठाई है। आप इसे बनाने के लिए किसी भी गूदे वाले मौसम के फल का उपयोग कर सकते हैं। मैंने स्ट्रॉबेरी को चुना है, क्योंकि मेरी बेटियाँ उन्हें बहुत पसंद करती हैं। फल का गूदे तैयार करने के लिए बस पके हुए फल को धो लें और छिलका उतार कर गूदा निकाल कर कटोरे में कांटे के साथ मसलें।

सामग्री:

- 2 कप सादी दही
- ½ कप चीनी
- ¾ कप ताजा स्ट्रॉबेरी का गूदा
- 1 छोटा चम्मच गुलाब सिरप
- सजावट के लिए कुछ साबुत स्ट्रॉबेरी

सर्विंग्स: 4 लोगों के लिए

विधि:

चीनी और दही को नरम मलाईदार बनने तक फेंटें। मलमल के कपड़े में बाँध कर पानी निकाल दें। स्ट्रॉबेरी का गूदा निकालने के लिए एक छलनी का उपयोग करें। दोने के साथ गुलाब का सिरप डाल कर अच्छी तरह मिलाएं और 3–4 घंटों के लिए रेफ्रिजरेटर में ठंडा होने के लिए रख दें। कटी हुई स्ट्रॉबेरीज के साथ फूल का पैटर्न बनाकर सजाएं और अलग–अलग बाउल में परोसें। यदि आप आम या पके हुए आडू का इस्तेमाल कर रहे हैं, तो इसे अधिक विशेष बनाने के लिए एक चुटकी इलायची पाउडर का उपयोग करें।

दुर्गा पूजा

दुर्गा पूजा पश्चिम बंगाल और भारत के अन्य पूर्वी राज्यों का सबसे महत्त्वपूर्ण त्योहार है। इसमें दस–सशस्त्र भुजा वाली शेर पर सवार भव्य देवी दुर्गा की पूजा करते हैं। देवी की खूबसूरत विस्तृत और सजायी हुई मिट्टी की मूर्तियाँ बनाई जाती हैं, जिन्हें बाद में समुद्र में विसर्जित कर दिया जाता है। लोग सामूहिक रूप से प्रार्थना करते हैं। हर सड़क पर रोशनी और उत्सव का वातावरण होता है।

दोस्तों और पड़ोसियों के बीच मिठाई और फल वितरित किए जाते हैं। बच्चे शरद ऋतु के मौसम में उत्सव का आनंद लेते हैं और परिवार के बड़ों से मिठाइयाँ और दावत लेते हैं।

मिष्टी दोई

बंगाली मिठाइयाँ मुँह में पानी लाने वाली होती हैं और उन सबके बीच मिष्टी दोई एक अत्यंत स्वादिष्ट विशेष व्यंजन है। इसे घर पर बनाया जा सकता है या खरीदा जा सकता है। छोटी मिट्टी की कटोरी (स्थानीय कुम्हारों से उपलब्ध) में परोसें, जिसे बाद में धोया जा सकता है। बच्चे इन्हें ड्रॉइंग करने और पेंट से सजाने के लिए इस्तेमाल कर सकते हैं। बड़े बच्चों के डेज़र्ट के लिए जब भी संभव हो, कम वसा वाले दूध का उपयोग करें।

सामग्री:

- 1 लीटर कम वसा वाला दूध
- 3–4 बड़े चम्मच दही
- 1½ कप चीनी
- सजावट के लिए कुछ साबुत स्ट्रॉबेरी

सर्विंग्स: 4 लोगों के लिए

विधि:

एक भारी तली वाले पैन में मध्यम आँच पर दूध उबालें जब तक इसकी मात्रा आधी नहीं रह जाती। लगातार हिलाते रहें ताकि दूध पैन पर चिपक न जाए। दूध को गुनगुना होने तक ठंडा करें। एक और पैन में मध्यम आँच पर चीनी पिघला लें। धीरे–धीरे पिघलने दें और हल्का भूरा होने दें, लेकिन यह ध्यान रखें कि यह जले नहीं। इसे आँच से उतार लें और ध्यान से इस सिरप में ठंडा दूध मिलाएं। एक लकड़ी के चम्मच से हिलाएं, फिर इस मिश्रण में दही डाल कर धीरे से मिलाएं।

इसे मिट्टी के बरतन या सिरेमिक बाउल में डालें और जमने के लिए गरम स्थान पर रखें।

दही जमने के बाद रेफ्रिजरेटर में ठंडा करें और छोटी कटोरियों में स्ट्रॉबेरी से फूल का डिजाइन बना कर सजाएं और परोसें।

बड़े बच्चों के लिए कुछ सुगंधित गुलाब के फूलों की पंखुड़ियों को मिष्टी दोई पर बिखेर दें। विशेष रूप से मिट्टी के बरतन के साथ मिलकर यह अच्छी सुगंध देता है।

चॉकलेट रोज़ ट्रफ़्फ़ल्स

कभी–कभी आपको त्योहारों के अवसर पर नियमित रूप से बनने वाली मिठाइयों से ब्रेक लेना आवश्यक होगा। मिठाइयों की बजाय गुलाब के खुशबू वाले कुछ चॉकलेट ट्रफ़्फ़ल्स बनाना कैसा रहेगा? मजे की बात यह है, मदर्स डे पर मेरी बेटी ने मेरे लिए ये अद्‌भुत ट्रफ़्फ़ल्स बनाये थे। उसने अपने स्कूल की पाककला कक्षा में इसे सीखा था और मुझे बनाना भी सिखाया था। गुलाब का स्वाद मिलाने का विचार मेरा अपना है। यदि आप पेपरमिंट अर्क पसंद करती हैं तो उसका उपयोग कर सकती हैं या विभिन्न अन्य मेवों के साथ प्रयोग कर सकती हैं। किसी भी चॉकलेट बार का उपयोग कर सकते हैं, यहां तक कि सफेद चॉकलेट भी। रंगों की सजावट के लिए सादा चॉकलेट बेहतर काम करता है!

सामग्री:

- 1 कप कसा हुआ सादा चॉकलेट
- ¼ कप नरम मलाई पनीर
- ½ कप आइसिंग शुगर
- 2 बड़े चम्मच कटे बादाम
- 2 बूंदें गुलाब का अर्क
- ड्रिंकिंग चॉकलेट/चॉकलेट पाउडर, लपेटने के लिए

सर्विंग्स: 20 लोगों के लिए

विधि:

चॉकलेट को एक बाउल में डाल कर माइक्रोवेव में या एक बड़े कटोरे में गरम पानी के बेसिन पर रख कर पिघला लें। एक बड़े बाउल में मलाई पनीर और चीनी को मिलाएं। पिघला हुआ चॉकलेट, गुलाब का अर्क और कटे बादाम डाल कर अच्छी तरह से मिश्रण बनाएं। एक चिकनाई लगे आइसक्रीम स्कूप या सूप चम्मच का प्रयोग करते हुए रोल कर बॉल्स बनाएं (थोड़े से तेल से अपनी हथेलियों को चिकना कर लें)। एक बेकिंग ट्रे में डालकर एक घंटे के लिए रेफ्रिजरेटर में जमने के लिए रख दें।

एक प्लेट में चॉकलेट पाउडर फैलाएं और उसमें प्रत्येक बॉल को उसमें रोल करते हुए अच्छी तरह लपेटें और परोसें।

नाटकीय रूप देने के लिए एक बड़े सफेद प्लेटर में देवी दुर्गा की आंखों के रूप में ट्रफ़्फ़ल्स को सजाएं।

दिवाली

यह प्रकाश के उत्सव के रूप में जाना जाता है। दिवाली राजा राम और उनकी रानी सीता को निर्वासन में चौदह वर्ष बिताने के बाद अपने राज्य में लौटने के प्रतीक रूप में मनायी जाती है। हिंदू पौराणिक कथाओं के अनुसार उनकी प्रजा ने अपने प्रिय राजा के वापस आने की खुशी में दिये जला कर अपने घरों को सजाया था। ऐसा भी माना जाता है कि इस रात धन की देवी लक्ष्मी घरों में आती हैं, भाग्यशाली लोगों को समृद्धि का आशीर्वाद देती हैं। इसे आतिशबाजी पटाखे आदि चला कर मनाया जाता है, घरों को दीपकों, कंदील और मोमबत्तियों से सजाया जाता है। परिजनों और दोस्तों के लिए उपहार और मिठाइयाँ खरीदी जाती हैं। लोग नए कपड़े और आभूषण भी खरीदते हैं। घरों को रंगोली से सजाने की भी परम्परा है। लोग एक–दूसरे से मिलने जाते हैं, उपहारों और मिठाई का आदान–प्रदान करते हैं। प्रार्थनाएं भी इस पर्व का एक महत्त्वपूर्ण अंग हैं। कई लोग पूजा के लिए मंदिर जाते हैं।

बच्चे एक–दूसरे को विशेष दिवाली कार्ड बना कर दे सकते हैं और स्वादिष्ट मिठाई का आनंद उठा सकते हैं! पारम्परिक दिवाली मिठाइयाँ गुलाब जामुन, काजू बरफ़ी और लड्डू हैं। सूखे फल और मेवों के सजावटी बॉक्स उपहार के रूप में भी दिये जाते हैं।

दिवाली गुडीज़

दिया या मिट्टी के दीपक दिवाली के लिए बहुत प्रतीकात्मक हैं। आपके थोड़े निरीक्षण में बच्चे आसानी से इन्हें बना सकते हैं। बच्चे पहले या बाद के दिनों में भी बना सकते हैं जब आमतौर पर घर में बहुत सारे फलों और मेवों का ढेर लग जाता है! यह बच्चों के लिए एक मजेदार, पर सरल गतिविधि है, जिसका परिणाम शानदार है।

सामग्रीः

- 1 कप कुरकुरा चावल या अन्य बच्चों के खाने योग्य अनाज
- 1 कप कटे हुए मिले–जुले मेवा
- 1 कप कटे हुए सूखे फल
- 1 कप कटे मिश्रित ताजा फल
- 1 कप कटी हुई किशमिश
- 150 ग्राम सादी मिल्क चॉकलेट बार
- खाद्य पीले रंग के कुछ बूंदें
- 12–15 पेपर कप केक के साँचे

सर्विंग्सः 12–15 लोगों के लिए

विधिः

तीनों व्यंजनों के लिए

चॉकलेट को छोटे टुकड़ों में तोड़ लें और उबलते पानी के एक पैन के ऊपर एक कटोरे में डालकर पिघला लें। इस बात का ध्यान रखें कि कटोरा पानी के स्तर से ऊपर ही रहे। वैकल्पिक रूप से आप चॉकलेट की विविधता के आधार पर एक मिनट के लिए माइक्रोवेव भी कर सकते हैं। पिघले हुए चॉकलेट में चावल के कुरकुरे मिलाएं।

दिये के लिए

एक पेपर कप केक के साँचे में चम्मच भर मिश्रण डालें और अच्छी तरह दबाएं जिससे मिश्रण साँचे की आकृति में ढल जाएं। कुछ बादाम खाने वाले पीले रंग में डुबाकर सूखने के लिए छोड़ दें। इन्हें पहले से भी तैयार किया जा सकता है। प्रत्येक दिये में बादाम को लंबाई में रखें, नुकीले पक्ष को दिये की लौ का रूप देते हुए ऊपर की तरफ लगाएं। तैयार दियों को फ्रिज में रखें।

मेवा टोकरी के लिए

एक चम्मच मिश्रण को पेपर कप केक के साँचे में डालें और चम्मच के साथ अच्छी तरह दबा कर एक टोकरी का आकार दें। किनारों को भी अच्छी तरह दबाएं। रेफ्रिजरेटर में सेट होने के लिए रख दें।

इस बीच सूखे मेवा भरने के लिए तैयार करें। किशमिश और अन्य सूखे मेवा काट लें। एक बार टोकरी सेट हो जाने के बाद, सावधानी से उन्हें मिले–जुले सूखे मेवों से भरें।

फल की टोकरी के लिए

अपनी पसंद के फल काटें (सेब और केला आदि नहीं काटें क्योंकि वे काले पड़ जाते हैं–अंगूर, जामुन, कीवी और चेरी अच्छे रहेंगे) और सेट बॉस्केट में सजा दें। उन्हें अधिक विशेष रूप देने के लिए आइसिंग शुगर (icing sugar) को हल्के से छिड़कें।

इन सभी को थाली में रखें, घर मिलने आए बच्चों को खिलाएं।

क्रिसमस

क्रिसमस धर्म या राष्ट्रीयता से अलग हट कर सभी के द्वारा मनाया जाता है। क्रिसमस वर्ष के अंत में आने वाला एक सार्वभौमिक त्यौहार है जो हर्षोल्लास, उत्साह और आनंद के साथ वर्ष की समाप्ति तक मनाया जाता है। बच्चों के रूप में हम क्रिसमस के पेड़ को रंग–बिरंगी बॉल्स, रूई से बनी नकली बर्फ और अन्य सजावटी सामान के साथ सजाते थे और उत्सुकता से अपने उपहारों की प्रतीक्षा करते थे। मेरे पिताजी क्रिसमस के समय बिंग क्रॉस्बी रिकॉर्ड के अपने संग्रह को सुनना पसंद करते हैं, इसलिए मैंने इस पर्व की विशेष दावत का आनंद लेते हुए व्हाईट क्रिसमस सुनने की अच्छी यादों को संजोया हुआ है।

हमारे पास मादकद्रव्य रहित क्रिसमस पुडिंग की रेसिपी थी, जो विशेष रूप से क्रिसमस के अवसर पर बनाई जाती थी। लेकिन अब मैं इसे कई बार बना देती हूँ, क्योंकि यह बहुत कम समय में और सरलता से बन जाती है। मैं यह स्वीकार करती हूँ कि यह रेसिपी सर्वमान्य या अधिक प्रचलित नहीं है, लेकिन यह मेरी माँ की रेसिपी है और मुझे पसंद है।

फ़ैमिली क्रिसमस पुडिंग

मुझे यह रेसिपी मेरी माँ से मिली है। इसे उन्होंने अपने घर के रसोइये से सीखा था जो ब्रिटिश राज के समय में खानसामा हुआ करता था। वह इसे बनाने के लिए भाप का प्रयोग करते थे, लेकिन मुझे सेंक कर बनाना आसान लगता है। यह सुनहरी परत वाली पुडिंग नरम, अंदर से मसालेदार और अविश्वसनीय रूप से स्वादिष्ट है। सबसे महत्त्वपूर्ण बात यह है कि यह मादकद्रव्य रहित और स्वस्थ है, आपके बच्चे जितना चाहें, इसका आनंद ले सकते हैं।

सामग्री:

- 5 स्लाइस सफेद ब्रेड किनारे कटी हुई
- 1 कप पूर्ण वसायुक्त दूध
- 100 ग्राम नमकरहित मक्खन
- 3 अंडे
- ½ छोटा चम्मच वनिला अर्क
- ¾ कप चीनी
- 2 बड़े चम्मच शहद
- ¼ छोटा चम्मच दालचीनी पाउडर
- ¼ छोटा चम्मच अदरक पाउडर
- ½ कप ठीक से धुली किशमिश
- ¼ कप कटे हुए सूखे खुबानी
- ¼ कप कटा हुआ सूखा आलूबुखारा
- ½ कप कैन्डिड पील
- थोड़ा सा जायफल

कैरेमल सॉस के लिए

- 2 छोटे चम्मच चीनी
- 2 लौंग
- ½ कप पानी

सर्विंग्स: 8 लोगों के लिए

विधि:

पहले ओवन को लगभग 160 डिग्री सेल्सियस पर गरम कर लें। एक मध्यम आकार के सॉसपैन में ब्रेड स्लाइस को तोड़ लें और दूध में भिगोएं।

एक बाउल में अंडों के साथ वनिला अर्क मिला कर फेंट लें। इसे दूध ब्रेड के मिश्रण में मिलाएं और बहुत धीमी आँच पर पकाएं (अन्यथा अंडे दही के समान फट जायेंगे)। चीनी और मसाले मिलाते समय लगातार हिलाते रहें। मक्खन और शहद डालें और मिश्रित फलों और कैन्डिड पील में अच्छी तरह लपेटें और मिलाएं। मिश्रण को थोड़ा गाढ़ा दिखने तक पकाते रहें।

एक थोड़ी गहरी प्लेट को खाना पकाने का तेल से चिकना कर लें और मिश्रण को प्लेट में पलट कर अच्छी तरह फ़ैला दें। लगभग 15–20 मिनट के लिए पहले से गरम ओवन में एक हल्की परत बनने और किनारे थोड़ा भूरा होने तक रखें। जब तक यह बन रहा है, तब आप सॉस बना सकते हैं। एक छोटे सॉस पैन में चीनी का रंग भूरा होने तक गरम करें। बहुत सावधानी से पानी और लौंग डालें और चम्मच से हिलाएं। इस बात का विशेष ध्यान रखें कि पूरी प्रक्रिया में लौ धीमी रहे। लौंग को चम्मच से बाहर निकाल इस सॉस को अलग रख दें।

पुडिंग को ओवन से बाहर निकालें और इस पर सॉस को डालें। पुडिंग को किशमिश या अन्य क्रिसमस की सजावटें से सजाएं जैसे हॉली के कृत्रिम तरंग को पतले तार के छोटे टुकड़े पर एक साथ जोड़ दें। यह सबका मनपसंद पुडिंग संघनित दूध या क्रीम के साथ अत्यंत लाजवाब स्वाद बनाता है!

जिंजरब्रेड मेन "एन" क्रिसमस ट्री

जिंजरब्रेड मैन या कुकीज़ की सुगंध दिव्य है और खाने में बहुत स्वादिष्ट है। गरम मसालों की गंध क्रिसमस का आह्वान करती है और उत्सव की उमंग कड़क ठंड को ऊष्मा से भर देती है। वर्ष के समापन का यह एक शानदार तरीका है जो मस्ती और स्वादिष्ट व्यंजनों से इस उत्सव का अंत भी करता है।

मैं और मेरी बेटियाँ क्रिसमस की लंबी छुट्टियों में प्रायः इन्हें बनाते हैं। कभी–कभी इन्हें रंग–बिरंगे कागज या चमकीले कपड़े में रखकर और रिबन से बांध कर दोस्तों के लिए छोटे–छोटे उपहार बना सकते हैं। इन्हें बनाना सरल और मजेदार है और खाना आनंददायक!

सामग्रीः

कुकीज़ के लिए

- 350 ग्राम सादा आटा
- 100 ग्राम हल्की ब्राउन नरम शुगर
- 100 ग्राम बारीक पिसी चीनी
- 100 ग्राम नरम मक्खन
- 1 अंडा
- 4 बड़े चम्मच शहद
- 1 छोटा चम्मच बाईकार्बोनेट सोडा
- 1 छोटा चम्मच कुटा अदरक

आइसिंग के लिए

- 1 कप पिसी और छनी हुई चीनी
- 1 बड़ा चम्मच दूध
- कुछ बूंदे वेनिला
- हरा/लाल खाने का रंग (वैकल्पिक)

सर्विंग्सः 20–25 लोगों के लिए

विधिः

आपको जिंजरब्रेड मैन या क्रिसमस के पेड़ के आकार के एक कुकी कटर की आवश्यकता होगी। आपका बच्चा अपनी मनपसंद आकृति को कार्डबोर्ड के एक टुकड़े पर बना सकता है। आप इसे चारों ओर से काट कर टेम्पलेट के रूप में इसका उपयोग कर सकते हैं। ओवन को 180 डिग्री सेल्सियस पर पहले से गरम करें। एक बाउल में आटा, मक्खन, कुटा हुआ अदरक और सोडा बाईकार्बोनेट डालें। सभी उंगलियों की सहायता से मिलाते हुए भुरभुरा कर लें। फिर चीनी, शहद और अंडे मिलाएं और मिश्रण के गाढ़ा और सख़्त होने तक हिलाते रहें।

आपका बच्चा बेलन का उपयोग करके 5 मिलीमीटर मोटी पेस्ट्री बना सकता है। सतह और बेलन पर सूखा आटा अच्छी तरह लगाएं।

कुकी कटर से आकृतियाँ काट लें। एक चिकनाई लगी या नॉन स्टिक बेकिंग ट्रे में कटी आकृतियाँ रखें। फिर आप ट्रे को पूर्व गरम ओवन में रख दें। 15 मिनट के बाद बाहर निकालें

आइसिंग बनाने के लिए पहले तीनों सामग्रियों को मिलाकर गाढ़ा पेस्ट तैयार करें। आप इसे तीन भागों में बाँट सकती हैं और अपने कुकीज़ को रंगीन और आकर्षक बनाने के लिए खाने के रंग मिला सकती हैं।

जिंजरब्रेड मैन या क्रिसमस ट्री ओवन से बाहर निकालने के बाद ठंडा होने पर आपका बच्चा आइसिंग से आँखें, मुंह के बाल आदि बना सकता है या आइसिंग से छोटे डॉट बना सकता हैं। आप बची हुई आइसिंग शुगर का इस्तेमाल कर सिल्वर बॉल्स को चिपका सकते हैं।.

मसाले, मसाले बेबी!

मसाले भारतीय भोजन का अभिन्न अंग हैं। जैसा कि मेरी एक दोस्त कहती है "मसाले जीवन की विविधता हैं"! हम भारतीय बिना मसाले का खाना पसंद नहीं करते और पूर्व से पश्चिम तक यही सत्य है। बहुत से लोग मसालों के स्वाद को तीखेपन या अधिक मिर्च का उपयोग ही समझते हैं, जबकि ये दोनों बहुत अलग हैं। मसाले भोजन के स्वाद को बढ़ाते हैं। अपनी सुगंध और विशिष्ट स्वाद से सादे भोजन को भी स्वादिष्ट बना देते हैं। पारम्परिक भोजन, जिसमें शाही व्यंजन और समारोहों की दावतें शामिल है, में मसालों की एक विशद सूची और जटिल मिश्रण होता है। अधिकांशतः भारतीय रसोईघर में प्रतिदिन की आवश्यकतानुसार कुछ ही मसालों को संग्रहित किया जाता है। जबकि मसालों के रंग, आकार, आकृति और प्रयोग एक क्षेत्र से दूसरे क्षेत्र में नया रूप ले लेते हैं, किंतु हम मसालों के बिना भोजन की कल्पना नहीं कर सकते।

प्रश्न यह उठता है कि यदि ये मसाले हमारे खाने में इतना अधिक महत्त्व रखते हैं और हमारी मानसिकता में रचे बसे हुए हैं तो हम बच्चों के भोजन में इनका प्रयोग क्यों नहीं करते? हम उन्हें अरुचिकर, मसला हुआ, उबला हुआ और स्वादरहित भोजन क्यों देते हैं, यह सोचकर कि हमारे बच्चों के लिए शायद यही अच्छा है।

अध्ययन और अनुसंधान से पता चलता है जो बच्चे भोजन में विविधता और प्राकृतिक स्वाद के अभ्यस्त होते हैं, वे बड़े होकर खाना खाने में कम नखरे दिखाते हैं।

पिछले कुछ वर्षों के वैज्ञानिक अनुसंधानों से इस बात की पुष्टि होती है कि भारतीय रसोईघर में प्रयोग किये जाने वाले मसाले स्वास्थ्य के लिए अत्यंत लाभकारी होते हैं। बहुत से मसाले एंटीऑक्सीडेंट होते हैं। मसालों की यही क्षमता हमारे शरीर की कोशिकाओं को अनावश्यक तत्त्वों के दुष्प्रभाव से बचाती है। ये अनावश्यक तत्त्व क्या हैं? ये वो अणु हैं जो शरीर द्वारा भोजन को पचाने की प्रक्रिया में या तम्बाकू का धुआँ एवं विकिरण जैसे दूषित वातावरण से उत्पन्न होते हैं। ये अनावश्यक तत्त्व शरीर के तंतुओं को नुकसान पहुंचाते हैं और हृदय रोग, कैंसर एवं अन्य कई रोगों का प्रमुख कारण बनते हैं। बीटा कैरोटीन, लाइकोपीन और विटामिन ई आदि कुछ संक्रमण प्रतिरोधी तत्त्वों के नाम हैं।

मसाले, सरलतम सुपरफूड

कभी–कभी स्वास्थ्य के लिए लाभकारी उच्च पोषण वाले खाद्य पदार्थों को सुपरफूड का नाम दे दिया जाता है। उदाहरण के लिए मेवे, ब्लू बेरीज़ और मछली को सुपरफूड समझा जाता है। प्रायः उपयोग में

आने वाले कुछ मसालों के गुण नीचे दिये गये हैं जिनका मैंने अपने व्यंजनों में प्रयोग किया है। इनमें से बहुत पर गहन वैज्ञानिक शोध किया जा चुका है।

दालचीनी (सिनेमन)

मेरे मनपसंद मसालों में से एक ये भूरे रंग के लकड़ी के टुकड़ों जैसी वास्तव में दालचीनी के पेड़ की छाल है जो या तो डंडी के रूप में इस्तेमाल की जाती है या पाउडर के रूप में। ये गर्माहट और खुशबू प्रदान करने के साथ–साथ स्वास्थ्य के लिए भी बहुत लाभकारी है। मधुमेह में इसके प्रयोग (मधुमेह 2 और जनित जटिलताओं को रोकने के लिए) पर बहुत से शोध होते रहते हैं। यह कोलेस्ट्रॉल कम करने में सहायक, जोड़ों के दर्द और हृदय रोग में भी लाभकारी है।

लौंग (क्लोव)

वास्तव में यह सूखे फूल की सुगंधित कलियाँ हैं जिसका वृक्ष दक्षिण भारत में प्रचुर मात्रा में पाया जाता है। मेरा सौभाग्य है कि कुछ समय पहले जब मैं केरल गई तो मैंने लौंग का एक पेड़ देखा और मैं कुछ लौंग तोड़ पायी। इसे पाउडर के रूप में गरम मसाले में या पुलाव इत्यादि में साबुत इस्तेमाल किया जाता है। इसकी खुशबू तेज़ होती है जो मसाला चाय को अधिक स्वादिष्ट बना देती है। लौंग के स्वास्थ्य संबंधी गुण असंख्य और सुप्रसिद्ध हैं। इसमें रोगाणुरोधक क्षमता है और दाँत के दर्द एवं अपच में इसका उपयोग किया जाता है। इसमें एंटीऑक्सीडेंट तत्त्व भी हैं। इसका एक महत्त्वपूर्ण घटक यूजिनॉल इसकी विशिष्ट सुगंध का कारण है। इसकी सुन्न करने देने वाली और रोगाणुरोधक क्षमता के कारण दाँतों के उपचार में उपयोग किया जाता है।

जीरा (क्युमिन सीड्स)

मैंने अपने व्यंजनों में अधिकतर इस विविधतापूर्ण और अद्भुत सुगंध वाले मसाले का प्रयोग किया है। साबुत या भुना हुआ जीरा स्वादरहित खाने को स्वादिष्ट और मज़ेदार बना देता है। ये पूरे भारत में सार्वभौमिक रूप से प्रयोग किया जाता है, बंगाली व्यंजनों में पांचफ़ोरन के रूप में और गुजराती खाने में भी।

पेट की समस्याओं के लिए यह बहुत लाभकारी है। जो लोग दावतों और शादी–समारोहों आदि में अधिक खा लेते हैं उनके लिए जीरा पारम्परिक आयुर्वेदिक औषधि (चूर्ण) के रूप में प्रयोग होता रहा है। इसके अतिरिक्त जीरे के एंटीऑक्सीडेंट तत्त्व वृद्धावस्था को रोकने की क्षमता रखते हैं। जीरा रक्त में शर्करा को कम करने में भी सहायक होता है।

छोटी इलायची (ग्रीन कार्डामॉम)

पैकिटों में छोटी–छोटी फलियों के रूप में बिकने वाली छोटी इलायची सब्जियों और मिठाइयों दोनों ही में उपयोग की जाती है। मिठाई में डालने के लिए आपको बाहर का सूखा छिलका हटाकर भूरे बीजों को पीसना होगा। बहुत सी दुकानों में इसका तैयार किया हुआ पाउडर भी मिलता है, लेकिन मैं इसे अपने छोटे से इमामदस्ते में पीसते हुए इसकी खुशबू को सूंघना पसंद करती हूँ। छोटी इलायची उच्च रक्तचाप और हृदयाघात को रोकने में सहायक होती है।

धनिया (कोरिएंडर)

मुझे ताज़े धनिये की खुशबू बहुत पसंद है, चाहे वो चटनी में हो या सब्जियों को सजाने में। धनिये के ताज़े पत्ते आसानी से उपलब्ध होते हैं और भारतीय भोजन में इनका प्रयोग बहुतायत से होता है। ताज़े पत्तों के अतिरिक्त धनिया बीज साबुत, दरदरा और महीन पिसा (विशेषतः सब्जियों में) सभी रूपों में उपयोग किया जाता है। धनिया अपच, असहनीय दर्द और वमन जैसे रोगों में लाभकारी है। यह कोलेस्ट्राल कम करने और मधुमेह नियंत्रण में सहायक है। ये जोड़ों के दर्द में भी आराम पहुंचाता है।

काली मिर्च (ब्लैक पेपर)

मैंने अपने व्यंजनों में ताज़ी पिसी काली मिर्च का बहुत उपयोग किया है, क्योंकि यह कम तीखी होती है और बच्चों को बेझिझक खिलायी जा सकती है। बहुत छोटे बच्चों के खाने में साबुत काली मिर्च का उपयोग नहीं करना चाहिये, क्योंकि वे खाने के साथ उनको निगल सकते हैं। सर्दी, जुकाम, अपच में पारम्परिक भारतीय औषधि के रूप में इसके प्रयोग के अतिरिक्त वैज्ञानिक अध्ययन ने इसे मोटापा कम करने और विभिन्न प्रकार के कैंसर अनुसंधान के साथ जोड़ा है। पीपरिन यौगिक को अलग करके स्तन कैंसर की कोशिकाओं पर परीक्षण किया गया, जिसके परिणाम उत्साहजनक थे।

हल्दी (टरमेरिक)

मसाले में सर्वव्यापी हल्दी भारतीय भोजन में विशेष रंग और सुगंध के लिए प्रसिद्ध है। संभवतः यह हर भारतीय रसोई में पाया जाने वाला सबसे आम मसाला है। जबकि हमारे पूर्वज इसके स्वास्थ्य लाभों से पहले से ही परिचित थे, आधुनिक विज्ञान ने हाल ही में हल्दी के आश्चर्यजनक स्वास्थ्य लाभों की खोज की है। यह न केवल एक एंटीऑक्सीडेंट है, अपितु इसमें यकृत–सुरक्षात्मक, रोगाणु रोधक और जलन को दूर करने के गुण भी हैं। यह कैंसर संबंधी रोगों में भी उपयोगी सिद्ध हुई है। पौधे की जड़ में होने वाला कर्क्यूमिन एंटीऑक्सीडेंट और कैंसर प्रतिरोधक होता है। अल्ज़ाइमर रोग

में उपयोग के लिए भी इसका अध्ययन किया गया है। यह कोलेस्ट्रॉल को कम करने और मोटापे को रोकने में मदद करता है।

इमली (टैमरिंड)

जब मैं एक छोटी थी तबसे इमली को बहुत पसंद करती हूँ। रसोईघर में बड़े चिपचिपे गुच्छे में से छोटे–छोटे टुकड़े निकालकर तब तक चूसते रहना जब तक उसकी पूरी खटास मुंह में न घुल जाये और चिकनी गुठली न निकल आये। मैं इसे दाल, चटनी और यहां तक कि मछली को मेरिनेट करने में बहुत उपयोग करती हूँ। यद्यपि यह विशुद्ध रूप से एक मासाला नहीं है, मैंने इसे अपने कुछ व्यंजनों में इस्तेमाल किया है, क्योंकि यह भोजन को रुचिकर बनाता है। वजन को बढ़ने से रोकने के लिए जोड़ों के दर्द में राहत और एंटीऑक्सीडेंट के रूप में इसकी भूमिका का आकलन किया गया है।

अदरक (जिंजर)

ताज़ा अदरक की सुगंध और स्वाद की तुलना किसी से नहीं की जा सकती। मैं अपना खाना पकाने में अदरक का बहुत उपयोग करती हूँ। मेरे बच्चे इसे न केवल पसंद करते हैं, वे वास्तव में इससे बढ़े स्वाद की सराहना करते हैं। यह विभिन्न रूपों में आता है, जैसे ताज़ा नरम गाँठ और पाउडर (सौंठ)। यह चटनियों और संरक्षण के प्रयोग में आता है। इसमें औषधीय गुणों का भंडार है। परम्परागत रूप से वमन, विशेष रूप से प्रातःकालीन और यात्रा में होने वाली असहजता के उपाय के रूप में इस्तेमाल किया जाता है। यह दांत दर्द, सर्दी और मांसपेशियों में दर्द का भी निवारण करता है। वैज्ञानिक अध्ययनों ने इसे ब्लड प्रेशर को कम करने और गठिया में, विशेष रूप से ओस्टियोआर्थ्राइटिस और रुमटॉइड गठिया के उपचार से जोड़ा है।

लहसुन (गार्लिक)

चीज़ से बने पाश्चात्य व्यंजनों में लहसुन का जितना उपयोग होता है, उतना ही भारतीय व्यंजनों में भी। लहसुन ने विश्व भर में कई व्यंजनों और रसोई में अपनी जगह बनाई है। यह प्रकृति के अनुपम उपहारों में से एक है (यदि आप सांस पर होने वाले इसके प्रभाव की उपेक्षा करते हैं!)। आधुनिक विज्ञान लहसुन के अद्भुत प्रयोगों की खोज कर रहा है, जो कि रक्तचाप, कोलेस्ट्रॉल,

लिपिड, ग्लूकोज, धमनियों में जमने वाली हानिकारक परत और वास्तव में अनेक विषाक्त तत्त्व, जिनका शरीर से निकलना आवश्यक है, को कम करता है। यह यकृत की भी सुरक्षा करता है और इसमें कैंसर विरोधी क्षमता है। हमारी रसोई का अपना सुपर हीरो!

मेथी (फ़ेनुग्रीक)

भारतीय खाने में मेथी के पत्तों का प्रचुर प्रयोग होता है। इसके छोटे–छोटे बीजों का आमतौर पर मसाले के रूप में उपयोग होता है। कच्चे बीज का स्वाद कड़वा होता है, हालांकि धीरे–धीरे सूखा–भूनने या बहुत हल्के से तेल में तलने से इसका स्वाद और सुगंध बढ़ जाते हैं। मुझे पकी हुई सब्जियों पर, एक तीखी, मिट्टी की सी गंध के लिए मेथी के सूखे पत्ते छिड़कना अच्छा लगता है। छोटे बच्चों के लिए इसका स्वाद निश्चित रूप से थोड़ा अलग है! कैंसर–निवारक (विशेष रूप से पेट के कैंसर) की भूमिका के साथ–साथ मधुमेह और कोलेस्ट्रॉल नियंत्रण के आकलन के लिए विभिन्न अध्ययन किए गए हैं।

अजवायन (कैरवे सीड्स)

मेरी मां ने स्नैक्स, पूरी और हल्के शाकाहारी भोजन में अजवायन का बहुत उपयोग किया है और मैं भी ऐसा करती हूं, क्योंकि मुझे उसका स्वाद, गर्माहट और घरेलू सुगंध पसंद है। ऐसा माना जाता है कि ये जीवाणुरोधी होते हैं और जलन में राहत देते हैं। ये रोग प्रतिरोधक क्षमता को बढ़ाते हैं, गैस से राहत देते हैं, पाचन में सहायता करते हैं एवं वमन को रोकते हैं। बीज में शक्तिशाली एंटीऑक्सीडेंट गुण होते हैं। क्षरण एवं वृद्धावस्था को रोकने वाले तत्त्व के रूप में अजवायन का शोध किया जा रहा है।

पीली सरसों (मस्टर्ड सीड्स)

सर्दियों के महीनों में पूरे उत्तर भारत के ग्रामीण इलाकों में सरसों के फूलों से चमकीली पीली चादर सी बिछ जाती है। छोटे काले या भूरे रंग के गोल बीजों का विविध व्यंजनों और अचारों में उपयोग किया जाता है। गर्म तेल में छौंकने पर ये चटकते हैं और करी तथा सब्जियों में एक सुगंध पैदा करते हैं। मछली के बहुत से व्यंजनों में, विशेष रूप से बंगाली और दक्षिण भारतीय व्यंजनों में इसका उपयोग किया जाता है। ये न केवल कई फ़ाइटो–पोषक तत्त्वों, विटामिन, खनिज (लौह सहित) और आवश्यक तेलयुक्त हैं, ये कई औषधीय गुणों से भी भरपूर हैं। कोलेस्ट्रॉल नियंत्रण, गठिया और मांसपेशियों के दर्द के निवारण के लिए इनका परीक्षण किया गया है। इसके अलावा ये एंटीऑक्सीडेंट्स का भंडार भी हैं।

केसर, ज़ाफ़रान (सेफ़रन)

कश्मीर में उगने वाले विशेष फूलों (क्रोकस) से प्राप्त प्राकृतिक सुगंध और स्वादयुक्त मसाला, केसर छोटे बक्से में नाजुक कलियों के रूप में बेचा जाता है। यह एक बहुत ही महंगा मसाला है, मुख्यतः क्योंकि छोटी मात्रा में केसर का उत्पादन करने के लिए हज़ारों फूलों का इस्तेमाल किया जाता है। मैं चावल और मिठाई में एक प्राकृतिक भोजन का रंग देने के लिए अक्सर इसका उपयोग करती हूं या बस कुछ कलियाँ अपने या प्रियजनों के लिए एक कप चाय में डाल देती हूँ। केवल शुद्ध और मिलावट रहित केसर खरीदना महत्त्वपूर्ण है, क्योंकि कृत्रिम रंग वाली सामग्री को भी वास्तविक केसर के रूप में बेचा जाता है।

"मसालों का सम्राट" कहे जाने वाले के इसकी अद्‌भुत सुगंध के अलावा कई स्वास्थ्य लाभ हैं, जैसे एंटीऑक्सीडेंट, कैंसर रोधक, एंटीकॉन्वेल्सेंट और एंटीडिप्रेसेंट आदि गुण। कमज़ोर याद्‌दाश्त और अन्य न्यूरोलॉजिकल रोगों में इसके उपयोग के लिए कई अध्ययन किए गए हैं। इसका उपयोग रक्तचाप के नियंत्रण और एक प्रतिरक्षक के रूप में भी किया गया है। केसर पौष्टिक रूप से स्वास्थ्य के लिए अच्छा है, क्योंकि यह विटामिन और महत्वपूर्ण खनिजों में समृद्ध है।

पीढ़ी–दर–पीढ़ी चली आ रही प्राचीन भारतीय ज्ञान की समृद्ध विरासत इन कई तरह के स्वास्थ्य लाभों के विषय में जानकारी देती है और यही कारण है कि इन मसालों का पारम्परिक भारतीय चिकित्सा में कई वर्षों से भिन्न–भिन्न रूपों में इस्तेमाल किया जाता रहा है। इसलिए ये मसाले हमारे भोजन के स्वाद के लिए प्रयोग किए जाते हैं। मसालों ने हमें अनेक बीमारियों से बचाया है तथा हमारे जीवन में आने वाली स्वास्थ्य संबंधी समस्याओं से राहत दिलाई है।

अभी कुछ वर्षों में आधुनिक चिकित्सा विज्ञान ने इन की उपयोगिता को स्वीकार किया है जिस पर हमारे पूर्वजों ने सदियों से विश्वास किया है। इन उपयोगिता और क्षमता को समझने के लिए इन मसालों पर वैज्ञानिक वातावरण में कई परीक्षण किये गये हैं जो अत्याधुनिक प्रयोगशालाओं और विश्वविद्यालयों में अच्छी जाँच प्रणाली और सटीक शोध अध्ययन का परिणाम है। लेकिन हम अभी भी इन मसालों और रसोई उत्पादों से बहुत दूर हैं जो आधुनिक चिकित्सा की मुख्यधारा में प्रवेश कर रहे हैं और वास्तविक औषधीय उत्पाद हैं।

वेब पर इस विषय में बहुत सारी जानकारी उपलब्ध है और प्रत्येक दिन नए–नए अध्ययन किए जा रहे हैं, इसलिए यह भारतीय मसालों के लिए चिकित्सा अनुसंधान और विकास में अपनी दावेदारी बनाने के लिए बहुत ही रोमांचक समय है।

मिथक एवं भ्रान्तियाँ

एशियाई मानसिकता अंधविश्वास और सांस्कृतिक वर्चस्व से प्रभावित है। इनमें से कुछ भोजन के प्रति हमारे दृष्टिकोण को प्रभावित करते हैं, विशेष रूप से जब बच्चे को खिलाने की बात आती है। पहली बार माँ बनने वाली युवतियों के लिए इसकी चिंता, परेशानी और अनिश्चितता को महसूस करना स्वाभाविक है। मैं भी कुछ इसी दौर से गुजरी हूँ जब मुझे माँ बन चुकी महिला रिश्तेदार, पड़ोसी, मित्र और यहां तक कि अजनबी भी बच्चे के बारे में तरह–तरह की सलाह देते रहते थे। उन सब बुद्धिमान अनुभवी लोगों पर विश्वास और उनके शब्दों का अनुसरण करना हम माताओं के लिए काफ़ी स्वाभाविक है, क्योंकि हम अपने नन्हे अनमोल बच्चे को दुनिया की सभी बीमारियों और बुराइयों से बचा कर रखना चाहते हैं। कभी–कभी कल्पना से तथ्य को अलग करना मुश्किल हो जाता है। कुछ मामलों में यह ज्ञान और परम्परा पुरानी कहानियों की तरह आपके बच्चे को प्रतिकूल रूप से प्रभावित कर सकती है, इस बात का संशय हमेशा बना रहता है। यद्यपि ये परम्परागत प्रथाएं अधिकांशतः वास्तव में हानिरहित हैं, फिर भी बिना सोचे–समझे उन्हें अपनाना मूर्खता हो सकती है। उदाहरण के लिए, कुछ आवश्यक खाद्य पदार्थों के सेवन से बच्चे को रोकना आपके बच्चे के लिए कुपोषण और यहां तक कि खराब स्वास्थ्य का भी कारण बऩ सकता है।

खाद्य संबंधी कुछ व्यापक रूप से प्रचलित मिथक एवं भ्रान्तियाँ

गर्म और ठंडे खाने की अवधारणा: पारम्परिक चिकित्सा प्रणालियों के कई चिकित्सक खाद्य पदार्थों को गर्म और ठंडे के रूप में वर्गीकृत करते हैं। इसके परिणामस्वरूप लोग प्रायः अपने बच्चे के भोजन में कुछ खाद्य पदार्थों को उनके तथाकथित दुष्परिणामों से बचाने के लिए सम्मिलित नहीं करते। हो सकता है इनका कोई वैज्ञानिक आधार न हो – वास्तव में यह बच्चे को एक अच्छे खाद्य पदार्थ के पोषण से वंचित कर सकता है। अंडे तथा मांस और बहुत सी सब्जियाँ जैसे लहसुन और प्याज आदि इसी श्रेणी में आते हैं। जब तक कि ऐसा नहीं समझा जाता कि वे इन्हें पचाने के योग्य हो गए हैं, बच्चे को इन्हें खाने से रोक दिया जाता है।

एक मांसाहारी परिवार में चिकन और कीमा का आहार शोरबे के रूप में सात महीने से शुरू किया जा सकता है और बाद में हल्के मसालेदार अच्छी तरह से पके हुए मांस और मुर्गी के व्यंजन दिये जा सकते हैं। लहसुन तथा प्याज हानिरहित हैं और प्राकृतिक स्वाद प्रदान करते हैं।

केले कफ़ पैदा करते हैं: मैं हैरान हूँ कि यह मिथक कितना प्रचलित है–यहां तक कि शहरी, शिक्षित माता–पिता भी इसे सच मानते हैं। कहा जाता है कि केला खाने के बाद पानी पीने से कई लोगों को ब्रोंकाइटिस की समस्या हो जाती है। इसमें कोई सच्चाई नहीं है और केले बच्चों के लिए एक उत्कृष्ट आहार हैं। वे विटामिन, कैल्शियम, पोटैशियम और लौह आदि पोषक तत्त्वों से परिपूर्ण और सुपाच्य होते हैं।

मछली और दूध एक साथ वर्जित हैं: यह एक और बहुप्रचलित मिथक है कि मछली और दूध एक साथ खाने से शरीर पर सफेद धब्बे हो जाते हैं। इन दोनों में से किसी एक को भी बच्चे को न खिलाना उचित नहीं है, क्योंकि बच्चे के लिए दूध तो आवश्यक है ही, मछली भी उनके मस्तिष्क के विकास के लिए विशेष रूप से उपयोगी है। यदि आप इन दोनों को एक साथ नहीं खिलाना चाहते, जैसा कि पश्चिमी देशों में किया जाता है, तो मछली को किसी अन्य रूप में बनाकर बच्चे को खिला सकते हैं। बाद में रात को सोते समय दूध या दूध की बनी मिठाई बच्चे के बीमार होने की चिंता किये बिना सुरक्षित रूप से दे सकते हैं।

बच्चों को बढ़ने के लिए केवल दलिये की आवश्यकता होती है। बहुत से लोग मानते हैं कि शिशु के लिए दांत निकलने की अवस्था तक केवल दलिया ही एक उपयुक्त आहार है। मैं एक समृद्ध भारतीय परिवार को जानती हूँ, जो स्वयं एक विविध, मिश्रित आहार खाते थे, लेकिन अपने बच्चे को उसके पहले जन्मदिन तक केवल सूजी का दलिया और मसले केले ही खिलाते थे। इसका कारण यह था– वह इसे ही बच्चे के लिए उपयुक्त मानते थे। जब मैंने उनसे मांस और अंडों के बारे में पूछा तो वे भयभीत हो गये थे। "यह केवल बड़ों के लिए है, यह बहुत मसालेदार और गरिष्ठ है। एक बच्चा कैसे मांस खा सकता है? अंडे भारी और पचाने में मुश्किल होते हैं" यह कह कर उन्होंने विरोध प्रकट किया।

मैंने उनके खाने की मेज पर मांस के बड़े–बड़े टुकड़ों वाला व्यंजन देखा जो बहुत अधिक मसालेदार, चटपटा और अत्यधिक चिकनाई से भरा था। एक तरह से वे सही थे– इस तरह का अल्सर की संभावना वाला हॉट–पॉट बच्चों के लिए नहीं हो सकता था। अच्छा होता, यदि वे खाना पकाने से पहले मीट का एक छोटा सा टुकड़ा लेकर उसे अच्छी तरह से स्वस्थ तरीके से पकाते और मसल कर बच्चे को खिलाते। उससे भी अच्छा होता यदि पूरे परिवार के लिए कुछ सब्जियाँ, जैसे आलू या पालक इत्यादि मिलाकर पौष्टिक तरीके से पकाते और सब मिल कर उसका आनंद लेते। आखिरकार उन्होंने मेरी बात को समझ लिया और उनके बच्चे को इससे बहुत फ़ायदा हुआ।

बच्चों के लिए कोई ठोस आहार नहीं: कुछ उत्तर भारतीय समुदायों में यह माना जाता है कि बच्चे को छोटी उम्र में ठोस पदार्थ खिलाने से यकृत की समस्याएं हो सकती हैं। एक बेकार का डर! ऐसा करने

से बच्चे का दूध छुड़ाने में देरी हो सकती है– यह बच्चे के स्वास्थ्य के लिए हानिकारक है और उसके विकास की गति को अवरुद्ध करता है।

दस्त होने पर खाना न खिलाना: यह एक आम मिथक है कि दांत निकलने पर बच्चे को दस्त हो जाते हैं। माता–पिता अक्सर अपने बच्चे को उसका भोजन देना बंद कर देते हैं, इसके बदले वे उसे केवल पतला दूध पिलाते हैं जिससे बच्चा अधिक कमज़ोर हो जाता है।

बच्चों को घर के अंदर रखना: बहुत से एशियाई माता–पिता अपनी बेटियों को बाहर धूप में इस डर से खेलने से मना करने करते हैं कि इससे उनका रंग काला पड़ जाएगा, जो बाद में उनकी शादी की संभावना में रुकावट पैदा कर सकता है! सूर्य की रोशनी से मिलने वाला विटामिन डी बढ़ते युवा बच्चों की मज़बूत हड्डियों के लिए महत्त्वपूर्ण है। घर के अंदर सर से पांव तक ढंककर रखने से बाद के जीवन में रिकेट्स या पैल्विक विकृति उत्पन्न हो सकती है। सनबर्न से बचने के लिए सावधानी बरती जानी चाहिए, क्योंकि उसके अपने नुकसान हैं। कम से कम तीस मिनट तक धूप में रहना सुरक्षित है। समुद्रतट पर बहुत अधिक समय व्यतीत करते समय सावधान रहना चाहिए। इस बात का ध्यान रखें कि आपके बच्चे सर पर टोपी पहनें, सनस्क्रीन क्रीम का प्रयोग करें और शरीर को ढीले हवादार कपड़ों से ढंककर रखें।

एक मोटा बच्चा एक स्वस्थ बच्चा है: प्रायः एशियाई मानसिकता में मोटापे को समृद्धि, ऐश्वर्य और विपुलता से जोड़ा जाता है। सभी एक मोटा, रोली–पोली बच्चा चाहते हैं जिसे माता–पिता के साथ–साथ बाहरी लोग भी समान रूप से पसंद करते हैं। अगर आपका बच्चा मोटा है, तो आप एक अच्छी माँ हैं। कोई बात नहीं, अगर आपका बच्चा सुस्त और ढीला–ढाला है, इतना मोटा है कि ठीक से चल भी नहीं पाता! अपने बच्चे को मोटा करने के लिए बहुत सी माताएं बच्चे को बहुत सारा घी खिलाती हैं, जो एक छोटे से पेट में बहुत सी जगह ले लेता है। इसके कारण बच्चे को फल, सब्जियों या रोटी की भूख कम रह जाती है। मैं आपको तुलना करके बताती हूँ– एक बच्चा बहुत मोटा एवं प्यारा है और आपका बच्चा उसकी तुलना में थोड़ा पतला लगता है और कम खाता है! ऐसी टिप्पणियों को सुनकर कुछ माताएं स्वयं को अधूरा महसूस करती हैं। तो मैं उन्हें केवल इतना ही कहना चाहती हूँ कि ऐसी बातों पर तब तक ध्यान ने दें जब तक बच्चे का डॉक्टर ये न कहे कि आपके बच्चे का वजन कम है! एक माँ के रूप में आप सबसे अच्छा जानती हैं कि यदि आपका बच्चा शारीरिक एवं मानसिक रूप से सक्रिय है, ठीक से खाना खाता है, तो आपको चिंता करने की आवश्यकता नहीं है, चाहे वह अन्य बच्चों की अपेक्षा दुबला पतला ही क्यों न हो।

सुरक्षात्मक दिशा–निर्देश

बच्चे को खाना खिलाते समय किसी भी प्रकार की दुर्घटना से बचने के लिए सुरक्षा संबंधी कुछ बातों को ध्यान में रखना आवश्यक है। घर के सुरक्षात्मक और आरामदेह वातावरण में भी बच्चे कुछ भोजन संबंधी दुर्घटनाओं का शिकार हो सकते हैं। अच्छी निगरानी और तुरंत कारवाई किए जाने से काफ़ी हद तक छोटी और बड़ी दुर्घटनाओं से बचा जा सकता है। विशेषज्ञों से सुरक्षा संबंधी उपायों की जानकारी लेना उपयोगी तो है ही, साथ ही साथ स्वयं भी बच्चों के प्रति, विशेष रूप से शिशुओं के साथ व्यवहार करते समय सावधानी बरतना आवश्यक है।

- खाना खिलाते समय अपने बच्चे को एक मिनट के लिए भी अकेला न छोड़ें।
- अपने बच्चे को साबुत और कटे हुए मेवे, कच्ची गाजर या सख़्त मिठाइयाँ खाने के लिए नहीं दे, क्योंकि ये गले में अटक सकती हैं।
- बचे हुए भोजन को कटोरी में न छोड़ें, क्योंकि लार के जीवाणु भोजन को दूषित कर सकते हैं। दूध की बोतल में किसी प्रकार का अनाज या कोई अन्य ठोस खाद्य पदार्थ न डालें।
- शिशु के भोजन को माइक्रोवेव में गरम न करें, क्योंकि इसकी अधिक गर्मी से बच्चे का मुँह जल सकता है। यदि आप माइक्रोवेव का इस्तेमाल कर ही रही हैं, तो भोजन परोसने से पहले सुनिश्चित कर लें कि आपने इसे अच्छी तरह हिला लिया है तथा जाँच लिया है।
- बारह महीने की आयु से पहले बच्चों को नल का या जमा किया हुआ पानी न दें। शिशुओं के लिए उबालकर ठंडा किया हुआ या फ़िल्टर किया हुआ पानी सर्वोत्तम है।
- बच्चे को मीट देने से पहले यह सुनिश्चित कर लें कि यह अच्छी तरह पका हुआ है। कच्ची सब्जियों और फलों को काटने के लिए अलग चॉपिंग बोर्ड का प्रयोग करें (मीट वाला नहीं)।
- खाना पकाने से पहले, बच्चों की नैपी और डायपर बदलने के बाद, कूड़ेदान में कूड़ा डालने तथा पालतु पशुओं की देखरेख के बाद अपने हाथ अवश्य धोयें।
- शैशवावस्था में प्रयोग किए जाने वाले प्रत्येक बर्तन को उबाल कर जीवाणुरहित कर लें।
- खाना खिलाने से पहले और बाद में बच्चे के हाथ अवश्य धुलाएं।

भोजन की सुरक्षा

मीट को पकाते समय सुरक्षा सुझाव

- मीट हमेशा एक साफ़–सुथरी और विश्वसनीय दुकान से ही खरीदें।
- जितना ज़ल्दी हो सके, इसे घर ले जाएं और रेफ्रिजरेटर में रखें।
- यदि रेफ्रिजरेटर में रखना है तो इसे पके हुए खाने से अलग रखें। कच्चा/बिना पका हुआ खाना एक नीचे वाले हिस्से में रखें।
- कच्चे मीट के इस्तेमाल से पहले और बाद में हाथ अवश्य धोयें।
- कच्चे मीट के इस्तेमाल के बाद रसोई के पत्थर और सामान को अच्छी तरह से साफ़ कर लें।
- बचे हुए मीट को तुरंत रेफ्रिजरेटर में रखें।
- जब मीट को दुबारा गरम करें तो सुनिश्चित करें कि यह तेज गरम हो गया है। दुबारा एक बार ही गरम करें।
- फ्रोज़न मीट का प्रयोग करते समय इसे अच्छी तरह डिफ्रॉस्ट कर लें और इसके बाद दुबारा फ्रीज़र में न रखें।
- रेफ्रिजरेटर और फ्रीज़र का तापमान समय समय पर जाँचते रहें। रेफ्रिजरेटर का तापमान
- 0 डिग्री सेंटीग्रेड से 5 डिग्री सेंटीग्रेड और फ्रीज़र का तापमान लगभग–18 डिग्री सेंटीग्रेड होना चाहिए।

अंडे को पकाते समय सुरक्षा सुझाव

- अंडे को खराब होने से बचाने के लिए उसे रेफ्रिजरेटर में रखें।
- अंडों को दूसरे भोजन से अलग अंडों की ट्रे में रखें।
- पकाने से पहले उन्हें सामान्य तापमान में ले आएं।
- अंडे से बने व्यंजनों को पकाने के बाद ज़ल्द से ज़ल्द खा लें।
- टूटे और सड़े हुए अंडों का इस्तेमाल नहीं करना चाहिए।
- अंडों के इस्तेमाल से पहले और बाद में अपने हाथ अवश्य धोयें।

अन्य भोजन

- डिब्बाबंद मसालों के ख़त्म होने की तिथि तथा सामग्री के लिए लेबल को अवश्य पढ़ लें।
- जहाँ तक संभव हो सके, कृत्रिम रंगों और स्वाद को बढ़ाने वाली वस्तुओं के प्रयोग से बचें। बच्चे इन्हें अवश्य पसंद करते हैं, इन सबसे युक्त स्नैक्स और खाद्य सामग्रियां घर में अधिक इकट्ठा न करें, जिससे बच्चे इन्हें कम से कम खा पायें। 'डंप द जंक' के लिए पहल करें।

अंत में माताओं के लिए कुछ उपयोगी सुझाव

समय के साथ–साथ माँ बनने के बाद अपनी योग्यता के अनुसार बच्चे को खाना खिलाने की कोशिशों से गैंने कुछ अच्छी बातें सीखीं। मुझे आशा है कि इन्हें आपसे साझा करके आपकी मुश्किलों को कुछ कम कर सकती हूँ। मातृत्व बच्चे के लिए क्या अच्छा और क्या नहीं, उलझन और संदेह से भरा होता है, लेकिन अंततः यह एक बहुत ही सुखद अनुभव है।

- भोजन को आवश्यकता से अधिक न पकाएं, क्योंकि इससे उसके पोषक तत्त्व नष्ट हो जाते हैं। थोड़ा सा पानी डालें और ढंककर धीमी आँच पर पकाएं। प्रेशर कुकर के इस्तेमाल से खाना पकाने का समय तो बचता ही है, उसके पोषक तत्त्व भी बने रहते हैं।
- जहाँ तक संभव हो सके, महीन पिसे आटे की अपेक्षा मोटे आटे का प्रयोग करें, क्योंकि उसमें पोषक तत्त्वों की मात्रा अधिक होती है।
- जहाँ तक संभव हो, मौसम के ताज़े फलों का प्रयोग करें और उन्हें न पकाएं, क्योंकि पकाने से उनके पोषक तत्त्व नष्ट हो जाते हैं।
- बड़े बच्चों को छिलके सहित फल खिलाने का प्रयास करें, क्योंकि छिलकों में विटामिन होते हैं।
- एक अच्छी गुणवत्ता वाला जूसर खरीदें। इससे बच्चों के स्वास्थ्य के लिए ताज़े फलों का उत्तम जूस घर पर ही बनाया जा सकता है। थोड़ा पानी मिलाकर पतला किया हुआ ताज़े संतरे का जूस स्वस्थ पेय का उत्कृष्ट उदाहरण है। अतिरिक्त पोषण के लिए भोजन के समय पिलाएं।
- अगर बच्चे को दूध नापसंद है तो उसे कस्टर्ड, योगर्ट, खीर और घर में बना पनीर और आइसक्रीम खिलाएं।
- अपने बच्चे को पूर्ण वसायुक्त दूध दें, विशेषतः उनके प्रारम्भिक वर्षों में, क्योंकि मस्तिष्क के समुचित विकास और ऊर्जा के लिए वसा बहुत आवश्यक है। पाँच वर्ष की उम्र के बाद से अर्धवसायुक्त दूध देना आरम्भ कर सकती हैं।
- मीठे स्नैक्स देने से बचें। मिठाई कभी–कभी खिलायें, क्योंकि आदत बन जाने पर दंतक्षय और एकाग्रता में कमी का कारण हो सकती है। अपेक्षाकृत ताज़े फल ही खिलाएं। यदि दादा–दादी या अन्य लोग उन्हें मिठाई भेंट करते हैं तो भी बच्चे को अधिक न खिलाएं। मिठाइयों में कम चीनी का इस्तेमाल करें। किशमिश, फल और अन्य प्राकृतिक मिठास वाली चीज़ें जैसे शहद को मिलाया जा सकता है।
- अंत में यह मत सोचिए कि आप सर्वगुण संपन्न हैं, हर काम में हर समय पूर्णता की आशा न करें। बच्चे के लिए समृद्ध भोजन की अपेक्षा एक प्रसन्नचित्त और शांत स्वभाव वाली माँ अधिक महत्त्वपूर्ण है।
- अपने बच्चे के साथ अधिक से अधिक समय बिताएं और इन मधुर स्मृतियों को हमेशा के लिए संजो कर रखें।

आभार

मैं अपनी माँ और बहनों रक्षन्दा और ज़रीन की सहयोग के लिए बेहद आभारी हूँ। समय–समय पर उनकी बहुमूल्य जानकारी और पारिवारिक पाककला की यादें मेरे लिए बहुत सहायक रही हैं।

मैं अपने दिवंगत पिता डॉ. अब्दुल जलील को हृदय से धन्यवाद देना चाहती हूँ, जिन्होंने हमेशा मुझे अपने सपनों को पूरा करने के लिए प्रोत्साहित किया। मेरी दिवंगत नानी श्रीमती ज़ाहिदा सुरूर, जिनकी कई व्यंजन विधियाँ मैंने इस पुस्तक में संजोयी हैं, की भी आभारी हूँ।

मैं अपने पति, ख़ालिद की अपरिमित मदद और घर के बने भोजन का आलोचक बनने के लिए ऋणी हूँ। मैं अपने ससुर, श्री एस. एम. एच. बर्नी एवं सास स्वर्गीया श्रीमती सबीहा बर्नी की भी बहुत आभारी हूँ, जिन्होंने हमेशा मेरा उत्साह बढ़ाया और मेरी छोटी–छोटी उपलब्धियों पर भी गर्व का अनुभव किया।

विदेश में नया मातृत्व एक कठिन कार्य था, किंतु सौभाग्य से मुझे डॉ. अनुज पटेल और मिडवाइफ़ जेनले किंग से सलाह और आश्वासन प्राप्त होता रहा। उनकी विशेष जानकारियाँ इस पुस्तक के पोषण अनुभाग का हिस्सा बनी हैं।

क्लीवलैंड, अमरीका में बसे अपने प्रिय मित्र और बाल चिकित्सक एंडोक्रिनोलॉजिस्ट डॉ. सुमन नरसिम्हन की सलाह और जानकारी के लिए भी बेहद आभारी हूँ।

केरल के स्वादिष्ट भोजन की अंतर्दृष्टि के लिए अपने जीजा रवि मेनन को विशेष धन्यवाद।

मैं अपनी प्यारी सहेलियों परिता शाह और लुबैना भारमल के स्नेह और प्रतिक्रियाओं के लिए आभारी हूँ।

मैं श्री बिकाश नियोगी की भी आभारी हूं जिन्होंने मेरी योग्यता और क्षमता में सतत् विश्वास बनाये रखा। पांडुलिपि के सूक्ष्म और व्यावहारिक संपादन के लिए ज्योति कुमारी को धन्यवाद।